루이스 대 프로이트

루이스 *vs.* 프로이트

신의 존재·사랑·성·인생의 의미에 관한 유신론자와 무신론자의 대논쟁

아맨드 M. 니콜라이 지음

홍승기 옮김

《루이스 대 프로이트》에 대한 찬사

강영안_서강대 철학과 교수   한 사람의 세계관이 삶의 이해와 결과에 미치는 영향을 이처럼 세심하게 그려 낸 책은 처음이다. 자료 검증이 철저하고, 논증은 탄탄하며, 문체는 읽기 쉽다. 저자는 정신과 의사로서 자신의 경험을 토대로 하나님과 도덕률의 존재를 인정하는 유신론이 무신론보다 삶의 의미와 행복을 주는 원천임을 루이스와 프로이트의 대면을 통해 설득력 있게 보여 준다. 신앙을 가진 사람이든 신앙이 없는 사람이든 삶의 의미를 묻는 모든 이들에게 추천하고 싶은 책이다.

김영길_한동대 총장   《루이스 대 프로이트》에서 무신론적 달변가 프로이트의 논증을 뒤엎고 유신론적 세계관을 명쾌하게 밝히는 루이스는, 지성 연마를 게을리하는 신앙인들의 핑계를 무색케 한다. 무신론자든 유신론자든, 아무리 바쁘더라도 이 책을 읽고 자신의 신념은 무엇이며 과연 그 신념대로 살고 있는지 성찰하는 시간을 갖기를 권한다.

신국원_총신대 신학과 교수   삶의 지도를 그려 주어 방향을 제시하는 세계관은 모든 사람의 관심사이다. 신앙인이었던 루이스뿐 아니라 불신자였던 프로이트도 분명한 세계관을 가지고 있었다. 실제로 논쟁을 벌였더라면 많은 것을 보여 주었을 두 사람의 만남이 책으로나마 시도된 것은 감사한 일이다. 이 책의 장점은 두 세계관의 극명한 대조를 루이스와 프로이트의 삶의 모습을 통해서 구체적으로 보여 준 데 있다.

랠프 라슨_존슨앤존슨 회장   니콜라이 박사의 책 《루이스 대 프로이트》는 깊이 있으면서도 아주 재미있다. C. S. 루이스와 지그문트 프로이트의 너무나 다른 인생관에 대해 놀라운 통찰력을 보여 준다. 인생의 진정한 의미를 추구하는 사람이면 누구나 이 환상적인 책을 읽을 시간을 내야 한다. 나는 이 책을 내려놓기가 무척이나 힘들었다.

켄 번즈_기록영화 제작자 아맨드 니콜라이는, 현대 사상의 근간을 이루는 두 닻인 동시에 딜레마인 루이스와 프로이트에 대해 정곡을 찌르며 노련하게 이야기한다. 우리는 실존했던 두 천재들의 삶을 통해 우리 자신이 무엇을 갈망하며 추구하는지를 발견할 수 있다. 니콜라이 교수는 전혀 다른 두 사람의 신념을 탁월하게 대비하여 보여 준다. 나는 끝까지 이 책을 내려놓을 수가 없었다.

티모시 존슨_ABC 뉴스 의학계 편집자 하버드 대에서 상당히 인기 있는 니콜라이 교수의 강의를 들었던 것은 내 인생에서 가장 값진 경험이었다. 니콜라이 교수는 25년 이상 루이스와 프로이트에 대해 강의하고 연구한 결과를 이제 우리 모두에게 공개하고 있다. 이 탁월한 책은 당신의 인생을 변화시킬 것이다.

프랜시스 콜린스_국립 게놈 연구소장 《루이스 대 프로이트》는 루이스와 프로이트의 세계관을 설득력 있게 비교하고 멋지게 정리하여 이제껏 인류가 던져 온 가장 중요한 질문―신은 존재하는가? 그는 나를 중요하게 생각하는가?―을 곰곰이 생각할 기회를 주는 매우 흥미 있는 책이다. 진리와 인생의 의미, 신의 존재에 관해 해답을 찾고 있는 사람이라면 누구에게나 필요한 깊이 있는 책이다.

피터 크리프트_《고통 이해하기》 저자 공정하고 학문적이며 객관적인 책이 있는가 하면, 도전적이고 흥미를 끌며 주관적인 감동으로 이끄는 책이 있다. 이 둘을 다 갖춘 책이 있다면 잊을 수가 없을 것이다. 《루이스 대 프로이트》가 바로 그런 책이다. 나는 머리와 가슴 속 깊이 루이스와 프로이트의 삶에 빠져들었다. 이 책은 소설처럼 흥미진진하기 때문에 일단 시작하면 결말을 보아야 한다.

프롤로그

1939년 9월 26일 아침, 런던 북서 지역 골더스 그린에서 한 무리의 친구들과 가족이 모여 지그문트 프로이트의 죽음을 애도했다. 그의 몸이 화장된 후, 전기 작가 어니스트 존스는 추도 연설에서 "그는 생전에 원한 바와 같이 화려한 장례 의식 없이 간소하게 묻혔습니다"라고 말했다. 작가 슈테판 츠바이크는 "앞으로 우리가 인간의 마음이라는 미로를 탐사할 때는 언제든지 그의 지성의 빛이 앞길을 비추어 줄 것입니다"라는 예언으로 연설을 마쳤다.

〈뉴욕 타임스〉 일요일판은 1면에 "지그문트 프로이트 박사 망명 중 83세에 서거"라는 제목의 기사를 실었다. 부제는 "정신분석의 창시자 런던 근교의 자택에서 사망하다"였다. 이 기사는 프로이트의 책들을 불사르고 그의 이론을 외설이라고 거부하고 그의 자유에 대한 몸값을 요구한 나치의 감시를 뚫고 프로이트가 망명한 이야기를 자세히 썼다. 이 기사는 또한 프로이트의 "전 세계적인 명성과 위대함"에 대해 설명하면서, 프로이트는 "정신분석에 관한 전 세계적 담론을 야기한, 가장 폭넓게 논의된 과학자 중 한 사람"이며 그의 사상은 이미 우리의 문화와 언어에 스며들었다고 했다.

프로이트는 어린 십대의 나이에 학적인 탁월함을 보여 주었는데, 김나지움(중등교육기관-옮긴이)의 학급에서 7년 동안 일등을 차지했고 최우등으로 졸업했다. 17세에 빈 대학에 입학하여 여러 언어로 폭넓게 독서했고 연구 활동을 했으며 물리학에서 철학까지 아우르는 과목들을 공부했다.

오늘날 역사가들은 프로이트의 과학적 업적을 아인슈타인, 플랑크(1858-1947, 양자 이론을 탄생시킨 물리학자-편집자)와 동등한 대열에 놓고 있다. 그의 이름은 역사상 가장 위대한 의사들을 수록하고 있는 대부분의 목록에 올라 있다. 그는 (알버트 아인슈타인과 함께) 1999년 3월 〈타임〉의 표지 인물로 실렸다.[1] 이 기획 기사는 20세기의 가장 위대한 과학적 정신을 가진 사람들을 다룬 것인데, 프로이트는 가장 영향력 있는 과학자 100명 중 여섯 번째 인물로 뽑혔다.[2] 그러나 프로이트의 명성과 영향이 그의 사후 60여 년간 계속 커져 온 반면에 그를 둘러싼 비판과 논쟁도 함께 커져 왔다. 그래도 그의 영향력은 여전히 지속되고 있다. 프로이트의 사진은 오스트리아 화폐를 장식하고 있으며 그의 사상은 우리의 문화와 언어에 깊숙하게 자리 잡고 있다.

우리는 **자아, 억압, 콤플렉스, 투사**(projection), **억제, 신경증, 정신이상, 저항, 남매 갈등, 프로이트식 실수**(slip) 등과 같은 용어들을 그 출처를 알지도 못한 채 사용하고 있다. 인간의 심리에 관한 프로이트의 이론은 어느 학자보다도 앞선 것 같다. 100가지가 넘는 심리 치료법들 중 프로이트의 개념을 최소한 하나 이상 사용하고 있는 것이 수두룩하다. 무엇보다도 가장 중요한 점은 그의 이론들이 전기, 문학비평, 사회학, 의학, 역사학, 교육학, 윤리학뿐 아니라 법학에서도 인간의 행동을 해석하는 방법에 영향을 끼치고 있다는 점일 것이다. 오늘날 우리는 어린 시절의 경험이 성인이 되었을 때 생각하고 느끼고 행동하는 방식에 영향을 미친다는 정신분석의 기초 개념을 당연한 것으로 받아들이고 있다. 프로이트 사상의 영향력이 확고하기 때문에 20세기를 '프로이트의 세기'라고 부르는 학자들도 있다.

프로이트가 남긴 지적 유산 중에는 그가 강하게 옹호한 무신론적 인생철학이 있다. 그는 이러한 견해를 '과학적 세계관'이라고 불렀다. 그는 또한 이른바 '종교적 세계관'이라고 하는 영적 세계관에 대항하여 격렬한 전투를 수행했으며 이 전투는 지금도 계속되고 있다. 그의 해설적 혹은 과학적 저술들보다 더 폭넓게 읽히고 있는 철학적 저술들은 우리 문화의 세속화에 상당한 역할을 해 왔다. 과학과 신앙은 양립할 수 없는 갈등 관계라는 주장을 증명하기 위해 17세기에는 천문학에, 18세기에는 뉴턴 물리학에, 19세기에는 다윈의 진화론에 눈을 돌렸으며 20세기와 오늘날에는 프로이트에게 눈을 돌려 그를 무신론자의 시금석으로 삼고 있다.

ॐ

프로이트가 죽은 지 24년 후인 1963년 11월 26일 아침, 영국 런던 북서쪽에 위치한 옥스퍼드 시에 한 무리의 친구들과 가족이 C. S. 루이스의 죽음을 애도하기 위해 헤딩톤 쿼리에 있는 홀리 트리니티 교회에 모였다. 장례 예배는 성경 구절 인용으로 시작되었다. "주께서 말씀하시기를, 나는 부활이요 생명이니……." 예배 후에 사람들은 맑고 추운 날씨 속을 천천히 걸으면서 교회 장지로 관이 옮겨지는 모습을 조용히 지켜보았다.

1963년 11월 25일 〈뉴욕 타임스〉는 존 에프 케네디의 암살에 관한 수많은 기사들과 함께 "C. S. 루이스 서거 : 작가·비평가, 향년 64세"라는 표제로 그의 죽음을 전했다. 사진을 첨부한 여러 단의 기사를 통해 탁월한 학자로서 루이스의 명성과 풍성한 삶을 개관하고, 이미 수백만 부가 팔린 학문적인 저술들과 유명한 작품들을 소개하면서 그가 무신론자에서 신앙인으로 세계관을 바꾼 후에 작가로서 성공하게 되었다는 점을 강조했다.

옥스퍼드 대학의 명사이고 문학비평가이며 아마도 20세기의 가장 유명한, 이성에 기초한 신앙 옹호자인 루이스는 작고하기 오래 전에 이미 국제적인 인지도를 높였다. 제2차 세계대전 중에 방송 강연을 했기 때문에 루이스의 목소리는 BBC 방송에서 처칠 수상 다음으로 널리 알려졌다. 전쟁이 끝나고 2-3년 후 〈타임〉의 표제 기사는 루이스를 영적 세계관을 지지하는 가장 영향력 있는 대변자라고 했다. 저서들은 꾸준히 엄청나게 팔렸고 그의 영향력도 계속 커져 왔다. 1998년 루이스 탄생 100주년을 맞이하여 그의 저서들에 초점을 둔 회의들이 미국과 영국 전역에 걸쳐서 개최되었다. 그의 가장 인기 있는 동화 《나니아 나라 이야기》는 전세계 어린이들의 상상력에 불길을 당겼다. 루이스에 관한 무수한 개인적·전기적·문학적 저술들과 논문들, 수많은 대학 내의 루이스 학회들, 그의 삶을 다루어 상을 받은 런던과 브로드웨이의 연극과 영화—이 모든 것들은 그의 인간됨과 저술에 대한 관심이 계속 고조되고 있음을 입증하고 있다.

루이스는 옥스퍼드에서 대학생으로서 탁월한 학력을 쌓기 시작했다. 그는 세 분야에서 모두 일등을 차지하는 최고의 영예를 얻었는데 이는 좀처럼 성취하기 어려운 일이었다. 공부를 마친 후에는 같은 대학에 교수로 머물렀다. 그 후 30년간 루이스는 철학과 영어학과 영문학을 가르쳤다. 1955년에 그는 옥스퍼드를 떠나 케임브리지의 모들린 대학에 가서 중세와 르네상스 문학 학과장을 맡았다. 옥스퍼드와 케임브리지 대학교에서 그의 강의는 수강생들이 입추의 여지 없이 몰려들 정도로 인기가 대단했다.

루이스는 인생 초기에 무신론자의 세계관을 견지하였으며 자신의 무신론을 방어하기 위해 프로이트의 논법을 이용했다. 그러나 후기에는 무신론을 버리고 기독교 신자가 되었다. 지속적인 저술 활동을 통해 그는, 영적 세계관에 반대하는 프로이트의 논변들에 대해 설득력 있는 답변을 제공했다. 프로이트가 영적 세계관을 반대하는 주장을 펼치는 도전마다 루이스는 응전을 하고 있다. 그들의 저술들은 현저한 대응 관계를 보여 준다. 프로이트가 여전히 유물론을 옹호하는 주요한 대변인 역할을 하고 있다면, 루이스는 프로이트가 공격한 영적 세계관을 옹호하는 주요한 대변인 역할을 하고 있는 것이다.

안타깝게도 두 사람은 직접 논쟁을 벌인 적이 한 번도 없었다. 루이스가 옥스퍼드에서 강의하기 시작했을 때는 이십대였고 프로이트는 이미 칠십대 중반의 나이였다. 프로이트의 새로운 심리학 이론은 당시 폭넓게 논의되고 있었기 때문에 루이스는 프로이트의 이론들을 익히 알고 있었다. 훨씬 전에 루이스가 옥스퍼드 대학생으로 공부하고 있을 즈음에 프로이트는 이미 새로운 문학비평 이론의 아버지가 되어 있고 루이스는 이론을 배웠다. 후에 프로이트는《사랑의 알레고리》같은 루이스의 초기 저술 몇 편을 충분히 읽었음직하다. 《사랑의 알레고리》는 프로이트가 죽기 여러 해 전에 출판되어 비평가들의 갈채를 받은 책이다. 프로이트가 루이스의《순례자의 귀향》을 읽었을지도 모르는데, 이 책에서 루이스는 프로이트의 심리학을 풍자하고 있다. 루이스 소설에 나오는 한 등장인물의 이름은 지기스문트인데 이는 프로이트가 20세에 지그문트라고 이름을 바꾸기 전까지 그의 실제 이름이었다.

루이스가 프로이트보다 한 세대 뒤에 태어났기 때문에 불행히도 프로이트는 자신에 대한 루이스의 논변을 반박할 수 있는 기회가 없었다. 그러나 만일 이 두 사람의 논변을 짝지어 놓는다면 마치 둘이 함께 강단에 서서 논쟁하는 것처럼 보일 것이다. 두 사람 모두 마치 상대방의 논변을 염두에 두고 있었다는 듯, 자신의 견해가 가진 결점과 그 대안에 대해 신중하게 생각하였다.

30여 년 전에 하버드에서 프로이트에 관한 과목을 강의해 달라고 나를 초청했다. 그때 이래로 나는 그 과목을 학부생들에게 강의했고 지난 10여 년간은 하버드 의대생들에게도 강의했다. 처음에 내 강의는 프로이트의 철학적 견해에만 초점을 두었다. 대략 절반 정도의 학생들은 그의 견해에 동의했고 나머지 절반은 강하게 반대했다. 내 강의가 프로이트와 루이스를 비교하는 단계로 발전했을 때 학생들의 관심을 더 끌게 되었고 격렬한 토론을 불러일으켰다. 그때 이후로 그 과목을 그런 방식으로 강의하게 되었다. 그러다가 그들에 관한 전기 형태로 그들의 저술에 제삼자의 목소리를 더할 필요를 느꼈다. 그들의 논변이 결코 신의 존재를 증명하거나 승인할 수는 없다. 그렇지만 그들의 삶은 그들의 견해가 진실하고 신뢰할 만한지, 또한 유용한지를 예리하게 대변해 준다. (물론, 그들의 전기를 분석할 때 우리는 인간이 항상 자신이 공언한 대로 사는 것은 아니며 또한 자신이 산 바를 공언하는 것은 아니라는 점을 유의해야 한다.)

❧

　이 책의 목적은 완전히 대립하는 두 관점, 즉 믿는 자와 믿지 않는 자의 세계관으로 인간의 삶을 바라보는 데 있다. (프로이트는 모든 사람을 이 두 범주로 나누었다.) 따라서 이 두 가지 대립하는 관점으로 인생의 기본적인 문제들을 다룰 것이다. 두 관점을 가능한 한 객관적으로 공평하게 조사할 것이며 대립하는 두 논변이 스스로 말할 수 있게 할 것이다. (나는 나를 비롯하여 어느 누구도 감정적인 부하(負荷)가 걸린 논쟁점들에 대해 중립적이지 않다는 점을 알고 있다. 어느 누구도 자신의 세계관이 잘못된 전제 위에 세워져 있으며 그 결과 인생 전체가 잘못된 방향으로 나아가고 있다는 생각을 너그럽게 받아들일 수 없다.) 세계관이 인생에 미치는 영향력이 크기 때문에, 우리는 자신이 거부하는 세계관을 옹호하는 논변들을 별것 아닌 것처럼 여기거나 부정하려는 경향이 있다. 나는 독자들이 "부정하기 위해 읽지 말고……비교 검토하고 고찰하기 위해 읽으라"는 프란시스 베이컨의 충고

를 따라서 프로이트와 루이스의 논변들을 비판적으로 평가하기를
바란다.

소크라테스는 "성찰하지 않는 삶은 살 가치가 없다"고 말했다.
대학에서 학생들과 교수들은 수십억 개의 은하계로부터 양자, 전
자, 쿼크에 이르기까지 우주의 모든 가능한 양상을 자세히 검토하
고자 하지만, 자신의 삶을 성찰할 기회는 용의주도하다고 할 수 있
을 정도로 피한다. 캠퍼스 밖의 세상에서는 한가한 시간은 조금도
남기지 않으려는 듯 너무도 바쁘게 일, 컴퓨터, 텔레비전, 영화, 라
디오, 잡지, 신문, 스포츠, 음주, 마약, 파티 등으로 채운다. 아마도
자신의 삶을 살펴보면 인생이 의미가 없고 불행하고 외롭고 고통스
럽고 허무한데다 믿을 수 없을 정도로 짧다는 사실에 직면하게 되
기 때문에 스스로 시선을 다른 곳으로 돌리는 것 같다. 다음과 같은
파스칼의 고찰이 옳았는지도 모른다. "만일 우리의 상황이 진실로
행복하다면, 인생에 대해 생각하는 것으로부터 주의를 돌릴 필요가
없을 것이다.……우리가 불행한 단 한 가지 원인은 방에 조용히 앉
아 있는 법을 모르는 데 있다."

하버드의 수강생 하나가 토론 수업 중에 "인생을 산다는 게 두렵
네요"라고 말했다. 조용히 앉아서 자기 인생을 성찰하는 일이 어려
운 이유는 아마도 불안이 느껴지기 때문일 것이다. 그러나 자신의
삶을 성찰하기 전까지는, 불행을 줄이고 좀더 만족스러운 인생을
누리기란 어려울 것이다. 프로이트와 루이스가 함께 우리를 인도하
여 그러한 성찰에 이르게 되기를 희망한다.

깨닫든지 깨닫지 못하든지 간에 우리는 모두 세계관을 갖고 있다. 세상에 태어나서 몇 년이 지나면 우리 모두는 점차로 인생철학을 형성해 간다. 우리들 대부분은 둘 중 하나의 가정을 하고 있다. 즉, 우주가 우연한 사건들의 결과이고 이 세상에서의 삶은 우연적인 일이라는 견해를 갖거나, 아니면 우주에 질서를 부여하고 인생에 의미를 부여하며 우주를 초월하여 실재하는 지성적인 존재를 가정한다. 우리가 가진 세계관은 우리의 개인적·사회적·정치적 삶을 드러내 준다. 또한 우리가 자신을 어떻게 인식하는지, 다른 사람들과 어떻게 관계를 맺는지, 역경을 어떻게 헤쳐 나가는지, 삶의 목적이 무엇인지를 이해하는 데 영향을 끼친다. 세계관은 우리의 가치와 윤리, 행복을 수용하는 능력을 결정한다. 또한 우리의 유래(어디서 왔는가), 정체성(누구인가), 목적(왜 이 지구상에 존재하는가), 동기(무엇에 이끌려 사는가), 운명(어디로 가는가)을 이해하도록 돕는다. 토마스 쿤 같은 과학사가들은, 세계관이 과학자가 연구하는 대상뿐아니라 연구한 바를 해석하는 방식에까지 영향을 끼친다고 지적한다. 우리가 가진 세계관은 아마도 우리 자신에 관한 성장사의 어떤 면보다도 더 많은 것을 말해 줄 것이다.

프로이트와 루이스의 관점은 유사 이래 줄곧 존재해 왔다. 바로영적 세계관과 유물론적 혹은 '과학적' 세계관이다. 전자는 근본적으로 도덕적 진리와 옳은 행위 및 '여호와께서 말씀하시기를'이라는 금언을 강조하는 고대 이스라엘에 뿌리를 두고 있으며, 후자는 이성과 지식 습득 및 '자연이 말한 바가 무엇인가?' 라는 금언을 강조하는 고대 그리스에 뿌리를 두고 있다. 우리는 모두 어떤 형태로든 프로이트나 루이스의 세계관을 포용하고 있다. 만일 우리가 프로이트의 유물론을 수용한다면, 스스로를 무신론자, 불가지론자 혹은 회의론자로 부르게 될 것이다. 마찬가지로 루이스의 세계관에도 여러 표현들이 있다. 우리는 루이스가 받아들이고 있는 영적 세계관, 최근 갤럽 여론 조사에 따르면 80퍼센트 이상의 미국인이 수용하고 있는 영적 세계관을 고찰할 것이다.

그런데 왜 프로이트와 루이스인가? 여러 가지 이유 중 첫째로는 두 사람 모두 대표적인 두 세계관에 대해 간단명료하면서도 매우 깊이 있고 폭넓게 저술했다는 점이다. 프로이트는 많은 사람들이 선망하는 괴테 문학상을 수상했으며 루이스는 영문학 교수요 저명한 문학비평가요 널리 읽히는 다작의 저술가였다. 또한 두 사람 모두 자서전과 수천 통의 편지를 썼는데, 이는 그들이 삶을 어떻게 살았는지 공정하게 살펴볼 수 있는 근거가 된다. 이처럼 프로이트와 루이스는 특별히 투명한 렌즈를 제공하고 있기 때문에 우리가 두 관점을 자세히 관찰할 수 있는 것이다.

그런데 이러한 세계관들은 옳거나 그른 답이 없는, 단지 철학적인 고찰에 불과한 것인가? 그렇지 않다. 한 사람은 신이 존재하지 않는다는 전제로 시작하며 다른 한 사람은 신이 존재한다는 전제로 시작한다. 이렇게 그들의 관점은 상호 배타적이다. 그래서 만일 한 사람이 옳다면 다른 한 사람은 반드시 틀려야 한다. 어느 관점이 옳고 어느 관점이 그른지를 아는 것이 정말로 차이를 만드는가? 프로이트와 루이스는 모두 그렇다고 생각했다. 그들은 인생의 상당 부분을 할애하여 "그 관점은 옳은가?"라는 질문을 거듭해서 던지며 이러한 논쟁점들을 탐구했다.

프로이트는 "신은 존재하는가?"라는 질문에 집착했다. 빈 대학생 시절에 프로이트가 쓴 편지들에는 신의 존재에 관한 질문이 끊임없이 나타난다. 이 질문은 마지막 주요 저술인《모세와 유일신 사상》에 이르기까지 그의 철학적 저술들에 지속적으로 나타나 있다. "세계관에 대하여"라는 논문에서 프로이트는 신의 존재에 대해 부정적으로 논하고 있다. 그는 고통의 문제를 지적하면서, 신에 대한 모든 개념은 변화무쌍한 삶과 고난으로부터 부모의 보호를 원하는 유아적 소망의 투사에 지나지 않는다는 심리학적인 논변을 전개해 나간다. 그는 또한 영적 세계관—신앙은 "신적 기원을 갖고 있으며 인간 정신이 이해할 수 없는 성령의 계시에 의해 우리에게 주어졌다"는 세계관—을 지지하는 사람들의 반발에 대항하여 논쟁하고 있다. 프로이트는 이것은 "미결(未決) 문제를 논거로 하여 이론을 세우는 오류"라고 말하며 다음과 같은 논평을 덧붙인다. "실제로 중요한 질문은 신적 정신과 그에 의한 계시가 존재하는지의 여부이며 그러한 질문을 할 수 없다는 말로 이 문제가 해결될 수는 없다."

루이스는 이 질문이 실제로 가장 중요한 질문이라는 점에서는 프로이트에 동의한다. 그는 다음과 같이 쓰고 있다. "여기에 문이 하나 있다. 어떤 사람들에 따르면 이 문 뒤에는 우주의 비밀이 당신을 기다리고 있다. 그것은 참 아니면 거짓이다. 만일 거짓이라면 그 문이 실제로 감추고 있는 것은 그저 최대의 사기일 뿐이다." 아주 많은 사람들이 루이스의 답을 기꺼이 받아들이고 있기 때문에—최근의 갤럽 여론 조사에 따르면 미국 성인의 대다수가 하나님을 믿는다—루이스 말이 맞다. 만일 그것이 참이 아니라면 영적 세계관은 사기일 뿐 아니라 지금까지 인류사에 있었던 속임수 중 가장 잔인한 속임수가 된다. 이때 유일한 대안은, 프로이트의 충고대로 우리가 이 우주 안에 홀로 존재한다는 냉혹한 현실을 대면하도록 철이 들어야 하는 것이다. 프로이트는, 진리는 냉혹하여 우리를 위로하지는 못하더라도 거짓된 희망과 비현실적인 기대로부터 자유케 할 것이라고 말한다. 그러나 만일 영적 세계관이 참이라면 모든 다른 진리는 그 의미가 퇴색해 버릴 것이다. 우리 인생에서 영적 세계관만큼 심원하고 원대하게 영향을 미치는 것은 없다.

나는 이제 독자 여러분과 함께, 둘 다 신의 존재에 대한 질문이 인생의 가장 중요한 질문이라고 생각한 프로이트와 루이스가 어떻게 서로 대립하는 결론에 도달했는지 살펴보려고 한다. 그리고 루이스와 프로이트가 '인생을 실제로 어떻게 살았는지'가 자신의 논변을 강화하는지 약화하는지, 그들의 삶이 그들이 말한 것보다 더 많은 것을 우리에게 전하는지 살펴보려고 한다.

1부

무엇을
믿어야
하는가?

1. 주인공

지그문트 프로이트와 C.S.루이스의 생애

지그문트 프로이트보다 한 세대 젊은 C. S. 루이스는 인생의 전반기 동안 프로이트의 무신론을 받아들였지만, 결국에는 그 견해를 거부했다. 루이스가 옥스퍼드에서 가르치기 시작했을 때 프로이트의 저술들은 이미 루이스의 전공 분야인 문학을 포함하여 많은 지적 학문 분야에 영향을 끼쳤다. 루이스는 프로이트의 논변들을 모두 잘 알고 있었다. 이는 루이스가 무신론자였을 때 자신의 입장을 옹호하기 위해 프로이트의 논변을 사용한 것을 보아 알 수 있다.

루이스는 자서전에서 이렇게 말한다. "새로운 심리학이 그 당시 우리 모두를 휩쓸고 있었다. 그렇다고 무턱대고 받아들이지는 않았으나…… 다들 영향을 받았다. 우리의 관심을 가장 많이 끈 것은 '환상' 내지는 '소망적 사고'였다. 우리는 모두 시인이자 비평가인 콜리지(Samuel Taylor Coleridge, 1772-1834)가 말한 바 고급한 의미의 '상상'에 매우 큰 가치를 두고 있었으므로(당연한 일이었다)…… 심리학자들 식으로 환상과 공상을 구분하는 일도 중요하게 여겼다."[1]

일생 동안 견해를 전혀 바꾸지 않는 사람은 실제로 드물다. 그러므로 루이스와 프로이트의 관점을 비교하기 전에 그들이 어떻게 그러한 견해에 이르게 되었는지 알 필요가 있다.

프로이트의 배경

1856년 5월 6일 모라비아 주 프라이베르크 시에서 아말리아 프로이트가 아들을 낳았다. 그녀는 훗날 역사상 가장 영향력 있는 과학자들 대열에 자기 아들의 이름이 오르리라고는 생각지도 못했다. 그녀의 남편 야콥은 아들의 이름을 지기스문트 쉴로모(Sigismund Schlomo)라고 지었고 이 이름을 가족 성경에 새겨 넣었다. 그러나 아이는 커서 이 이름을 버렸다. 그는 할아버지의 이름인 '쉴로모'를 절대 쓰지 않았으며 빈 대학교 학생 시절 '지기스문트'를 '지그문트'로 바꿨다.

유모가 어린 프로이트를 그의 생애 첫 2년 반 동안 돌보았는데, 독실한 가톨릭교도인 그녀는 아이를 교회에 데리고 다녔다. 후에 프로이트의 어머니는, 프로이트가 교회에서 돌아오면 "전능하신 하나님이 하신 일을 우리에게 설교하고 이야기하곤" 했다고 말했다. 프로이트는 유모와 함께 지낼 때가 많았다. 특히 어머니가 임신하고 어린 동생을 낳을 때까지는 거의 유모와 지냈다. 프로이트는 유모를 어머니처럼 따랐고 강한 애착을 느꼈다. 두 살이 채 되기 전에 프로이트는 어린 동생 율리우스를 잃었다. 율리우스가 앓다가 죽었기 때문에 어머니의 시간은 모두 동생에게 빼앗기고 프로이트는 거의 전적으로 유모가 돌보게 되었다. 프로이트는 "유모가 말은 거칠었지만 나는 그 늙은 유모를 사랑했다"고 썼다.[2] 그는 다년간 친하게 지낸 이비인후과 전문의인 빌헬름 플리스에게 보낸 편지에 이렇게 썼다. "내 경우에 '첫 스승'은 나이 많고 못생겼지만 영리한 여성이었는데, 그녀는 내게 전능한 하나님과 지옥에 관해 많은 것을 말해 주었고 나의 능력을 높이 평가할 수 있게 자신감을 심어 주었네."[3] 이 시기에 유모는 도둑질을 했다는 비난을 받고 돌연 집을 떠났다. 성인이 되어 프로이트는 유모에 대한 꿈을 꾸곤 했다.[4]

학자들은 영적 세계관에 대한, 특히 가톨릭교회에 대한 프로이트의 적대감 형성에, 인생의 중요한 시기에 가톨릭교도인 유모가 그를 버려두고 떠난 데 대한 분노와 실망도 한몫했다고 추측한다. 프로이트도 이렇게 시인한다. "유모가 그렇게 갑자기 사라진 일에 대한 어떤 인상이 내 안에 남겨졌음에 틀림없다. 그렇지 않겠는가?" 그런 다음 그는 또 한 장면을 회상한다. "지난 29년 동안 내 의식적인 기억 속에 나타난 장면은…… 내가 가슴이 터지도록 울고 있었다. ……나는 어머니를 찾을 수 없었다. ……나는 얼마 전에 유모가 사라진 것처럼 어머니가 사라진 게 분명하다고 생각하여 겁이 났다."[5] 프로이트의 삶에서 한 사람이 떠남으로 인해 교회를 향한 부정적인 감정이 그에게 형성되었다고 가정하는 것은 프로이트적 분석을 마음껏 사용한 결과라고 볼 수 있다.

유모가 프로이트를 가톨릭 예배에 접하도록 이끈 것은 사실이다. 어린 프로이트는 유모를 따라 미사에 갔을 때 사람들이 무릎을 꿇고 기도하며 성호를 긋는 모습을 분명 목격했을 것이다. 성인이 된 프로이트가 종교적 관습을 강박 증상들과 비교하여 종교를 "보편적 강박 신경증"[6]이라고 부른 논문을 썼을 때 이러한 어린 시절의 인상을 떠올렸는지도 모른다. 프로이트가 처음으로 음악과 로마와 부활절 축일과 오순절(예수의 제자들에게 성령이 임한 날을 축하하는 성령강림 축일로도 알려져 있다)을 접하게 된 것도 어린 시절의 인상 때문일 수 있다. 프로이트는 음악을 싫어했지만 이상하게도 로마에 매력을 느꼈고 두 축일을 특별한 날로 생각하는 듯했다. 그는 편지에서 로마와 두 축일에 대해 말하곤 했다. 그는 "로마에 가고 싶다"[7]거나, "다음 부활절을 로마에서"[8] 보내고 싶다거나, "얼마나 로마에 다시 가 보고 싶었는데"[9]라고 썼다.

프로이트는 유별나고 복잡한 가정에서 자랐다. 야콥과 아말리아 나탄존이 결혼했을 때, 아말리아는 아직 십대였고 야콥은 40세였으며 이미 손자가 있었다. 프로이트의 어머니인 아말리아는 야콥의 세 번째 부인이었다. 야콥은 첫 번째 결혼에서 두 아들을 얻었는데 하나는 아말리아보다 나이가 많았고 다른 하나는 한 살 적었다.

프로이트의 아버지는 정통 유대인 교육을 받았다. 그런데 점차로 모든 종교적 관습들을 포기하였고 부림절(구약 에스더서에 나오는 하만에 의한 유대인의 학살 모면 기념제 – 옮긴이)과 유월절(출애굽을 기념하는 유대 민족의 축제 – 옮긴이)만 가족 축일로 기념했다. 그래도 성경은 집에서 히브리어로 꾸준히 읽었으며, 히브리어를 유창하게 말했던 것 같다.[10] 프로이트는 70세가 다 되어 쓴 자서전에서 "훨씬 후에 깨달은 사실이지만, 어린 시절 (거의 읽는 법을 배우기도 전에) 성경 이야기에 친숙했기 때문에 성경의 내용은 내 관심의 방향에 지속석인 영향을 끼쳤다"[11]고 회상했다.

나는 런던에 있는 프로이트 저택을 여러 번 방문하는 동안 프로이트 서재의 책들을 정독하며 홀로 시간을 보냈다. 그곳에서 나는 마르틴 루터 성경을 상당히 많이 발견했다. 프로이트가 성경 인용을 자주 한 것으로 보아 이 역본을 읽었다는 사실을 알 수 있다. 그렇지만 소년이었을 때 읽은 성경은, 유대교 개혁 운동을 한 학자의 이름을 따서 출간된 구약성경인 필립슨 성경(1840년대에 출간된 독일어 번역본-옮긴이)이었던 것 같다. 프로이트의 35세 생일 때 야콥 프로이트는 아들에게 다음과 같은 글을 히브리어로 새겨 넣은 필립슨 성경을 한 부 보냈다.

> 사랑하는 아들아,
> 하나님의 영이 너를 배움으로 이끄시기 시작한 것은 네가 일곱 살 때였다. 나는 하나님의 영이 네게 이렇게 말씀하셨을 것이라고 생각한다. "내 책을 자세히 읽어라. 지식과 지성의 원천에 이르는 문이 열릴 것이다." 성경은 책 중의 책이다. 성경은 현명한 사람들이 판 우물이며 이 우물로부터 법률가들이 지식의 물을 끌어 올렸다.
> 너는 이 책 속에서 전능자가 보여 주시는 것을 보았고, 기꺼이 들으려 했고, 성령의 날개를 타고 높이 날고자 했다. 네가 일곱 살 때부터 나는 이 성경을 간직해 왔다. 이제 네 서른다섯 번째 생일에 이것을 골방에서 끄집어내어 늙은 아비의 사랑의 표시로 네게 보낸다.[12]

프로이트는 당연히 영적 세계관을 아버지와 관련지어 생각했다. 아버지에 대한 그의 감정은 기껏해야 양가감정(兩價感情:동일 대상에 대한 상반된 감정, 특히 사랑과 미움이 동시에 존재하고 있는 상태. '반대 감정 병존'이라고도 함 – 옮긴이)이었다. 아버지와는 달리 프로이트는 히브리어를 결코 배우지 않았으며, 어머니의 이디시어(중유럽·동유럽계 유대인이 사용하는 언어. 히브리어를 섞어 히브리 문자로 쓰는데 오늘날에는 독일어의 근접어로 간주됨 – 옮긴이)는 몇 마디만 알아들었다.[13]

야콥 프로이트는 양모 상인으로 생계를 위해 애썼으며 온 가족이 작은 단칸방을 세내어 살았다. 그 아래 1층에는 제철공인 집주인이 살고 있었다. 프로이트가 태어날 때 프라이베르크—지금의 체코슬로바키아의 프로시보르—시의 인구는 약 4-5천 명 정도였다. 프라이베르크의 가톨릭교도는 개신교도와 유대교도보다 각각 2-3퍼센트 정도 더 많았다.

1859년 프로이트가 세 살이었을 때, 그의 가족은 라이프니츠로 이주했고 10년 후 빈으로 옮겨갔다. 82세가 되던 1938년에 이르기까지 그는 빈에서 살며 연구했다. 1938년 나치 침공 이후 그는 동료들과 미국 프랭클린 루즈벨트 대통령과 국무장관의 도움으로 탈출하여 런던으로 갔다.

청년 시절 프로이트는 빈에서 사무엘 함메르쉴라크에게서 유대교를 공부했는데, 함메르쉴라크는 유대 백성의 종교 생활보다 윤리적·역사적 경험을 더 강조했다. 그는 오랫동안 프로이트의 친구이자 후원자로 남았다. 15세에 프로이트는 에드워드 실버스타인이라는 친구와 편지를 주고받기 시작한다. 10년에 걸쳐 왕래한 편지들을 통해, 젊은 프로이트의 신학적·철학적 사상과 감정, 그리고 '우주 너머에 지성적 존재가 존재하는가?' 하는 그의 질문에 대해 이해할 수 있다. 실버스타인은 신자였으며 나중에 변호사가 되었고 그가 결혼한 여자는 우울증 치료를 위해 프로이트에게 보내졌다. 그녀는 프로이트의 사무실에 도착하자 하녀에게 아래층에서 기다리라고 말하고 프로이트가 기다리는 방으로 올라가는 대신 4층으로 올라가 투신하여 자살했다.[14]

프로이트는 1873년 빈 대학교에 입학하여 탁월한 철학자인 브렌타노(Franz Brentano) 밑에서 공부한다. 가톨릭 사제였던 브렌타노는 교황무오설을 받아들이지 않았기 때문에 성직을 떠난 인물이었다. 프로이트는 이 사실을 실버스타인에게 편지로 썼다. 브렌타노는 젊은 프로이트에게 깊은 인상을 주었다. 프로이트는 18세 때 친구에게 보낸 편지에서 브렌타노에 대한 감탄을 금치 못했다. "철학과목 두 강좌를 수강하는데, 너도 알다시피 나는 하나님의 존재를 부정하는 의학도이고 경험주의자잖아. ……한 강좌는—들어 보면 놀랄 거야—하나님의 존재를 다루었는데 그 강의를 한 브렌타노 교수는, 비록 공허한 하나님의 존재를 지지하기 위해 자신의 설명이 필요하다고 생각하고는 있지만, 철학자로서 아주 뛰어난 학자야. 그의 논증이 핵심에 이르게 되면(우린 아직 예비적인 문제들을 다루는 수준을 넘지 못했지) 곧바로 너한테 알려 줄게. 네가 신앙으로 구원에 이르는 길이 단절되지 않도록 말야."[15]

몇 달 뒤 프로이트는 브렌타노에게 받은 인상을 더 자세히 설명했다. "너랑 만날 때 이 굉장한 사람(신자이고 신학자이며…… 정말 영리한 사람이자 천재라고 할 수 있지)에 관해 더 이야기해 줄게. 이 교수님은 많은 점에서 이상적인 사람이야."[16] 브렌타노의 영향을 받은 프로이트는 마음이 흔들려 신자가 될까 진지하게 생각해 보았다. 프로이트는 브렌타노가 자신에게 미친 강한 영향을 실버스타인에게 고백했다. "……나는 교수님의 영향에서 벗어나지 못했어. 교수님의 사상에서 절정이라 할 수 있는 유신론 논변을 펼치시면 나는 간단한 것조차 반박할 수 없어. ……교수님은 혹자가 방출설보다 파동설(빛의 속성에 관한 물리학 이론–편집자)의 강점을 주장할 때처럼 편견이 거의 없고 상당히 정확하게 하나님의 존재를 증명하고 있지."[17] 프로이트는 또한 실버스타인에게 브렌타노의 강의를 수강하라고 권했다. "네가 내 편지를 통해 알고 있는 철학자 브렌타노는 아침 8시부터 9시까지 윤리학이나 실용철학에 관해 강의할 거야. 난 믿을 수 없지만 사람들이 그러는데 교수님이 예수회 수도사래. 그래도 교수님은 고결하고 상상력이 풍부한 분이니까 그분 강의를 수강하면 너에게 유익할 거야."[18]

그리고 나서 프로이트는 놀랍게도 반은 인정하는 말을 했다. "말할 것도 없이 나는 필연적으로 유신론자가 될 수밖에 없고 그의 논변 앞에 내 무기력함을 고백할 만큼 정직하지. 그렇지만 나는 그렇게 급하게 혹은 완전하게 항복할 의사는 전혀 없어." 같은 문단에서 그는 모순되는 진술을 하였다. "당분간 나는 유물론자이기를 멈췄지만 그렇다고 아직 유신론자는 아니야."[19] 무신론을 옹호하는 프로이트의 많은 선언들이 널리 알려져 있지만 그가 이러한 혼동과 양가감정을 드러내곤 한 것 또한 사실이다.

몇 주 후에 다른 편지에서 프로이트는 이 문제와 계속 씨름하고 있음을 내비치고 있다. "모든 학문이 하나님의 존재를 요구하는 것 같다는 사실은 언짢은 일이야. 나로서는 특히 언짢은 일이지."[20]

프로이트는 "필연적으로 유신론자"가 되지 않도록 자신을 억눌렀을지도 모른다. 그는 70세 때 브나이 브리트(B'nai B'rith, '언약의 자손'이라는 뜻의 히브리어로 전 세계 유대인 사회의 이익을 대변하는 국제적인 조직―옮긴이) 모임에서 연설하면서 "유대인 사회에 나를 결속시키는 것은 (인정하기는 부끄럽지만) 신앙도 아니고 민족적 자긍심도 아니었습니다. 왜냐하면 나는 늘 불신자였기 때문입니다"[21]라고 말했다. 만일 프로이트가 하나님의 존재에 대한 브렌타노의 논변들이 그렇게 설득력이 있음을 깨달았다면, 그가 '반박'할 수 없는 추론을 받아들이거나 '항복'하기를 꺼리게 만든 요인은 무엇인가? 이에 대해 젊은 프로이트가 의학 교육을 받는 오랜 기간 동안 다른 데서 중요한 영향을 받았다는 몇몇 대답들이 있다.

첫째로, 실버스타인에게 보낸 편지들에서 프로이트는 철학자 포이어바흐를 언급했다. 1875년에 쓴 편지에서 프로이트는 "포이어바흐는 어떤 철학자들보다 내가 존경하고 숭배하는 인물이야"[22]라고 말했다. 포이어바흐는 1804년생이며 하이델베르크 대학교에서 신학을 공부했다. 헤겔의 제자였던 포이어바흐는 신학을 비판하는 책들을 썼는데, 여기서 그는 인간과 인간의 관계―나와 너 관계―는 인간과 하나님의 관계보다 더 가까울 수밖에 없다고 진술했다. 포이어바흐는 자신이 신자라고 주장했지만 그의 저술들은 마르크스와 프로이트의 무신론을 강화하는 결과를 낳았다. 《기독교의 본질》에서 그의 주요 명제는, 종교는 단지 인간의 필요를 투사한 것이며 마음속 깊이 자리 잡은 소망의 충족이라는 것이다.

포이어바흐는 자기 책의 목적을 "환상의 파괴"라고 썼다. 그는 결론에서 자신의 연구를 다음과 같이 요약했다. "우리는 종교의 실체와 대상이 전적으로 인간임을 밝혔다. 신적 지혜는 인간의 지혜임을, 신학의 비밀은 인류학임을, 절대 정신은 소위 유한한 주관적 정신임을 밝혔다."[23] 프로이트는 여러 해 동안 포이어바흐의 주장이 의미하는 바를 이해하려고 애썼다.

　프로이트가 영적 세계관을 거부하는 데 중요한 역할을 했으리라 여겨지는 다른 영향에는, 19세기 말과 20세기 초 유럽의 문화적 환경과 프로이트가 공부한 의대의 특수한 환경이 포함된다. 19세기 말에 많은 출판물들이 과학과 종교의 대립에 대한 가상 논쟁을 다루었다. 잘 알려진 두 책인 존 윌리엄 드레이퍼의 《종교와 과학의 갈등사》와 앤드류 딕슨 화이트의 《과학과 기독교 신학의 전쟁사》는 당시의 사조를 보여 준다. 역사가인 피터 게이는, 프로이트의 의대생 시절에 유럽을 압도했던 "모든 종교를 경멸하는 세속주의자들과 반성직자주의자들로 구성된 꽤 큰 고립지대들"[24]에 대해 언급한다. 이러한 '고립지대들' 중에는 의학계도 들어 있었다. 프로이트는 의학계에서 자신이 받아들여지며, 자기 분야에서 직업적으로 일찌감치 앞서고, 자신의 이론이 수용되기를 간절히 바랐다.

　프로이트는 에른스트 브뤼케의 실험실에서 일했는데 브뤼케는 철저하게 유물론적 근거 위에 생물학의 기초를 세우려고 시도했던 부류의 생리학자 중 한 사람이었다. 자서전에서 프로이트는 브뤼케를 "내 전 생애에서 누구보다도 더 나에게 영향을 끼친"[25] 사람이라고 썼다. 프로이트가 숭배한 많은 다른 교수들처럼 브뤼케도 영적 세계관을 거부하는 강한 입장을 견지했는데, 그는 과학과 종교 사이에는 양립할 수 없는 차이가 존재하며 과학적 방법을 통해 획득된 진리 외에는 어떤 진리도 존재하지 않는다고 주장했다. 프로이트도 인생 말기에 "우리가 연구라고 부르는 것 외에는 지식의 다른 원천은 없다"라고 썼다.[26]

프로이트는 빈 대학교 교수가 되어 세상에 이름을 떨치기를 간절히 바랐으나 여러 해 동안 임용되지 못했다. 같은 기간 동안 강의한 다른 동료들은 교수직을 받았으나 프로이트는 해마다 자기 곁을 지나가는 승진 행렬을 지켜보아야 했다. 그러다가 더 이상은 수동적으로 기다리지 않기로 하고 그는 친구이자 환자였던 사람을 이용하여 정치적인 영향력을 행사하였고 마침내 자리를 잡았다. 프로이트와 같은 경력을 가진 사람이 교수가 되는 데 통상 4년이 걸렸으나 프로이트는 17년을 기다렸다. 프로이트를 가르쳤던 한 나이 든 생리학 교수는 공적 조직 내에 그에 대한 편견이 있다고 프로이트에게 알려 주었다. 또 그의 승진을 제안한 두 교수는 그에게 당시 오스트리아에 만연한 반유대주의를 상기시키며 승진이 저항에 부딪힐 수 있음을 암시했다.[27]

프로이트의 의학 수련 기간 동안 오스트리아 정치계와 일반 대중의 강렬한 반유대주의는 의학계에도 영향을 미쳤다. 이러한 분위기는 19세기 말 빈에 살고 있는 유대인들에게는 일종의 심리적인 대학살—한 세대 후 나치가 감행한 대학살의 전조—이었다. 그 당시 의학 문헌은 강한 민족차별주의와 반유대주의를 반영했다. 역사가 산도르 길먼이 지적하듯이, 유럽의 의학지들은 "유대인은 심각하게 결함이 있으며 여러 가지 질병에 걸리기 쉽다"[28]는 18세기의 견해를 반영했다. 프로이트의 공인된 전기 작가인 어니스트 존스는 프로이트가 "반유대주의를 표현하는 아주 작은 암시에도 민감한 일반적인 유대인의 정서를 가지고 있었으며 학창 시절, 특히 대학 시절 이래 빈에 널리 퍼진 반유대주의 때문에 고통을 겪었던"[29] 사실을 특별히 언급한다.

프로이트가 인생 초기에 겪은 반유대주의는 영적 세계관에 대한 그의 태도에 큰 영향을 끼쳤다. 당시 오스트리아에는 인구의 90퍼센트 이상이 가톨릭교도로 등록되어 있었다. 프로이트는 이러한 환경 속에서 "나는 유대인이기 때문에 스스로 열등하며 이방인으로 느끼도록 압력을 받았다"[30]고 말했다. 여기서 프로이트가 '종교적 세계관'을 불신하고 파괴하며 종교를 '적'이라고 부른 동기와 이유를 이해할 수 있다. 이 '적'이 없었다면 그는 미약한 소수 인종에 속하지 않았을 것이고 자신을 '열등한 이방인'으로 느끼도록 압박당하지도 않았을 것이다.

프로이트는 열 살쯤 되었을 때 아버지에게 들은 이야기를 평생 잊지 않았다. 어느 반유대주의 불한당이 다가와 아버지의 모자를 쳐서 진흙탕에 빠뜨리면서 "이 유대인 놈아! 어서 인도에서 내려가지 못해!"라고 소리쳤다. 프로이트는 아버지에게 어떻게 했는지 물었다. 아버지는 대답했다. "나는 차도로 내려가서 내 모자를 주웠지." 프로이트는 "아버지같이 크고 강한 사람이 그래서는 안 되는 당당하지 못한 태도"[31]라 생각하여 큰 충격을 받았다고 말했다. 프로이트는 수동적 태도를 보인 아버지와는 다르게, 반유대주의에 대항하여 필사적으로 싸우고자 하는 강한 전의(戰意)로 맞섰다.

1882년 4월에 프로이트는 마르타 베르나이스를 만났으며 두 달 후 약혼했다. 마르타의 조부는 함부르크의 랍비 우두머리였으며 아버지는 조부의 정통 유대 신앙을 지키고 있었다.

27세 때 프로이트는 기차에서 겪은 경험에 대해 약혼녀에게 편지로 썼다. "내가 맑은 공기를 얼마나 좋아하는지, 특히 기차를 타면 항상 창문을 열고 싶어 하는 거 당신도 알잖아요. 기차에서 창문을 열고 신선한 공기를 마시려고 머리를 창밖으로 내밀었죠. 그때 누군가 창문을 닫으라고 소리치더군요. ……내가 연 창문은 그 칸 전체에서 유일하게 열려 있었기 때문에 반대편 창문을 열어 놓는다면 창문을 닫을 용의가 있다고 내 입장을 밝혔지요. 계속 말다툼하다가 그 사람이 창문 대신 환기통을 열겠다고 말했을 때 뒤에서 누군가 '저 사람 더러운 유대인이야!' 하고 소리쳤답니다. 그러자 전체 분위기가 달라지더군요." 프로이트는 말다툼에 끼어든 사람 중 하나가 어떻게 물리적으로 해결하려고 했는지를 묘사하면서 이렇게 말했다. "나는 그 패거리들이 전혀 무섭지 않았지요. 전혀 존중할 수 없는 그따위 허튼 소리는 입 밖에 내지 말라고 그 자에게 말했고 다른 자에게는 한번 붙어 보자고 말했지요. 나는 정말 그를 죽일 준비가 되어 있었어요……."[32]

1886년 부활절 주일에 30세가 된 프로이트는 신경병리학과 병원을 개업했다. 그 후로 프로이트는 부활절이면 개업일을 떠올렸다. 반세기 후에 그는 한 편지에서 "내게 부활절 주일은 내 병원 개업 50번째 기념일을 뜻한다"[33]고 썼다. 많은 학자들은 가톨릭교도인 유모가 그를 교회에 데리고 간 날까지 거슬러 올라가 부활절이 그에게 특별한 의미를 지닌다고 본다. 프로이트가 부활절에 개업한 것은 그가 부활절에 특별한 의미를 부여했기 때문이라고 말하는 사람들도 있고[34], 거부나 경멸을 의미한다고 말하는 사람들도 있다[35].

개업함으로써 프로이트는 결혼하고 가족을 부양할 만큼 충분한 수입을 얻게 되었다. 1886년 9월 13일에 그는 마르타와 결혼했다. 그는 유대식 결혼식을 원치 않았는데, 이는 종교적 절차가 불편하게 느껴졌기 때문이다. 잠시 동안 그는 유대인의 종교 의식을 피하기 위해 개신교도가 되는 것을 고려해 보기도 했으나, 그의 친구이자 좋은 조언자인 요셉 브로이어는 그러지 말라고 충고했다. 그래서 둘은 독일에서 결혼했다. 한 번은 시청에서 일반 결혼식을 올렸고 그 다음 날에는 몇몇 가족만이 모여 신부 집에서 조촐하게 유대식 의식을 치렀다.[36]

결혼 십 년 후인 1896년 10월에 프로이트의 아버지가 세상을 떠났다. 프로이트는 플리스에게 보낸 편지에서 이 죽음은 "마음속 깊이 영향을 끼쳤고…… 어린 시절의 모든 감정들을 다시 일깨웠으며…… 아주 뿌리째 뽑힌 느낌이었네"라고 썼다. 또 어떤 사람에게는 아버지의 죽음이 "그 사람의 인생에서 가장 중요한 사건이며 가장 마음에 사무치는 상실"이라고 썼다. 야콥은 경제적으로 어려워서 아들이 오랜 기간의 의학 수련을 마칠 때까지 후원할 수 없었으며, 자존심 상했지만 처가의 도움을 받아야 했었다. 프로이트는 아버지를 실패자라고 생각했다. 그러나 아버지의 죽음은 그에게 크나큰 타격을 주었다. 실제로 나 자신의 임상 경험에서도 부모에 대한 부정적인 감정이 해결되지 않은 사람은 부모의 죽음을 받아들이는데 더욱 어려움이 많음을 발견한다. 아버지의 죽음은 프로이트의 자기 분석과 그가 가장 중요한 저술이라고 생각한 《꿈의 해석》, 그리고 그의 오이디푸스 콤플렉스 이론 형성을 자극했다. 정신분석계 안팎에서 그토록 숱한 논쟁의 대상이 된 그의 이론은 궁극적 권위의 개념에 대한 프로이트의 개인적 감정과 영적 세계관에 대한 지속적인 공격을 설명하는 데 도움이 될 것이다.

자주 풍자의 대상이 된 오이디푸스 이론은 분노를 불러왔다. 프로이트는 어린아이의 성 심리 발달 단계에서 반대 성의 부모에게는 적극적인 감정을, 같은 성의 부모에게는 경쟁심을 경험한다는 것을 임상적으로 관찰했다. 프로이트는 1915년에 한 강의에서 "남아는 어릴 때부터 일찍감치 어머니에 대한 특별한 애정이 발달하기 시작한다. 그는 어머니가 자기에게 속해 있다고 생각하며, 아버지를 자기의 독점적인 소유를 저지하는 경쟁자로 느끼기 시작한다"고 설명한다. "그리고 같은 방식으로 어린 여아는 어머니와 아버지의 애정 어린 관계를 방해하며, 어머니를 자신이 매우 잘 채울 수 있는 자리를 차지한 사람으로 여긴다. 관찰을 통해 우리 안에 이러한 태도가 몇 살 때에 생기는지 알 수 있다. 이것을 '오이디푸스 콤플렉스'라고 부르는데, 이는 오이디푸스 전설이 아들의 처지에서 생겨나는 두 극단적 소망—아버지를 죽이고 어머니를 아내로 삼는—을 약간만 완화한 형태로 실감나게 보여 주기 때문이다."[37]

프로이트는 자기 자신을 분석한 결과, 자기 안에 이러한 복합적인 감정이 있음을 관찰했다. 플리스에게 보낸 편지에서 그는 이 사실을 인정한다. "내 경우에도 어머니를 사랑하고 아버지를 질투하는 현상을 발견했네. 그리고 나는 이제 그것을 어린 시절에 발생하는 보편적인 경우라고 생각하네. 그렇다면 우리의 이성이 운명이라는 전제에 맞서 제기하는 모든 반대에도 불구하고, 오이디푸스 왕의 매력적인 힘을 이해할 수 있다네."[38] (만일 프로이트가 오이디푸스 콤플렉스 이론의 근거를 단지 자기 분석에만 두었다면, 그것이 정말 '보편적인 경우'인지 의심받을 수 있을 것이다. 나이 든 아버지와 매력적인 십대 어머니, 그리고 어머니 나이와 비슷한 이복형제들로 구성된 프로이트의 가정은 전형적인 가정이라고 보기는 어렵기 때문이다.)

프로이트는 이 이론을 처음 듣는 사람들이 말도 안 된다고 생각하리라는 점을 인정했다. "이 발견은 매우 격렬한 반응을 불러 일으켰다……." 그렇지만 그는 만일 이 이론이—그러한 혐오감에도 불구하고—진리를 내포하고 있다면 이를 받아들여야만 한다고 했다. "이 이론에는 부인하거나 그럴 듯한 말로 얼버무릴 이유가 전혀 없다는 것이 나의 변함없는 확신이다. 우리는 그리스 신화에 의해 불가피한 운명으로 인정된 사실과 우리의 자아를 화해시켜야 한다."[39]

왜 프로이트는 이 개념이 그렇게 중요하다고 생각했을까? 왜냐하면 그는 이러한 보편적인 어린 시절의 감정을 해결하는 데 실패하는 것이 인생의 후반에 많은 정서 장애를 일으킨다고 생각했기 때문이다. 프로이트는 1924년에 저술한 《정신분석학 소론》에 이렇게 쓰고 있다. "부모에 대한 아이들의 복잡한 정서적 관계—오이디푸스 콤플렉스로 알려진—는 모든 신경증의 토대임이 더욱 분명해지기 시작했다."[40] 프로이트는 부모에 대한 아이들의 이러한 초기 감정을, 우주 너머에 있는 지성적 존재를 부인하는 자신의 주요 논변에 근거로 사용했다. 프로이트는 부모의 권위에 대한 양가감정—그 중 특히 긍정적인 감정들—은 하나님에 대해 마음속 깊이 자리잡은 소망의 기초를 형성한다고 말한다.

오늘날 정신분석학계에서 오이디푸스 콤플렉스는 아직도 논쟁이 계속되고 있다. 그러나 이 이론의 보편성에 의문을 던지는 사람들 사이에서도 어린 시절 부모와의 관계가 뒷날 정신 건강에 강하게 영향을 미친다는 점은 폭넓게 인정되고 있다. 그리고 어쩌면 어린 시절의 가족 관계가 하나님을 믿게 하거나 믿지 못하게 하는 데 영향을 끼칠지도 모른다.

루이스의 배경

1898년 11월 29일 아일랜드의 벨파스트 시 교외에서 플로렌스 해밀턴 루이스가 아들을 낳았다. 그녀와 남편 알버트 제임스 루이스는 새로 태어난 아기 이름을 클라이브 스테이플즈라고 지었다. 그들은 아기가 장차 탁월한 학자요 저명한 작가가 되어 수백만 독자가 그 작품을 읽으며, 대영제국 최고 명예훈장의 영예(루이스가 거절한)를 제안받고, 기타 수많은 영예를 얻을 인물이 되리라고는 생각지도 못했다.

C. S. 루이스는 자서전적인 책《예기치 못한 기쁨》에서 자신의 가족을 간결하게 묘사하고 있다. 아일랜드에서 태어났지만 그의 아버지는 웨일즈 사람이었고 어머니는 스코틀랜드 사람이었다. 부모들의 가계는 "그 출신만큼이나 기질도 판이했다." 아버지 집안은 "감상적이고 정열적이며 언변이 좋고 다혈질인 데다가 정이 많았다. 그들은 웃기도 잘하고 울기도 잘하는 사람들로서, 행복을 찾아 얻는 데에는 별 재주가 없었다." 한편 어머니 집안은 "좀더 냉정한 편"이었다. "비판적이고 빗대기 잘하는 그들은 행복을 귀신같이 찾아내는 재주가 있었다." 루이스는 "어머니의 명랑하면서도 침착한 정서"와 "감정의 기복이 심한" 아버지의 삶으로 인해 "감정이라는 것을 언짢거나 난처한 것으로, 심지어는 위험한 것으로 여겨 일말의 불신 내지는 혐오감"을 느끼고 있었다.

플로렌스 해밀턴은 루이스의 아버지 알버트와 결혼하기 전에 벨파스트에 있는 퀸즈 칼리지에 다녔으며 논리학과 수학에서 명예상을 받았다. 알버트 루이스는 영국에 있는 기숙학교에 다녔으며 매우 엄하지만 탁월한 교장인 W. T. 커크패트릭 밑에서 공부했는데 이 교장은 나중에 아들 루이스를 가르치게 된다. 알버트 루이스는 기숙학교를 마치고 나서 영국의 법 체제를 따라, 하급 법원에서만 재판을 할 수 있는 변호사의 수습생이 되었다. 알버트는 수습 기간을 마치고 벨파스트에서 개업하여 거기서 남은 생애 동안 일했다. 그는 1894년 8월 29일 플로렌스와 결혼했다.

루이스의 조부는 루이스 가족이 출석하는 지역 교회의 교구목사로 봉사했다. 조부는 감정에 호소하는 설교를 했으며 종종 설교단에서 흐느꼈다. 루이스가 아주 어린 소년이었을 때, 그와 형 워렌은 이 교회의 예배가 불편하고 당혹스럽다고 느꼈다(그들은 낄낄 웃음이 나오는 것을 참느라고 애썼다). 종교에 대한 이러한 초기의 경험은, 후에 명목뿐인 어린 시절의 신앙을 거부하고 영적 세계관을 '어리석은' 것으로 보고 유물론자의 대안을 받아들이는 데 적지 않은 역할을 했다.

네 살쯤 되었을 때 루이스는 부모에게 자기 이름을 '재키'라고 불러달라고 했으며, 이 이름은 나중에 '잭'이라고 줄여 부르게 되었는데 루이스와 친한 사람들은 늘 이 이름을 사용하였다.

자서전에서 루이스는 영적으로 의미 있는 일이라고 깨닫게 된 초기의 경험들을 회상한다. 이러한 경험들 중 하나는 루이스가 여섯 살이 되기 전에 일어났다. 《예기치 못한 기쁨》에서 그는 이렇게 설명한다. "아주 어렸을 때, 형이 양철통 뚜껑을 이끼로 덮은 다음 잔

가지와 꽃들로 장식한 장난감 동산 내지는 장난감 숲을 놀이방으로 들고 온 적이 있었다. 그것이 내 최초의 미적 경험이었다. ……이 땅에서 사는 한, 내가 상상하는 천국의 모습에는 항상 형이 만든 장난감 동산의 모습이 얼마간 깃들어 있을 것이다."

　루이스는, 놀이방 창문에서 내다본 "초록빛 언덕"의 광경과 함께 이 경험이 자신에게 '갈망'을 가르쳤음을 시사했다.[41] 그는 무신론을 버린 후에 인생을 되돌아보며 이러한 경험들이 주기적으로 일어났음을 깨달았다. 그는 이러한 경험들을 '기쁨'이라고 묘사했으며 그것들은 "행복이나 쾌락과 엄격히 구분"되어야 한다고 말했다. 나중에 그는 이러한 갈망은 처음 자신이 생각했듯 어떤 '장소'가 아니라 어떤 '존재'에 대한 것이었다고 결론지었다.

　루이스가 일곱 살 때 그의 가족은 '리틀 리'라고 부른 커다란 시골집으로 이사한다. 루이스는 자서전에서 "새 집은 내 이야기 속에서 주요 등장인물이라고 할 수 있다"고 적고 있다. 여기서 그는 인격 형성기의 상당 기간을 독서로 보낸다. 그는 "긴 복도와 햇빛 가득한 빈 방들, 위층의 고요한 실내, 혼자 탐험하던 다락방들, 멀리서 들려오던 물탱크와 수도관의 물소리, 지붕 밑 바람 소리"를 들으며 독서했다. 아일랜드 벨파스트 지역의 잦은 습한 날씨 때문에 루이스와 형은 새 집에서 그림을 그리고 이야기를 쓰며 시간을 보낼 때가 많았다. "……우리는 항상 연필, 종이, 분필과 그림 도구 상자를 가지고 있었으며 집안에 갇혀 있을 때가 많았기 때문에 창조적인 상상을 하는 습관이 생겼다. ……우리는 함께 '복센'(Boxen)이라는 상상의 나라를 고안했는데 이 나라는 거대하게 번창하여 그 후 여러 해 동안 우리의 위로와 기쁨이 되었다."

루이스는 훗날 열매를 얻게 될 상상력과 글쓰기 기술을 계발하기 시작했다. 그때 형 워렌은 "영국식 기숙학교로 짐을 꾸려 떠났다." 그리고 루이스는 상당한 기간을 홀로 지냈다. 그는 "여섯 살에서 여덟 살에 이르는 시기에는 거의 전적으로 내 상상의 세계에 빠져 살았다"고 회상했다.

루이스가 아홉 살 때 그의 안락하고 마음 편한 세계가 갑작스럽게 끝나게 되었다. 첫째, 할아버지가 돌아가셨다. 그 다음에 어머니가 중병에 걸렸다. 많은 의학 전문가들과 협의한 후 의사들은 암 진단을 내리고 수술을 권했다. 집에서 수술했는데, 이는 당시 아일랜드의 중산층 가정에서 드물지 않은 일이었다. 루이스는 수술하는 동안 사람들이 어머니 방을 급히 드나들면서 내는 소리와 냄새를 회상했다. 반세기가 지나서도 루이스는 아버지가 "겁에 질려 있던 나에게 내가 전에 생각조차 해 본 적이 없는 일들을 전달하고자" 애쓰던 모습을 생생하게 기억했다. 어머니의 병환, 무서웠던 수술, 그리고 그녀의 죽음은 어린 소년을 짓눌렀다. 루이스는 어머니 침실로 이끌려 들어가 시신을 보았는데 "무서워서 슬픔을 느낄 겨를이 없었다."

이 상실의 충격—아버지의 태도 변화와 두 아들과의 관계 변화, 여러 해 동안 계속된 루이스의 우울증과 염세주의, 어머니의 회복을 위해 헛되이 기도한 '최초의 종교적 경험'—모두는 혹독한 경험이었다.

알버트 루이스는 아내가 죽자 슬픔에 빠져 아들들을 잘 돌볼 수 없다고 결정하고는 두 아들을 잉글랜드에 있는 기숙학교로 보냈다. 기숙학교('public schools'라고 불렀던)는 지금과 마찬가지로 그때도 독립적인 사립학교였다. 아마도 너무 어린(아홉 살) 탓에, 그리고 집을 떠나는 일을 사랑하는 어머니를 잃은 일과 관련지었던 탓에, 루이스는 잉글랜드에 도착하자마자 '혐오감'을 느꼈다. "낯선 억양…… 단조로움…… 사람을 바다에서 몰아내 가두는 듯 답답하게 만드는 그 땅! 내가 보기에는 제대로 된 구석이 한 군데도 없었다. 돌담과 산울타리 대신 목책이 둘려 있었고, 하얀 시골집 대신 붉은 벽돌로 지은 농가가 서 있었으며, 들판은 너무 넓었고…… 그 순간 잉글랜드에서 느꼈던 혐오감을 치유하기까지는 몇 년이 더 흘러야 했다."[42] 어린 루이스 안에 있는 슬픔과 외로움이라는 고통스러운 감정들은, 안락하고 안전한 집과 그를 돌보던 사람들로부터 떨어진 어떤 장소도 싫어하게 만들었다.

알버트 루이스가 두 아들을 위해 선택한 첫 학교는 결과적으로 행복하지 않은 곳이 되었다. 루이스는 그 학교를 일종의 지옥으로 경험했다. 거기에는 단지 20명가량의 학생들만 있었다. '올디'(Oldie: '늙은이' '구닥다리'를 뜻하는 속어 – 편집자)라는 별명이 붙은 교장은 학생들을 회초리로 때렸으며 잔인하다고 소문이 나 있었다. 교사진은 주로 교장과 그 아들 딸로 구성되었다. 루이스는 교장의 잔인함을 "불합리하고 예측할 수 없는" 것이었다고 묘사했다. 그의 형 워렌은 이 교장에 대해 다음과 같이 썼다. "나는 그가 열두 살 정도 되는 아이 목덜미를 잡아 들어 올리고 마치 개를 패듯 회초리로 종아리를 때리는 것을 보았다." 결국 한 소년의 아버지가 극단적인 학대 때문에 교장을 고등법원에 제소했다. 결과적으로 그 학교는 학생이 모자라 문을 닫고 말았다. 교장은 정신이상자로 진단받고 나서 2년 뒤에 죽었다. 성공회의 성직자였던 '올디'는 루이스의 인상에 오랫동안 남았다. 반세기 후에도 루이스는 그를 용서하기가 힘들었다. 그 교장이 자신의 난폭한 행동에서 성적 쾌락을 얻지 않았는지 궁금해하는 사람이 있을지 모르나, 루이스는 그러한 견해를 의심했다. "요즘은 너나없이 가학성 변태 성욕(sadism)을 들먹이지만, 올디의 잔인성에 모종의 성애적 요소가 섞여 있었던 것 같지는 않다." 그 교장이 성직자였다는 사실이 어린 루이스의 민감한 마음에 늘 남아 있었다.

그러나 그의 경험 모두가 부정적인 것만은 아니었다. 나중에 루이스는 어떤 경험은 그가 결과적으로 수용하게 될 신앙을 준비시키는 데 도움이 되었다는 사실을 깨달았다. 그는 자서전에서 이렇게 회상했다. "열악한 기숙학교 생활은…… 소망을 품고 사는 법을 가르쳐 준다는 점에서 그리스도인의 삶을 위한 훌륭한 준비가 된다. 학기 초에는 집도 멀리 있고 방학도 너무 멀어서 이를 실감하기란 천국만큼이나 힘들다." 루이스는 이 기간 동안 교회에 간 일과 "기도하고 성경을 읽고 양심의 소리에 따르려고 노력하기" 시작한 일을 회상했다. 무엇이 이렇게 하도록 그를 자극했는가? "나는 넋이 빠질 정도로 무서웠다. 특히 달빛이 괴괴한 밤 커튼도 없는 기숙사는 더 무서웠다."[43]

첫 번째 기숙학교가 폐쇄된 후, 알버트 루이스는 몰번 시에 있는 다른 기숙학교인 셔버그(Cherbourg)에 아들을 보냈다. 여기서 루이스는 여사감인 코위(Cowie) 선생의 영향을 받게 되었는데 그녀는 그의 첫 대모인 셈이었다. 그녀는 루이스가 보기 드물게 민감하고 고립감과 고독감을 느낀다는 사실을 알게 되었고 루이스는 그녀의 관심에 반응했다. 한 번은 그녀가 루이스를 껴안아 주는 것을 교장이 발견했다. 그녀가 다른 소년들을 안았더라도 이를 단지 어머니 같은 애정 이상으로 여길 학생들은 없었을 텐데도 교장은 그녀를 즉각 해고했다. 루이스는 그녀를 그리워하여 50년 후에 그녀에 대해 썼다. "그분은 최고의 사감 선생님이었다. 아픈 소년들을 능숙하게 보살펴 주었으며 건강한 소년들에게는 더할 나위 없이 활기찬 친구가 되어 주었다. 그 선생님은 내가 본 사람들 중에 가장 이타적인 분이었다. 우리는 모두 그분을 사랑했다."[44]

코위 선생은 루이스에게 다른 면에서 더 심원한 영향을 끼쳤다. 그녀는 "영적으로는 아직 미숙"했으며 다양한 이교 신앙에서 "빠져나오지 못하고" 있었는데, 그 이교의 신들 이야기를 루이스에게 해 주었다. 이것은 열세 살 소년에게 상당한 혼란을 일으켰으며 그의 명목뿐인 신앙은 비틀거리기 시작했고 마침내 사그라졌다. "선생님은 조금씩 무의식적으로 내 신앙 체계 전반을 흔들어 놓았으며, 그 예리한 날을 전부 무디게 해 버렸다. 신비학의 모호함, 단순히 추론하는 성향이 번져나가기 시작했다……."[45]

루이스가 고전 작품들을 읽기 시작했을 때 그의 신앙의 틀은 계속해서 무너져 내렸다. 루이스는 이렇게 기억했다. "고전, 특히 베르길리우스의 작품을 읽다 보면 방대한 분량의 종교적 개념들에 마주치게 된다. 선생님들이나 책 편집자들은 처음부터 이러한 종교적 개념들은 순전한 환상일 뿐이라는 전제를 내세웠다. ……내가 볼 때 종교란—아무리 극도로 잘못된 종교라 하더라도—일반적으로 자연스럽게 발달하는 것으로, 인간이 혹하기 쉬운 일종의 헛소리, 지방색을 반영하는 헛소리였다."[46]

루이스는 기숙학교에서 머문 수년간을 외롭고 불행한 시기로 묘사했다. 과거를 되돌아보면서 루이스는 그 부정적인 영향을 예리하게 인식하게 되었다. "만일 우리의 부모들이 자기 자녀가 다니는 학교에서 무슨 일이 일어나는지 항상 알았다면…… 교육의 역사는 아주 달라졌을 것이다."[47] 루이스는 한 교사를 기억했는데, 그는 학생들에게 "번쩍거리고 싶고 허세부리고 싶고 남의 눈에 띄고 싶고 은밀한 정보들을 공유하고 싶은 욕망"이 스며들게 했으며, 루이스 자신에게는 "멋쟁이·날나리·속물이 되기 위해 엄청난 노력을" 기울이도록 영향을 미쳤다.

루이스는 자기가 그렇게 변해 간 것도, 자기 주위의 청소년들에게 그러한 현상이 일어난 것도 좋게 생각하지 않았다. "나는 그렇게 경쟁이 치열하고 속물적이며 아부가 판을 치는 집단, 지배 계급은 너무나 이기적이고 계급의식에 물들어 있는 한편 프롤레타리아는 아첨에만 능하고 결속력이라고는 없으며 공동의 명예에 대한 의식 또한 없는 집단은 본 적이 없다."[48] 환경이 자만과 오만 그리고 다른 사람들을 경멸하는 성향을 부추겼다. 그는 수년 후에 이렇게 썼다. "지난 30여 년 동안 잉글랜드에는 신랄하고 호전적이며 회의적인데다가 폭로하기 좋아하는 냉소적인 지식층이 득실거렸다. 그들 중 대다수가 사립학교 출신이고, 내 생각에 그 중에 학교를 좋아했던 사람은 거의 없다." 루이스는, 사립학교 옹호자들은 이런 사람들을 "제도로써 교정하는 데 실패한" 사례에 속한다고 말할 것이라고 덧붙였다. "이런 인간들은 좀더 충분히 채이고 욕먹고…… 매 맞고 모욕을 당해야 한다는 것이 그들의 생각이다."[49]

루이스의 아버지는 드디어 아들이 기숙학교에서 공부하는 것보다는 개인교사에게 배우는 게 더 낫겠다고 결정하고, 루이스의 형 워렌에게 편지를 썼다. "한마디로 모든 것이 실패이므로 끝내야겠다. 네 동생 편지들을 읽노라니 내가 참담해지더구나. …… 내 생각에…… 내가 할 수 있는 최선은 다음 학기가 끝나면 그 애를 '커크'에게 보내는 것이다."

윌리엄 커크패트릭은 루이스의 아버지를 가르쳤던 교장이었는데 당시에는 은퇴하여 대학 준비를 하는 사립학교 학생들을 가르쳤다. 루이스는 이 "위대한 노크 선생"(Great Knock : 루이스 삼부자가 부른 커크패트릭의 별명 – 편집자) 아래서 공부하면서 2년 반을 지냈는데, 그는 이 기간이 자신의 인격 형성기였으며 정말 행복했던 기간이라고 회고했다. 그는 매일 많은 시간을 자기가 선택한 책들을 탐구하면서 보냈다. 매일 오후 그는 자유롭게 "읽고 쓰거나, 이 지방의 금빛 숲과 계곡에서 하염없이 돌아다녔다."[50]

이러한 여가 시간 동안 루이스는 자신과 자신의 저술에 심원한 영향을 주게 될 저자인 조지 맥도널드를 발견했다. "나는 그를 나의 스승으로 생각한다는 사실을 결코 감추지 않았으며, 그를 인용하지 않은 책을 결코 쓴 적이 없다고 생각한다"라고 30년 후에 쓰고 있다. 루이스를 맥도널드에게 안내한 책인 《판테스티스》는 "일종의 시원한 아침 같은 순수함이 있었다. ……그것은 실제로 나를 회심시키는 작용을 했으며 나아가 내 상상력에 세례를 주었다고 말할 수 있다."[51] 그 당시 루이스는 자신이 15년 후 받아들이게 될 영적 세계관에 관해 맥도널드가 썼음을 깨닫지 못했다.

전투적인 무신론자이며 논리학자인 커크패트릭은 루이스에게 엄격한 논리의 규칙 내에서 비판적으로 사고하는 법을 가르쳤다. '위대한 노크 선생' 아래서 루이스가 지킨 연구 습관은 평생 그의 몸에 배었다. 루이스는 커크패트릭이 무신론자이면서도 학생들에게는 무신론을 강요하지 않았다고 회고했다. "독자들은 나의 무신론과 염세주의가 부컴(Bookham : 커크패트릭이 살던 곳 ─ 옮긴이)에 가기 전에 이미 완전히 형성되어 있었다는 사실을 기억할 것이다. 내가 부컴에서 얻은 것은 이미 선택한 입지를 방어하기 위한 새 탄약 정도에 불과했다. 그것도 선생님의 정신적 경향을 간접적으로 읽어내거나, 선생님의 책들을 독자적으로 읽음으로써 얻은 것이었다."[52] 루이스는 커크패트릭을 자신이 만난 최고로 훌륭한 선생님으로 꼽았으며 그에 대해 항상 좋게 이야기했다. "선생님에게 진 마음의 빚이 워낙 컸기에, 지금까지도 그분을 향한 존경의 마음을 금할 수가 없다."[53]

　루이스와 위대한 노크 선생은 프레이저의 《황금 가지》와 같은 인류학적 연구를 무신론의 근거로 삼았다. 루이스는 "모든 종교, 즉 모든 신화는 적절한 이름을 붙이자면 인간 자신의 발명품"이라고 생각했다. 루이스는 신약성경이, 이 땅에 와서 죽었다가 다시 살아나는 신에 관한 다른 이교 신화와 같다고 믿었다. 그는 친구 아서 그리브즈에게 쓴 편지에서 자신의 견해를 자세히 설명했다. "헤라클레스나 오딘과 같은 위대한 인물은 죽은 후에 신으로 간주되었어. 마찬가지로 한 유대인 철학자 예수아(그의 이름을 사람들이 예수로 변조했지)도 죽은 후 신으로 여겨졌지. 숭배자 집단이 생겨났고…… 그래서 많은 신화 중 하나인 기독교가 존재하게 된 거야. ……모든 시대마다 미신이 보통 사람들을 사로잡았으나 교육받고 사고할 줄 아는 사람들은 미신에 빠지지 않았지."[54]

　루이스는 1916년 12월 4일 옥스퍼드 대학에 가서 고전학 장학생 자격 시험을 보았고 유니버시티 칼리지(1249년에 창설된 옥스퍼드 대학교의 단과대학 중 하나—옮긴이)에서 장학생으로 뽑혔다. 그렇지만 입학 허가를 받기 전에 '학사 후보 시험'을 봐야 했는데 시험 과목 중 수학에서 낙제했다. 다행히 그는 대학 장교 훈련단으로 들어가 군에 입대하는 방법으로 옥스퍼드에 입학 허가를 받았다. (그는 수학 시험에 합격하지 못했지만, 전쟁 후 옥스퍼드에 돌아가는 것을 허락받았는데 이는 당시 군 복무자는 그 시험을 면제받았기 때문이었다.) 장교 훈련 과정 동안 같은 방 동료는 에드워드 '패디'(패트릭의 애칭—옮긴이) 무어라는 젊은이였다. 루이스와 패디는 절친한 친구가 되었으며 전쟁에서 한 사람이 죽으면 다른 사람은 죽은 친구의 부모를 돌보기로 약속했다.

루이스는 열아홉 살 생일에 전장의 참호에 도착했다. 친구들이 전사하고 파편으로 부상당해 입원한 공포 때문에 루이스는 여러 해 동안 반복된 꿈을 통해 이러한 장면들을 다시 겪어야 했다. 그럼에도 그는 전쟁 경험에 대해 거의 쓰지 않았다. 아마 너무도 괴로운 기억이 떠올랐기 때문인 것 같다. 그는 때로 전쟁에서 경험한 것을 경시하는 경향이 있었다. "어떻게 약 60명의 포로들을 '내가 생포했는지'—즉 독일 군복을 입은 한 무리의 사람들이 손을 들고 불쑥 나타난 것을 천만다행히 발견하게 되었는지—는 농담으로나 말한다면 모를까, 언급할 가치가 없다."[55]

그런데 패디가 전투 중에 죽었다. 루이스는 그와 약속한 것을 기억해 내고는 이를 진지하게 받아들였다. 그는 무어 부인과 그 딸이 사는 곳으로 이사 갔다. 이때부터 그는 집 임대료 지불을 포함하여 무수히 많은 자질구레한 집안일 처리를 도왔다. 루이스보다 30세 위였던 무어 부인은 루이스의 대모가 되었다. 어떤 전기 작가들은 루이스와 무어 부인이 연인 관계였을 것이라고 추측했지만 이러한 생각이 가당치 않음을 보여 주는 증거들이 있다. 루이스는 자신의 편지들에서 그들이 어머니와 아들 관계임을 분명히 했다. "그분은 내가 어머니라고 부르며 함께 사는 노인이네." "그분은 사실 내 친구의 어머니일세."[56] "병드신 나의 어머니"[57] "나의 노모."[58]

무어 부인이 죽은 뒤에도 루이스는 계속해서 그녀에 대해 이런 식으로 말했다. "내가 어머니라고 부른 노부인의 죽음 때문에 내 인생에 커다란 변화가 있었다. 그녀는 여러 달 동안 반의식 상태로 있다가 겉으로 보기엔 고통 없이 돌아가셨는데 내가 매우 슬픈 척하는 것은 위선일 것이다."[59] 루이스의 학생이었고 나중에는 가까운 친구이자 전기 작가가 된 조지 세이어는 루이스와 무어 부인의 관계를 자신이 본 그대로 묘사했다. "잭과 무어 부인의 관계는……어머니 같은 자상함과 너그러운 대접에 대한 감사, 그리고 가장 가까웠던 전우의 어머니로서 그녀에 대한 연민과 패디가 죽을 경우 그녀를 돌보겠다는 약속이 복합적으로 이루어진 관계였다."[60]

1919년에 루이스는 35년을 지내게 될 옥스퍼드로 돌아갔다. 1학년 때 루이스는 첫 저서인 시 모음집 《구속된 영혼》을 출간했는데 잘 팔리지 않았다. 일단 학부 과정을 마친 후 일년 동안 철학을 가르쳤고 1925년에 모들린 칼리지(옥스퍼드 대학교의 단과대학 중 하나로, 나중 루이스가 옮겨가게 된 케임브리지에서도 같은 이름의 단과대학에 속해 있었다 – 옮긴이)의 영문학 교수로 선출되었다. 그 이후 루이스의 경력은 굳이 여기서 언급하지 않겠다.

〜

프로이트와 루이스의 어린 시절 경험은 두드러지게 유사하다. 둘 다 어린 소년 시절에 장차 사람들에게 심원한 영향력을 끼치는 인물이 될 것을 예견케 하는 지적 재능을 소유했다. 둘 다 인생 초기에 의미심장한 상실의 고통을 겪었다. 둘 다 아버지와의 관계는 어렵고 갈등이 많았다. 둘 다 어린 시절 신앙 있는 가정에서 교육받았으며 신앙을 명목상 받아들였음을 인정했다. 둘 다 초기의 신앙을 내던지고 십대에 무신론자가 되었다. 둘 다 어린 시절의 명목뿐인 신앙을 거부하도록 설득하는 저자들의 책들을 읽었다. 프로이트는 의학도로서 공부한 포이어바흐와 많은 과학자들에게 강한 영향을 받았으며, 루이스는 "종교적 개념들은 순전한 환상일 뿐이며……지방색을 반영하는 헛소리"라는 인상을 준 그의 선생들에게 강한 영향을 받았다.

그렇지만 루이스는 결국에는 무신론을 버리고 한때 헛소리라고 생각했던 바로 그 세계관을 받아들였다. 그는 이러한 극적인 변화를 어떻게 설명했는가? 이와 달리 프로이트는 왜 끝까지 자기 가족의 풍부한 영적 유산을 거부하고 계속해서 무신론자로 남았는가?

2. 창조자

우주 너머에 지성적 존재가 있는가?

루이스는 무신론자였을 때 프로이트와 마찬가지로 우주가 존재하는 모든 것—단지 우연히 생겨난 것—이라고 보았다. 그러나 마침내 루이스는 우주의 믿을 수 없는 광대함, 정확성과 질서 그리고 거대한 복잡성이 어떤 지성적 존재를 반영하는 것은 아닌지 궁금해졌다. 우주를 창조한, 우주를 초월하는 존재가 있는가?

이 '가장 중요한 질문'에 대해 프로이트는 큰 소리로 "없다!"고 대답한다. 하늘에 있는 (프로이트의 표현을 빌면) "이상화된 초인"(an idealiged Superman)이라는 개념은 "분명 매우 유치하고 현실에 적합하지 않음에도 불구하고 대다수의 인간들이 인생에 대한 이러한 견해를 결코 넘어서지 못한다는 생각을 하면 고통스럽다"고 그는 말한다. 그렇지만 수많은 사람들이 더 교육을 받게 되면 "종교의 동화 같은 이야기"를 "외면할" 것이라고 예측한다.[1] 그는 "세상은 놀이방이 아니다"라고 상기시키며 이 우주에서 혼자라는 혹독한 현실에 맞서라고 강하게 권한다. 한마디로 그는 "철들어라"고 외친다.

루이스는 세계관을 바꾼 후 앞의 질문에 대해 큰 소리로 "있다!"라고 대답한다. 그는 우주가 (임마누엘 칸트의 표현을 빌자면) "위에는 별이 총총한 하늘과 내면에는 도덕률"과 같은 "길잡이들"로 가득 차 있어서 모든 것이 혼동할 우려가 없는 명료함으로 지성적 존재(Intelligence)를 가리킨다고 주장한다. 루이스는 눈을 열어 주위를 돌아보고 우리가 보는 것을 깨달으라고 권한다. 한마디로 루이스는 "깨어나라"고 외친다. 프로이트와 루이스는 둘 다 대담하고 명확하게, 모호하지 않으면서 상호 배타적인 답을 제시한다.

&

학술적 저작물과 자서전과 일생 동안 쓴 편지에서 프로이트는 자신을 '유물론자' '무신론자' '신의 존재를 부인하는 의학자' '이단자' '불신자' 등으로 부른다. 죽기 전 해인 82세 때 그는 역사학자인 찰스 싱어에게 쓴 편지에서 "사생활에서든 저술에서든 나는 철저한 불신자라는 것을 결코 비밀로 한 적이 없습니다"[2]라고 썼다. 단지 금방 지나가 버린 학창 시절의 일화였지만, 프로이트는 자신이 실버스타인에게 쓴 편지에서 무신론에 대해 동요한 적이 있다고 한 말을 잊어버린 듯하다.

프로이트는 자신의 철학적 저술들에서 모든 사람들을 정신의학적 범주로 나누지 않고 '신자'와 '불신자'로 나눈다. 그가 구분하는 불신자의 범주에는 스스로를 유물론자, 구도자, 회의론자, 불가지론자, 무신론자라고 부르는 모든 사람들이 포함된다. 신자의 범주에는 초자연적 존재에 단순히 지적으로 동의하는 사람들로부터 삶의 대변혁을 겪고 문자 그대로 '새로운 피조물'이 되는 영적 체험을 고백하는 루이스 같은 사람들까지 포함된다.

프로이트는 지식은 오직 과학적 탐구에서 온다고 전제하며, 따라서 자신의 세계관을 '과학적'이라고 부른다. 물론 그의 전제 자체는 과학적 연구에서 나온 결과가 아니라 증명될 수 없는 철학적 가정이다. 우리는 단지, 모든 지식은 '과학적 탐구'에서 나오며 '어떠한 지식'도 '계시로부터' 오지 않는다고 추측할 수 있을 뿐이다.

프로이트는 부정 진술을 논리적으로 증명할 수 없다—신이 존재하지 않는다고 증명할 수 없다—는 점을 깨닫고 있는 듯하다. 프로이트가 자신의 세계관을 실제로 방어하는 방법은 그 대안을 의심하는 것이다. 그래서 프로이트는 영적 세계관에 대해 체계적이고 지속적으로 공격했다. 그는 영적 세계관을 큰 쇠망치로 공격했다. 그는 다음과 같이 썼다. "기적 이야기들은 우리가 냉정한 관찰을 통해 배운 모든 것에 모순되며 인간이 상상력을 발휘한 결과물임을 너무도 명백히 드러내고 있다."[3] 그는 성경이 "모순과 개정과 위조로 가득 차 있다"고 주장한다. 그리고 지적인 사람이라면 누구도 신자들의 "불합리성" 혹은 "동화 같은 이야기들"을 받아들일 수 없다고 말한다.

프로이트는 종교의 교리는 "그것이 생긴 시대, 즉 인류의 유아기적 무지의 흔적을 담고 있으며"[4] "우주가 인간을 닮은 존재이자 모든 면에서 과장된 이상화된 초인에 의해 창조되었다"는 특정 교리는 원시인들의 엄청난 무지를 반영한다고 썼다.

그는 영적 세계관을 "실제 세계의 그림을 망상적으로 왜곡하고 사람들을 강제로 심리적 유치증 상태에 고착시키는 것"[5]이라고 묘사했다. 또한 "인류의 종교들은 대중 망상으로 분류되어야 한다"고 썼으며 종교를 "인간의 보편적 강박 신경증"[6]이라고 불렀다. 그는 "예수 그리스도는 신화의 일부이거나"[7] 단지 "흔한 망상적 인물"이 아닐까 생각했다. 친구이자 성직자인 오스카 피스터에게 쓴 편지에서 프로이트는 예수의 가르침을 "심리학적으로 불가능하며 우리의 삶에 무가치한" 것이라 말하며, "나는 '그리스도를 본받는' 일에 아무런 가치도 부여하지 않는다"[8]고 결론짓는다. 그의 이러한 결론은 저 유명하고 영향력 있는 책인 《그리스도를 본받아》를 두고 말하는 것이다. 1390년과 1440년 사이에 토마스 아켐피스가 쓴 것으로 여겨지는 이 고전은 자기를 부인하고 타인을 사랑하는 예수 그리스도의 모범을 따를 것을 격려하는 책이다.

&

인생의 첫 30년간 루이스는 프로이트의 무신론을 공유했다. 그의 유물론은 십대가 되자 곧 명확한 형태를 갖추었다. 그 전에는 그가 다닌 기숙학교들의 규칙과 가족의 요구에 응하여 전통적인 종교적 행사에 참석했다. 꼭 참석해야 하는 예배는 "백일몽을 꾸는 기회"였다. 루이스는 자서전에서 그 시절 "종교적인 경험은 한 번도 해 보지 못했다"고 회상했다. "나는 통상적인 것들을 배웠고 기도를 했으며 때가 되면 교회에 갔다." 그러나 루이스에게는 지루하고 흥미 없는 일이었다. 그는 "그다지 흥미를 느끼지 않으면서" 이런

식의 신앙심을 가지고 기계적으로 참여했다.[9]

그의 기숙학교 경험은 점차로 어린 시절 신앙심의 모든 흔적을 지웠다. 친구 아서 그리브즈에게 보낸 편지에서 "나는 아무 신도 믿지 않는다"고 썼는데 그 당시 둘 다 십대 후반이었다. 어린 나이에도 루이스는 간단명료하게 자신을 표현했다.

10년 후 옥스퍼드 대학 교수로서 루이스는 근본적인 변화, 즉 무신론에서 성경에 근거를 둔 믿음으로의 변화를 체험했다. 루이스는 깊이 존경한 지성적인 교수들과의 지속적인 토론과 다년간의 독서를 통하여 우주의 창조자에 대한 믿음뿐 아니라 창조자가 인간 역사에 발을 들여놓았다는 믿음을 갖게 되었다.

루이스는 널리 읽히는 책의 서문에서 자신의 세계관을 "하나님은 한 분이시며…… 예수 그리스도는 그의 독생자이시다"라는 말로 표현했다. 그리고 모든 인간은 "어떤 종류의 하나님 혹은 신들을 믿는 다수와 그렇지 않은 소수"로 나눌 수 있다고 썼다.

루이스는 믿는 자들을 구분하는 또다른 방법이 있다고 덧붙였다. 한 그룹은 힌두교인들로 그들은 "신은 선악을 초월해 있다"고 믿는다. 다른 그룹은 유대교인, 이슬람교인, 기독교인들로 "명백히 '선하고 의로운' 신, 즉 사랑을 사랑하며 증오를 미워하는", 양자택일을 하는 신을 믿는다. 성경적 세계관은 이렇게 말한다. "하나님이 세상을…… 시간과 공간, 더움과 차가움, 모든 색과 맛, 모든 동물과 식물을…… 만드셨다. 그러나 상당히 많은 것들이 하나님이 만든 세상과 어긋나게 되었으며 하나님은 우리가 그것들을 다시 바로잡아야 할 것을 강하게 말씀하신다."

그러나 하나님만이 유일한 초자연적 존재는 아니었다. "우주에는 죽음과 질병과 죄의 배후에 있는 어둠의 세력도 있는데, 이 또한 하나님에 의해 창조되었고 창조 시에는 선했으나 타락했다." 루이스는 이 어둠의 세력이 "이 세상 임금"이며 우리는 지금 "적에게 점령된 영토"에서 살고 있다고 주장한다.

왜 선하고 전능한 창조자가, 타락할 수 있으며 실제로 이처럼 타락해 버린 세상을 만들었을까? 루이스에 의하면, "하나님은 자유의지를 가진 존재들을 창조하셨다. 악을 가능케 하는 것도 자유의지지만, 사랑이나 기쁨에 가치를 부여하는 유일한 것 또한 자유의지이다." 그렇지만 이러한 자유를 남용함으로써 인간은 인간 자신뿐아니라 신에게도 혐오스런 존재가 되어 버렸다. 이 자유의지 남용의 결과 인간 역사는 노예제도, 전쟁, 매춘, 가난 등 "하나님 외에무언가 다른 것에서 행복을 찾고자 했던 인간들의 길고 무서운 이야기"가 되어 버렸다.

루이스는 하나님이 어떻게 우리의 인생에 거듭하여 개입했는지를 이렇게 묘사한다. 첫째, 하나님은 "우리에게 양심, 즉 옳고 그름에 대한 분별력을 남겨 주셨다. 그래서 어느 시대에나 자신의 양심에 따르려고 노력하는 이들이 나왔다. 그러나 그들 중 누구도 완전히 성공하지는 못했다." 둘째로, 하나님은 인류에게 "죽었다가 다시 살아나 어떤 식으로든 인간에게 새 생명을 주는 신에 대한, 어떤 이방 종교에든지 퍼져 있는" 이야기들을 주셨다. 셋째로, 하나님은 한 특정 민족 즉 유대인을 택하여 "하나님은 한 분밖에 없으며 옳은 행동을 원하신다"는 것을 그들에게 가르치셨다. 유대인의 성경은 이러한 가르침의 단계를 기록하고 있다.

그런데 정말 충격적인 사건이 일어났다. "이 유대인들 가운데 한 남자가 갑자기 나타나 자신을 하나님으로 자처하며 다니기 시작했다." 루이스는 만일 이 사람이, 인간은 신과 하나라거나 신의 일부분이라고 말하는 힌두교인들이나 다른 범신론자들 사이에서 나타났다면 우리는 그의 주장을 이해할 수 있었을 것이라고 썼다. 그러나 이 사람은 유대인이었고 그들에게 하나님은 "세상 밖에서 세상을 만든 존재"를 뜻했다. 루이스는 이러한 맥락에서 볼 때 자신이 하나님이라는 이 사람의 주장은 "인간의 입에서 나올 수 있는 가장 충격적인 말이었다"고 주장한다.

ॐ

프로이트는 루이스처럼 충격받지는 않았다. 그는 우주를 초월해 있는 지성적 존재를 부정하는 두 가지 주된 논증을 제시했다. 하나는 소망 충족에 관한 심리학적 논증이며 다른 하나는 인간의 고통에 관한 논증이다. 두 논증 모두 오늘날 우리 문화에 널리 퍼져 있다. 앞엣것은 오래 전부터 있었던 심리학적 논증을 프로이트가 혁신적으로 비튼 것이며, 인간의 고통에 관한 논증도 새로운 것은 아니었다. 고통의 문제는 실제로 수세기 동안 신자에게든 불신자에게든 신앙을 받아들이는 데 가장 심각한 장애가 되어 왔다. 이 점도 프로이트가 적절하게 이용했다.

영적 세계관을 부정하는 프로이트의 심리학적 논증은, 모든 종교적 관념은 깊이 자리 잡은 원초적 소망에 뿌리를 두고 있으며 그러므로 환상 즉 거짓 믿음이라는 것이다. 프로이트는 널리 읽힌《환상의 미래》에서 다음과 같이 기술하고 있다. "우리는 만일 세상을 창조한 자비로운 섭리자인 하나님이 있다면, 그리고 만일 우주와 내세에 도덕적 질서가 있다면 정말 좋을 것이라고 말한다. 그러나 이 모든 것이 바로 우리가 심리적으로 소망하도록 되어 있는 사항이라는 점은 매우 인상적인 사실이다."[10] 그러므로 하나님에 대한 믿음은 강력한 소망과 내적 필요를 투사한 것에 불과하다고 프로이트는 결론짓는다. "가르침을 통해 주어진 종교적 관념은 환상이며 인류의 가장 오래되고 강하고 시급한 소망의 성취물이다. 이 종교적 관념이 강력한 비결은 이러한 소망의 힘에 있다."[11]

프로이트는 자기보다 앞서 많은 사람들이, 특히 독일 철학자 포이어바흐가 이러한 논증을 알고 있었으며 이에 관해 썼다는 것을 인정한다. 그는 "나보다 탁월한 사람들이 이전에 이미 훨씬 더 완전하고 설득력 있게 말하지 않았다는 것은 아니다"라고 겸손하게 인정한다. 그러고는 "그들의 이름은 잘 알려져 있지만 굳이 대지는 않겠다. 나 자신을 그들의 반열에 올리는 듯한 인상을 주고 싶지 않기 때문이다"[12]라고 고백한다.

많은 학자들은 프로이트의 논증이 포이어바흐를 포함하여 볼테르, 디드로, 다윈 등 계몽주의 작가들의 사유를 반영한다는 사실을 인정한다.[13] 스위스의 성직자 오스카 피스터는 프로이트에게 보낸 편지에서, 유물론은 또다른 종교일 뿐이며 "자네의 대체 종교는 현대적으로 위장된 18세기 계몽주의 시대의 견해이네"[14]라고 지적했다.

프로이트는 《환상의 미래》에서 좀더 분명하게 "내가 이룬 모든 것은—이것은 나의 해설 중에 유일하게 새로운 것인데—위대한 선배들의 비판에 위대한 심리학적 기초를 더한 것이다"[15]라고 주장한다. 프로이트 이전의 많은 저술가들이 하나님을 두고 인간의 필요와 소망의 투사라고 썼다. 프로이트의 업적은 그러한 소망들이 무엇인지 아주 구체적으로 확인하는 일이었다.

프로이트는 하나님의 개념에 투사하는 마음속 깊은 소망들은 아주 어린 시절로부터 유래한다고 주장한다. 그 중 첫째는 성인기에까지 이어지는 무기력감이다. 프로이트는 이렇게 기술한다. "생물학적으로 말하자면, 종교성은 작은 인간인 어린아이의 오래 지속된 무기력과 도움의 필요에까지 거슬러 올라간다."[16] 프로이트는, 우리가 잘 의식하지는 못하지만 부모의 보호, 특히 아버지의 보호에 대한 매우 강렬한 소망을 공유하고 있다고 주장한다. 어른이 되어 인생의 거대한 힘에 맞서게 될 때 여전히 자신이 무기력하다는 것을 깨닫게 되고 그래서 자신을 어린아이처럼 보호해 준 사람과 같은 존재를 생각해 낸다. 프로이트는 레오나르도 다빈치에 관한 1910년 논문에서 이렇게 적고 있다. "심리학적으로 볼 때 인격적 하나님은 높여진 아버지에 불과하다는 것을 정신분석학이 보여 주었다. 이에 대한 흔한 증거로 젊은이들이 자기 아버지의 권위가 깨지자마자 종교적 믿음을 잃게 되는 경우를 들 수 있다."[17]

3년 후 프로이트는 《토템과 터부》에서 이렇게 쓰고 있다. "개별 인간의 정신분석이 특히 지속적으로 알려 주는 바는, 각 사람의 하나님은 자신의 아버지와 유사하게 형성되며, 그와 하나님 사이의 인격적 관계는 육신의 아버지와의 관계에 달려 있어서 그 관계에 따라 흔들리고 변화한다는 사실이다. 따라서 본질적으로 하나님은 높여진 아버지에 불과하다."[18] 다시 20년 후 《문명과 불만》에서 그는 이렇게 기술한다. "종교적 필요가 유아의 무기력과 이에서 생겨난 '아버지에 대한 갈망'에서 유래한다는 것은 내게는 논쟁의 여지가 없는 듯하다. ……보통의 사람은 엄청나게 높여진 아버지라는 인물 말고 다른 식으로는 이러한 섭리자를 상상할 수 없다." 프로이트는 "이러한 창조자이자 신인 존재는 '아버지'로 불린다"고 하면서, "정신분석은 창조자를, 실제로 아버지가 어린아이에게 그래 보였던 것과 같은 모든 장엄함을 가진 그 아버지라고 추론한다"[19]고 주장했다.

프로이트는 하나님과 사람 간의 인격적 관계는 전적으로 그와 아버지의 관계에 달려 있다고 강조했다. 그가 설명했듯이, "아이를 존재하게 한 바로 그 아버지(혹은 더 정확하게는, 아버지와 어머니가 합쳐진 부모의 힘)는 세상의 모든 위험에 노출되어 있는, 연약하고 무기력한 아이를 보호하고 돌보아주었다. 아버지의 보호 아래 그 아이는 안전함을 느꼈던 것이다."[20]

프로이트는 아이가 성장하면 "전보다 큰 힘을 소유하고 있다는 것을 확실히 알지만, 인생의 위험에 대한 인식도 더 커졌기 때문에 근본적으로 자신이 여전히 어린 시절과 같이 무기력하고 무방비 상태에 있으며 세상에 직면하여 여전히 어린아이라고 결론짓는다"고 설명했다. 성인이 되어서도 무기력감에 시달리는 그는 "어린아이 때 누렸던 보호 없이는 견딜 수 없다." 그에게는 "어린 시절에 과대평가한 아버지의 이미지"가 각인되어 있다. "그는 그 이미지를 신성으로 높이고 그것을 현존하는 실제의 존재로 만든다." 프로이트는 "이러한 이미지의 효과적인 힘과 함께 지속적인 보호의 필요가 하나님에 대한 믿음을 지탱한다"[21]고 결론 내렸다.

프로이트는《환상의 미래》에서, 어머니는 "외부 세계에서 아이를 위협하는 모든 막연한 위험에 대한 최초의 보호자, 즉 불안으로부터 최초의 보호자"[22]가 된다는 점을 지적한다. 그러나 그 다음에 변화가 일어난다. "보호 기능과 관련하여 어머니는 곧 더 강한 아버지로 대체되고 아버지는 어린 시절의 남은 기간 동안 그 위치를 점한다. 그러나 아버지에 대한 아이의 태도는 특별한 **양가감정**으로 채색되어 있다. 아버지 자신은 아이에게 위험한 존재이기도 한데 이는 아마도 어머니에 대한 아이의 초기 관계 때문일 것이다. 그래서 아이는 아버지를 동경하고 숭배하는 동시에 그만큼 두려워한다. ……아버지에 대한 태도에 나타난 이러한 양가감정의 징후는 모든 종교에 깊이 각인되어 있다. …… 개인이 성장해서도 영원히 아이로 남아 있을 운명을 안고 있으며 낯선 초월적 힘들의 보호 없이는 결코 지낼 수 없음을 깨달을 때, 그는 아버지의 모습에 속한 특징을 그러한 힘들에 부여한다." 그렇기에 하나님은 종종 사랑뿐 아니라 두려움의 대상으로 묘사된다는 것이다.

프로이트는 그 개인이 "두려워하고, 비위를 맞추려 애쓰며, 자신의 보호를 위탁하는" 대상이 되는 하나님을 자신을 위해 만들어 낸다고 썼다. 요약하면, "무기력에 대한 어린 시절의 방어적 성격은 성인의 무기력에 대한 반응에서 나타나는데 바로 이 반응이 종교를 형성한다는 것이다."[23]

프로이트는 우리가 하나님에 대한 개념과 믿음의 기초가 되는 강렬하고 깊이 자리 잡은 소망을 소유하고 있다고 주장한다. 하나님이 우리를 그의 이미지(형상)로 창조한 것이 아니라 우리가 하나님을 우리 부모의 이미지로 창조한다는 것이다. 좀더 정확하게 말하자면, 우리가 어렸을 적 부모의 이미지로 하나님을 창조한다는 것이다. 결국 하나님은 우리의 마음속에만 존재한다. 그러니 프로이트는 '종교의 동화 같은 이야기'를 포기하고 철 좀 들라고 우리에게 충고하지 않을 수 없다.

～

C. S. 루이스는 성경적 세계관이 상당한 절망과 고통을 수반하며 결코 사람이 **소망**하여 만들어 낸 것이 아니라는 주장으로 프로이트의 소망 충족 논증에 맞섰다. 아울러 성경적 세계관을 이해하는 길은, 인간이 깊은 고뇌에 차 있고 도덕률을 범했으며 용서와 화해를 필요로 하는 존재라는 자각에서 시작한다고 주장했다. 그는 이 세계관은 "도덕률이 정말로 존재하며, 도덕률의 배후에 어떤 힘이 있고 우리가 그 법을 어김으로써 그 힘과 잘못된 관계를 맺게 되었다는 것을 깨달은 후"[24]에만 의미를 가질 수 있다고 말했다. 우리의 처지가 "거의 아무 가망도 없다"는 점을 깨달은 후에만 비로소 성경을 이해하기 시작한다는 것이다. 이러한 성경적 세계관이 "말할 수 없는 위안을 준다" 할지라도 "기독교는 위안에서 출발하지 않으며 오히려 낭패감에서 출발한다"고 루이스는 썼다. 그리고 "그 낭패감을 먼저 겪지 않는 한 아무리 위안을 얻으려고 노력한들 소용이 없다"고 덧붙인다.

루이스는, 인간이 창조자의 기준을 충족시키기에 얼마나 미흡하고 얼마나 많은 변화를 필요로 하는지를 깨닫고 낭패감을 경험하기 전에는 결코 믿음의 위안을 얻을 수 없음을 이렇게 표현했다. "전쟁이나 그 밖의 경우에도 그렇지만, 종교에서도 위안은 구한다고 얻을 수 있는 것이 아니다. 우리가 진리를 구한다면 결국 위안을 발견할 것이다. 그러나 위안 그 자체를 구한다면 위안도 진리도 얻지 못한 채, 오로지 감언이설과 헛된 소망에서 출발해서 절망으로 마치고 말 것이다."[25]

루이스는 이 성경적 세계관에 따라 살려 하면 고통이 따르며 확실히 이 세계관은 사람이 소망하는 바가 아니라는 사실을 덧붙여 말한다. 《고통의 문제》에서 그는 "우리가 너무나 오랫동안 자기 것으로 주장해 온 의지를 되돌려 드리는 일은 본질적으로 가혹한 고통이 될 수밖에 없다. 오랜 세월 하나님의 자리를 찬탈한 상태에서 한껏 부풀고 커져 버린 아집을 양도한다는 것은 죽기 만큼 힘든 일이다"[26]라고 강조했다.

루이스는 아버지에 대한 어린아이의 감정은 항상 '특별한 양가감정' 즉 강한 긍정적 감정과 강한 부정적 감정의 병존이 특징이라는, 프로이트의 임상 관찰에서 유래한 논증을 예리하게 파악한다. 그러나 만일 프로이트의 관찰이 참이라면, 이러한 양가감정적 소망들은 양쪽으로 작용할 수 있다. 양가감정의 부정적인 면은 신이 존재하지 않기를 바라는 소망이 그의 존재를 바라는 소망만큼이나 강하다는 사실을 보여 주는 것 아닌가?

루이스는 자신의 삶을 통해 이 말이 맞다는 것을 발견했다. 자서전에서 그는 무신론자로서 자신의 가장 강한 소망은 신이 존재하지 않는다는 것이었다고 기록하고 있다. 루이스는 《예기치 못한 기쁨》에서 "내 사전에 간섭보다 혐오스러운 말은 없었다"라고 썼다. 그리고 신약과 구약성경의 "중심에는 그 당시 나에게 '초월적 간섭자'처럼 보였던 것이 버티고 있었다"는 점을 자신도 극명하게 인식하고 있음을 발견했다.[27] 무신론이 루이스의 마음에 든 것은, 방해 받지 않기를 바라는 마음속 깊이 자리 잡은 소망을 충족시켜 주기 때문이었다. 루이스는 프로이트의 임상적 관찰이 우리의 생각과 느낌에 관해 무언가 알려 주지만, 그러한 느낌은 신의 존재를 긍정하고자 하는 소망과 혹은 부정하고자 하는 소망을 모두 포함할 수도 있다고 말한다. 이 점에서 프로이트는 자신의 관찰을 일관성 있게 추구하는 데 실패했다는 것이다.

루이스는 자신의 논증을 한 걸음 더 진전시켰다. 어떤 것에 대한 소망은 바라는 대상의 존재를 배제하지 않을 뿐 아니라 그 소망 자체가 그러한 존재에 대한 증거일 수 있다. 자신의 삶 속에서 루이스는 주기적으로 그가 '기쁨'이라고 부른 마음속 깊이 자리 잡은 욕구를 경험했으며 그것은 결국 창조자와의 관계에 대한 욕구였다고 결론지었다. 그는 "피조물이 태어날 때부터 느끼는 욕구가 있다면, 그 욕구를 채워 줄 대상 또한 있는 것이 당연하다"고 주장한다. "아이는 배고픔을 느낀다. 그러니까 음식이란 것이 있다. 새끼 오리는 헤엄치고 싶어한다. 그러니까 물이란 것이 있다. 또 사람은 성욕을 느낀다. 그러니까 성관계란 것이 있다."[28]

루이스는 우리에게도 창조자와의 관계와 이 삶을 초월한 존재에 대한 마음속 깊이 자리 잡은 욕구 혹은 소망이 있는데, 우리는 그것을 다른 어떤 것과 혼동한다고 한다. 신경과학자들의 최근 연구는 여기에 더하여 새로운 해석을 내놓는다. 인간의 두뇌에 믿음을 위한 (유전학적으로 프로그램 되어 있는) '영구 전자회로'가 존재한다는 증거가 있다는 것이다.[29] 이것이 만일 참이라면, 이러한 회로가 우주를 초월하여 존재하는 지성적 존재를 반영하는지 여부는 세계관에 달려 있다. 즉 루이스가 진술하듯이, 증거로부터 배우는 것은 그 증거에 "이르게 하는 우리의 철학에 달려 있다."[30]

루이스는 말한다. "만약 이 세상에서 경험하는 것들로 채워지지 않는 욕구가 내 안에 있다면, 그건 내가 이 세상이 아닌 다른 세상에 맞게 만들어졌기 때문이라는 게 가장 그럴듯한 얘기일 것이다." 그리고 나서 덧붙인다. "지상의 쾌락으로 그 욕구를 채울 수 없다고 해서 우주 전체를 가짜로 볼 수는 없다. 아마 지상의 쾌락은 처음부터 이 욕구를 채우기 위해 생긴 게 아니라, 다만 이 욕구를 일깨워 주고 진짜 쾌락이 어떤 건지 암시해 주려고 생겼을 것이다. 그렇다면 이 지상의 것들을 반갑잖게 여기거나 무시하지 않도록 조심하는 한편, 이런 쾌락들이 복사판이나 메아리나 신기루에 불과하다는 걸 잊지 말아야 할 것이다."

루이스는 이 욕구를 인생의 목적과 관련시킨다. "진짜 고향을 그리워하는 욕구는 죽은 후에야 채워질 수 있는 것이니만큼, 이것이 사라지지 않도록 잘 지켜야 한다. 이 욕구가 다른 욕구에 짓눌리거나 밀려나지 않게 해야 한다. 나 자신이 그 나라를 향해 나아갈 뿐아니라 다른 사람들도 그 나라를 향해 나아가도록 돕는 일을 내 삶의 주된 목표로 삼아야 할 터이다."[31]

간단히 말해, "당신은 손에 잡히지 않는 황홀경이 의식 바로 바깥에서 맴도는 것을 평생토록 경험해 왔다. 그런데 모든 희망을 넘어 자신이 마침내 그것을 얻게 되었음을 깨닫는 날, 또는 손만 뻗으면 잡을 만한 곳에 있었음에도 그것을 영원히 잃고 말았음을 깨닫는 날이 다가오고 있다."[32]

프로이트는 비슷한 욕구가 자기 안에 있음을 인정했다. 그는 루이스가 그 욕구를 묘사하기 위해 사용한 단어와 같은 독일어 '젠주흐트'(Sehnsucht : 동경 · 갈망)를 사용했다.[33] 1899년에 출판된 한 논문에서 프로이트는 일생 동안 머리에서 떠나지 않은 '갈망'을 묘사했다. 그는 이 갈망을 자신의 어린 시절처럼 아버지와 함께 숲 속을 걷고 싶은 욕구와 관련지어 생각했다. 그는 이렇게 쓰고 있다. "나는 지금까지도 우리집 근처에 있는 아름다운 숲에 대한 갈망에서 벗어난 적이 없었다고 생각하는데…… 나는 걸음마를 배우기도 전에 그 숲에서 아버지로부터 달아나곤 했다."[34]

&

나는 임상 경험을 통해, 정도의 차이는 있지만 모든 사람들이 아버지와 갈등을 겪으며 권위에 대해 양가감정을 갖고 있다는 점을 관찰했다. 아버지에 대한 아이의 태도를 두고 프로이트가 한 말을 상기해 보라. "아이는 아버지를 갈망하고 숭배하는 것 못지않게 그를 두려워한다." 부모의 권위에 대한 이러한 초기의 감정이 하나님의 개념과 하나님에 대한 태도에 영향을 끼친다는 프로이트의 말이 맞을 수 있다. 그러한 초기의 감정이, 성인이 된 우리가 궁극적 권위의 가능성을 금방 받아들일지, 아니면 그러한 가능성조차 무시하고 배타적으로 대할지를 결정지을 수도 있다.

프로이트의 무신론과 루이스가 인생의 전반기에 기꺼이 받아들였던 무신론은 부분적으로 그들의 아버지에 대한 초기의 부정적인 감정에 뿌리가 있다고 설명할 수 있다. 상당히 많은 증거가 이러한 견해를 지지한다. 프로이트와 루이스는 둘 다 어린 시절 아버지에게 느꼈던 강한 부정적 감정—그들이 성인이 되었을 때 책에서 종종 언급한—을 묘사한다. 그리고 둘 다 젊은 시절 거부한 영적 세계관과 아버지를 관련지어 생각했다.

프로이트의 아버지는 세 번째 부인인 프로이트의 어머니와 결혼했을 때 이미 할아버지였다. 프로이트는 항상 나이가 훨씬 많은 아버지보다는 젊은 어머니를 더 친밀하게 느꼈다. 프로이트는 자기를 분석한 결과 아버지에 대한 강렬한 시기심과 경쟁심을 발견했다. 아버지는 가난해서 그에게 도움이 되지 않았다. 결국 대단한 성공을 거두게 된 아들은 아버지를 실패자로 생각했다. 거의 60세 때 프로이트는 학창 시절 경험을 반영하여 한 소년과 아버지의 관계를 묘사하는 짧은 논문을 썼는데, 너무나 명백하게 프로이트 자신의 경험이 반영되어 있다. "어린 시절 후반기에 소년과 그 아버지의 관계에 변화—그 중요도를 과장해도 지나치지 않을 변화—가 생기기 시작한다. ……그는 아버지가 더 이상 가장 강력하고 현명하며 부유한 존재가 아니라는 사실을 발견한다. 그는 자라면서 아버지에게 불만을 품게 되고 그를 비판하고 그의 사회적 위치를 평가하게 된다. 그러고는 아버지 때문에 갖게 된 자신의 실망에 대한 대가를 아버지가 혹독하게 치르게 한다. ……아버지는 모방해야 할 본보기일 뿐 아니라 그의 위치를 차지하기 위해 제거해야 할 본보기가 된다. 그때 이후로 아버지에 대해 사랑하는 충동과 적대적인 충동이 나란히 인생의 마지막 때까지 지속된다……."[35]

프로이트는, 열 살이었을 때 아버지가 그 자신을 보도에서 밀쳐낸 반유대주의 불한당에 대항하지 않았다는 말을 듣고서 느낀 실망과 혐오감을 평생 기억했다. 그는 또한 종교적 신앙을, 성경을 읽고 히브리어를 유창하게 말한 전통적 유대교도였던 아버지와 관련지어 생각했다.

C. S. 루이스도 아버지와 갈등 관계였다. 루이스는 자신이 아홉 살 때 어머니가 돌아가신 후 아버지가 감정 조절을 어려워했으며 "거칠게 말하고 부당하게 행동한" 사실을 묘사했다. 그는 정서의 안정이 절대적으로 필요한 때에 자신을 멀리 보내 버린 아버지를 결코 용서할 수 없었다. 그 후 몇 해 동안 루이스는 점점 더 아버지에게서 멀어졌다. 자서전에서 루이스는 그들의 긴장 관계, 즉 아버지가 자기를 화나게 했고, 아버지와 어떤 문제를 논의하려고 하면 거의 대부분 논쟁으로 끝났으며, 자신이 전쟁의 부상에서 회복 중일 때 아버지에게 와 달라고 간청했지만 거절당한 일을 묘사하고 있다.

루이스는 아버지를 "애처롭기도 하고 우스꽝스럽기도 하다"고 묘사했다. 아버지가 타계한 지 오랜 후에 루이스는 둘 사이의 갈등이 아버지보다는 자기가 일으킨 적이 더 많았다고 깨닫고는 자서전에서 이를 시인한다. "그 당시에는 청소년답게 아버지의 특징을 귀찮은 것으로 가차 없이 매도해 버렸지만, 그 후에 다른 어른들에게서 그런 특징을 발견했을 때에는 애교 있는 약점으로 볼 수 있게 되었다."[36]

프로이트와 마찬가지로 루이스도 영적 세계관을 아버지와 관련지어 생각했다. 아버지는 루이스에게 교회에 출석하고 기독교 신자가 되라고 격려했다. 루이스는 십대 초반에 무신론자가 된 후 이 사실을 아버지에게 알리기를 피했을 뿐 아니라, 적어도 한 번은 신자인 체했다. 자서전에서 그는 "아버지와 나의 관계는 내 평생에 가장 잘못된 행동을 저지르게 된 배경을 설명하는 데 도움이 된다"고 고백한다. 그는 무신론자였지만 견진성사를 준비했고 "전혀 믿지 않으면서도" 첫 성찬식에 참여했다. 자서전에는 이렇게 쓰여 있다. "비겁함은 위선으로, 위선은 신성모독으로 이어졌다. ……나는 거짓 연기를 하고 있었다. ……아버지에게 진짜 생각을 말씀드린다는 것은 불가능해 보였다."

루이스는 자신의 무신론과 아버지에 대한 부정적 감정 사이에 관련이 있음을 인식하고 있었던 것 같다. 그는 영적 세계관을 아버지와 관련지었을 뿐 아니라, 자신이 무신론을 받아들이는 것은 아버지에 대한 거부이자 아버지를 불안하게 하는 일임을 알았다. 아버지가 돌아가셨을 때, 루이스는 아버지를 소원하게 대하고 화내고 참지 못한 데 대한 자책감을 표현했다.

프로이트와 루이스는 둘 다 성인이 되어서도 궁극적인 권위뿐 아니라 모든 권위에 대해 많은 어려움을 겪었다. 프로이트는 자서전에서 "권위—그로부터 아직 자유롭지 않은—에 대한 순진한 믿음"의 마지막 파편을 제거하느라 어떻게 애썼는지 기록하고 있다. 그는 손아래 사람들과는 일을 잘했지만 자기보다 "나이가 많거나 어떤 점에서 우월한 사람들"[37]과 어떤 어려움을 겪었는지에 대해 말한 바 있다. 루이스도 무신론자로서 느낀 "권위에 대한 마음속 깊이 자리 잡은 증오"에 대해 쓰고 있다. 그들의 인생 초기에 권위에 대해 가졌던 이러한 강렬하고 부정적인 감정이 바로 궁극적 권위의 개념에 저항심을 갖게 했을 수 있다.

그렇지만 프로이트의 논변으로는 관점의 변화를 그리 쉽게 설명할 수 없다. 루이스는 어떻게 신앙에 대한 저항심을 극복했는가?

루이스는 극복했고 프로이트는 극복하지 못했다. 프로이트는 우리에게 그 이유를 납득시키지 못한다.

그의 다른 많은 가르침이 그렇듯이 이 위대한 정신의학자가 제공하는 진리는 그의 철학을 부분적으로 지지하지만, 그 결론에 의문을 던지게 한다. 프로이트의 논변은 하나님의 존재에 대해 투쟁적이고 적대적이다. 그러나 그의 논리 안에는 양가감정이 내포되어 있다. 이러한 양가감정을 숙고하면서도 그 자신은 일생 동안 하나님의 존재에 대한 질문에 사로잡혀 있었다. 그는 사실 하나님의 존재에 대한 '동화 같은 이야기'에 마음을 빼앗겼다! 프로이트의 독자들은 놀라겠지만, 이는 분명한 사실이다. 그 증거가 그의 편지에 있다.

프로이트의 딸 안나는 아버지의 연구를 이어받은 유일한 핏줄인데 한 번은 내게 "만일 아버지에 대해 알고 싶다면 전기들을 읽지 말고 편지들을 읽으세요"라고 말해 주었다. 그의 편지들을 주의 깊게 읽으면 다소 놀라운—당혹스러운 정도는 아니나—사실이 드러난다. 첫째, 프로이트는 성경을 자주 인용했다. 자서전에서 프로이트는 "훨씬 뒤에 깨달은 사실이지만, 어린 시절 성경 이야기에 친숙했기 때문에 성경의 내용은 내 관심의 방향에 지속적인 영향을 끼쳤다"[38]고 말한다. 둘째, 일생 동안 쓴 편지에 다음과 같은 표현이 많이 나타난다. "나는 하나님의 도우심으로 시험에 통과했다." "하나님이 원하시면" "선하신 주님" "주님을 탓하는" "주님의 말씀을 준수하여" "부활 후까지" "과학은 하나님의 존재를 요구하는 듯하다" "하나님의 심판" "하나님의 뜻" "하나님의 은혜" "위에 계신 하나님" "만일 언젠가 우리가 위에서 만난다면" "다음 세상에서" "나의 비밀 기도" 등. 오스카 피스터에게 보낸 편지에서 프로이트는 피스터가 "하나님의 참된 종"이며 "다른 사람들을 하나님께로 인도하는 운 좋은 자리에" 있다고 쓰고 있다. 이것은 무엇을 의미하는가? 이 모든 것을 단지 수사적 표현—독일어뿐 아니라 영어에도 흔한—으로 간단히 처리해 버릴 수 있을까? 만일 프로이트 말고 다른 사람의 경우라면 간단히 처리해 버릴 수 있을 것이다. 그러나 프로이트는 실수로 한 말에도 의미가 있다고 주장했다.

하나님의 존재 여부에 대한 프로이트의 집착은 팔십대에 쓴 그의 마지막 책인 《모세와 유일신 사상》에 이르기까지 계속된다. 이유는 무엇인가? 왜 그는 그 질문을 멈출 수 없었는가? 만일 그가 대답을 갖고 있었다면 왜 하나님의 존재에 대한 질문이 계속해서 그를 사로잡았는가? 아마 루이스는 하나님에 대해 결코 모든 것을 설명해낼 수 없다고 말할 것이다. 마음속 깊이 자리 잡은 욕구(프로이트와 루이스 둘 다 경험한)가 만족되기까지 우리는 누구도 안식을 누릴 수 없다.

내가 가르치는 몇몇 학생들은 하나님의 존재를 독단적으로 부정한다. 그러나 동시에 그들이 탄 비행기가 이상 기류를 만날 때마다 기도하고 있는 자신을 발견한다는 점을 시인한다. 프로이트의 삶도 많은 면에서 그의 무신론과 모순되어 보인다. 루이스도 무신론자였을 때 자신의 삶이 모순으로 가득 차 있었다고 말했다. "그 당시 나는 다른 많은 무신론자들처럼…… 모순의 소용돌이 속에서 살고 있었다. 나는 신이 존재하지 않는다고 주장했다. 그리고 신이 존재하지 않는다는 데 분개했다. 동시에 신이 세상을 창조했다는 사실에 똑같이 분개했다. ……왜 피조물들은 자신이 동의하지도 않았는데 존재해야 하는 버거운 짐을 져야 하는가?"[39] 무신론자이면서도 루이스는 하나님에 대한 서로 상반되는 감정—한편으로는 하나님이 존재하지 않기를 필사적으로 원하면서도 다른 한편으로는 그의 존재를 갈망하는—이 있음을 깨달았다.

☙

 루이스의 인생 초기는 몇 가지 중요한 점에서 프로이트의 인생과 비슷하다. 프로이트와 루이스는 둘 다 어릴 때 신앙 교육을 받았으나 둘 다 청년기에 공공연한 무신론자가 되었다. 아주 지적인 청년들인 프로이트와 루이스의 정신을 뒤흔들어 놓는 일이 발생하여 어릴 때 받은 신앙 교육을 거부하고 무신론적 세계관을 택하게 된 것이다. 그들은 자기 신앙의 증거를 주의 깊게 조사하고 그것이 지적으로 불합리함을 발견했는가? 그들 각자는 학문적 분위기가 낳은 특정한 영향에는 의식적으로 직면했고, 아버지와 권위에 대해서는 대체로 무의식적인 양가감정으로 대면했다.

 그들의 정신에 무슨 일이 일어났는지 이해하려면, 고든 올포트가 발전시킨 도식에 따른 종교적 신앙 분류가 도움이 될 것이다. 그는 비본질적인 종교성과 본질적인 종교성이라는 두 가지 범주를 이용한다.[40] 비본질적인 종교성을 지닌 사람은 그 신앙 표현이 사회적 위치를 획득하거나 다른 사람들에게 용납받고자 하는 동기에서 나오는 사람이다. 보통 어린아이의 신앙은 부모를 기쁘게 할 필요에 의해 동기가 부여된다는 점에서 이 범주에 들어간다. 본질적인 종교성을 지닌 사람은 자기 신앙을 내면화하여 그 결과 신앙이 삶에 주된 동기를 주는 영향력으로 발휘되는 사람이다. 본질적 종교성을 지닌 그룹의 많은 이들은 신앙을 갖게 된 특정한 시간에 대해 이야기한다. 거듭남의 경험에 대해 말하는 사람도 있다. 비본질적인 종교성은 신체적 정서적 건강에 부정적 영향을 끼칠 수 있는 반면에 본질적인 신앙은 종종 과학적으로 증명 가능한 긍정적 영향을 끼친다는 사실이 최근 의학적 연구 결과 밝혀졌다.[41]

프로이트와 루이스의 어린 시절의 종교성은 부모를 즐겁게 하고자 하는 욕구에서 비롯되었는데, 이는 외부의 영향에 의해 쉽게 부식될 수 있는 비본질적 신앙으로 간주될 것이다. 우리가 본 바와 같이 그들이 어린 시절의 비본질적인 명목상의 신앙을 거부하게 된 것도 외적 요인들에 의해서였다. 그들은 둘 다 아버지에게 반발하고 있었다. 루이스는 기숙학교로, 프로이트는 대학으로 둘 다 집을 떠난 후 자신의 명목상의 신앙을 거부했다. 그들은 더 이상 아버지의 권위 아래 있지 않았다. 프로이트는 자기 환자를 분석하면서(아마도 자기 자신을 분석하면서) 젊은이들이 "아버지의 권위가 깨지자마자" 종교적 믿음을 잃는다는 점에 주목했다.[42]

프로이트의 철학적 저술들은 임상학자나 과학자다운 객관적이고 냉정한 논조가 아니다. 대신 강렬하고 감정적이며 논쟁적이고 때로는 필사적으로 변론하는 논조를 드러낸다. 프로이트는 이러한 주제들에 관해서도 확실히 격렬한 감정을 드러내고 있다. 그는 영적 세계관을 수용하기 위한 모든 가능한 이유들을 파괴하기로 작정한 듯이 보인다.

프로이트의 공격은 때로 지나치게 단호하고 모순적이다. 예를 들면, 그는 신자들은 별로 지적이지 않으며 '지적 능력의 결핍'으로 괴로워한다는 단순하고 거침없는 진술을 한다. "어떤 사람이 종교적 교리상의 모든 불합리성을 무비판적으로 수용하고 심지어는 모순들을 간과한다 해도, 우리는 그가 지적이지 않다는 사실에 크게 놀랄 필요가 없다"[43]라고 프로이트는 주장한다.

확실히 프로이트는 대체로 사람들에 대해 낮게 평가한다. 그는 사람들이 게으르며 이성이 아닌 열정에 영향을 받는다고 생각했다. 그는 이렇게 말한다. "왜냐하면 대중은 게으르고 무지하기 때문이다. ……인간은 자발적으로 일하는 것을 좋아하지 않으며…… 그들의 열정 앞에서는 논변이 전혀 쓸모가 없다."[44] 거의 80세가 되었을 때 그는 "인간 본성에 관한 나의 견해를 바꿔야 할 경우는 거의 없었다"[45]고 썼다. 아이작 뉴턴을 천재라고 생각하여 자주 인용했으며, 바울 사도가 "역사상 홀로 우뚝 서 있다"고 쓴 바 있다. 프로이트는 스위스인 목사이며 정신분석가인 오스카 피스터의 "아동 분석의 기술에 대한 매우 다양한 제안들"을 받아들였는데,[46] 그는 평생 프로이트의 절친한 친구로 남았다. 프로이트는 가까운 친구들을 제외하고는 대개 신자들을 조롱했다.

루이스는 정반대로 논증했다. 루이스에 의하면 성경적 세계관은 우리의 물리적 세계를 자극하는 어떤 특성들을 갖고 있다. 이 세계는 지극히 복잡하며 우리가 기대하는 방식과 아주 다르게 존재한다. 예를 들면 탁자는 단순히 탁자가 아니라 원자, 전자 등으로 이루어져 있다. 그리고 우주는 단순히 물리적 부분들을 합친 것이 아니다. 영적 세계관을 이해하면서 살고자 하는 사람은 누구나 "그의 지성이 더욱 예리하게 됨을 깨닫는다. ……이것이 존 버니언같이 교육을 받지 않은 신자가 세상을 놀라게 한 책을 쓸 수 있었던 이유"라고 루이스는 생각한다.

프로이트는 영적 세계관을 수용하는 사람들의 특징을, 지성이 결핍되어 있을 뿐 아니라 '보편적 강박 신경증'을 겪고 있다고 단정한다. 프로이트는 어렸을 때 교회에 이끌려 가서 사람들이 무릎을 꿇고 성호를 긋는 모습을 자주 보았다. 그는 또한 기도할 때 정통유대교인들이 앞뒤 좌우로 흔드는 것을 관찰했다. 나중에 개업을 하여 강박장애로 고통을 겪는 환자들을 치료할 때, 그는 이러한 어린 시절의 관찰을 상기시키는 증상에 주목했다. 강박장애가 있는 사람은 강박적 생각들 — 원치 않는데도 나타나며 현저한 불안을 야기하는 지속적이고 반복적인 충동이나 이미지—로 인한 불안감을 없애려고 기도를 하거나 셈을 하거나 손을 씻는 것과 같은 행동을 반복하는 경향이 있다.[47]

종교적 세계관에 관한 첫 번째 논문 "강박적 행동과 종교적 실행"에서 프로이트는 "신경증을 겪는 사람들에게 나타나는 강박적 행동과 신자들이 신앙심을 표현하는 의식 사이의 유사성"[48]에 주목했다. 프로이트는 인류가 경험하는 발달 단계는 개인이 경험하는 단계와 유사하다고 믿었다. 그는 보편적 강박 신경증이, 모든 개인이 성장 과정에서 경험한다고 그가 믿는 유아 신경증과 비슷하다고 생각했다.

프로이트는 인류가 언젠가, 특히 대중이 교육을 더 많이 받게 되면 신앙을 필요로 하지 않게 될 것이라고 생각했다. 그러나 실제로는 오늘날 미국인들이 과거 어느 때보다도 교육을 더 많이 받지만 과거 어느 때보다도 더 많은 사람들이 하나님이 자신의 삶 속에서 직접적인 역할을 한다고 믿는다.[49]

정신과 의사들이 사용하는 많은 임상 용어들이 프로이트에게서 나왔다. 프로이트는 영적 세계관을 수용한 사람들이 때때로 정신이상에 가까운 신경증으로 고통을 받는다고 생각했다. 그는 종교적 믿음은 "개연성이 적고, 실제 세계에 관해 어렵게 발견한 모든 사실들과 너무 어긋나기 때문에 망상과 비교할 수 있다"고 생각한다고 명확히 밝혔다. 정신의학에서는 망상이란 거짓을 확고히 믿는 상태라고 정의한다. 즉 거짓 믿음을 갖고 있다는 것이다.

루이스는 우리가 어떤 주제에 관해 거의 알지 못할 때 정확한 개념보다는 많은 거짓 개념들을 갖게 된다는 점을 지적한다. 그러나 이러한 거짓 개념이나 믿음은, 지식이 증가하고 그 믿음과 실제가 일치하지 않은 부분이 드러남에 따라 고정되어 있지 않고 변한다. 다른 한편 망상에 시달리는 사람은 반대되는 증거가 있어도 자신의 견해를 바꾸지 않으므로 결국 정신병자가 된다.

한 미국인 의사가 프로이트에게 자신의 회심 경험에 관해 편지를 썼을 때, 프로이트는 그 경험을 '환각성 정신이상'으로 간단히 처리해 버렸다. 《문명과 불만》에서 프로이트는 이와 같이 주장한다. "인류의 종교는 대중 망상으로 분류되어야 한다. 말할 것도 없이 망상을 공유하는 어느 누구도 그것이 망상이라는 사실을 전혀 깨닫지 못한다."[50]

프로이트는 정말로 영적 세계관을 수용하는 누구나가 정서적으로 병들었다고 믿었는가? 최근에 발행된 갤럽 여론 조사의 결과에 의하면, 96퍼센트의 미국인들이 하나님을 믿는다고 대답했으며 80퍼센트는 하나님과 인격적인 관계를 갖고 있다고 대답했다.[51] 그렇게 많은 미국인들이 정말로 정서적으로 병들어 있는가?

영성에 대한 프로이트의 표현을 비판하는 것이 곧 프로이트의 과학적 기여도를 낮게 평가하는 것은 아니다. 루이스는 '정신분석의 의학 이론들과 기술'은 영적 세계관과 충돌하지 않는다는 사실을 우리에게 상기시킨다. 다만 "프로이트를 비롯한 몇몇 사람들이 계속하여 거기에 덧붙여 놓은 세속적인 철학적 세계관"과 충돌이 일어날 뿐이다. 루이스는 이렇게 덧붙인다. "프로이트는 신경증 치료에서는 전문가이지만 일반 철학에서는 아마추어이다. ······그가 자기 분야를 떠나 내가 아는 분야에 관해 말할 때마다······ 그 부분에 아주 무지하다는 사실을 확인하게 되기 때문이다."[52]

요컨대, 우리는 프로이트와 루이스의 논변들은 타당한 증거를 지니는지, 과연 그럴듯한지를 평가할 수 있다. 우리는 그들의 논변이 얼마나 객관적인 증거를 기초로 하고 있는지, 아니면 얼마나 현실을 왜곡한 감정을 기초로 하고 있는지를 평가할 필요가 있다.

프로이트는 성장하면서 경험한 맹렬한 반유대주의를 영적 세계관과 연관지었으며 이것은 틀림없이 영적 세계관을 불신하고 파괴하고자 하는 그의 강렬한 욕구에 기여했다. 더구나 프로이트가 치료한 환자들 중에는 분명히 그 신앙이 신경증적 요구에 뿌리를 두고 있거나, 그들의 정신병적 증상에 종교적 내용이 포함되어 있는 경우가 많았다.

오스카 피스터는 프로이트에게 병리학적 형태의 신앙을 가진 이들만을 보았다는 점을 상기시켰다. 피스터는 프로이트에게 보낸 편지에서 "우리의 차이는 주로 자네가 병리학적 형태의 종교에 근접하여 성장했으며 이러한 것들을 '종교'로 간주했다는 사실에서 비롯된다고 보네"[53]라고 말했다.

우리는 현재 프로이트와 루이스가 제공한 논변에만 초점을 두고 있기 때문에, 누구의 논변이 우리가 경험하는 현실에 가장 잘 일치하는지를 질문할 필요가 있다. 그리고 그들의 인생이 그들의 논변들을 강화하는지 혹은 약화하는지 계속하여 살펴볼 필요가 있다.

3. 양심

보편적 도덕률이 있는가?

대부분의 신자들이 붙들고 있는 한 가지 기본 전제는, 모든 문화에 항상 있어 온 절대적인 도덕률 때문에 모든 개인이 옳고 그름을 '그냥 안다'는 것이다.

만일 내가 어떤 사람의 돈을 훔치거나 그의 아내와 사랑을 나누는 일이 옳다고 생각한다면—만일 그가 많은 돈을 가지고 있고 그의 아내가 동의한다면—그것은 잘못인가? 만일 당신이 나와 동의하지 않는다면 누가 옳은 것인가? 만일 우리에게 도덕적 지침이 전혀 없다면, 내가 생각하는 것이 옳거나 그르지 않은 것처럼 당신이 생각하는 것도 옳거나 그르지 않다. 오늘날 우리 문화에 만연해 있는 이러한 도덕적 상대주의는 프로이트와 루이스 둘 다 제기한 중요한 질문을 생각나게 한다. 보편적인 도덕률이 정말 존재하는가?

우리는 옳고 그름의 감각에 따라 처신한다. 여하튼 우리는 '마땅히 해야 하는' 것에 대해 어느 정도 알고 있다. 우리가 '마땅히 해야 하는' 일을 행하지 못했을 때, '양심'이라고 부르는 우리 마음의 일부는 '죄책감'이라는 불쾌한 감정을 불러일으킨다. 거의 모든 개인에게 있는 이 죄책감은 하나님이 주신 도덕률의 표시인가? 아니면 단순히 부모들이 가르친 것을 반영하는가?

양심은 하루 종일 우리가 내리는 결정에 영향을 끼친다. 만일 수십만 원이 들어 있는 지갑을 발견한다면 우리는 우리의 도덕규범에 따라 지갑을 돌려주든지 갖든지를 결정한다. 그런데 이 규범은 어디에서 오는가? 그것은 우리의 행동에 영향을 끼칠 뿐 아니라 그 행동에 대해 어떻게 느끼는지에도 영향을 끼친다. 이러한 도덕규범은 단순히 우리가 만드는 것인가?

프로이트는 교통 법규를 제정할 때처럼 우리가 도덕규범을 만들며, 따라서 그것은 시대와 문화에 따라 변한다고 생각한다. 반면, 루이스는 수학의 법칙을 발견하는 것같이 이 규범을 발견하며 이러한 보편적인 도덕률은 시대와 문화를 초월한다고 말한다.

프로이트와 루이스의 견해에서 중요한 차이점은 인식론 즉 지식의 근원과 관계된다. 프로이트는 이렇게 쓰고 있다. "……주의 깊게 철저히 검사하는 관찰, 즉 연구 외에 지식의 원천은 없다. 어느 지식도 계시에서 유래하지 않았다."[1] 프로이트에 의하면, 구약의 십계명과 신약의 위대한 두 계명('하나님을 사랑하라'와 '네 이웃을 네 몸과 같이 사랑하라')은 인간의 경험에서 나오는 것이지 계시에서 나오는 것이 아니다. 그는 과학적 방법만이 지식의 유일한 출처라고 기술한다.

루이스는 프로이트의 견해에 결코 동의하지 않는다. 과학적 방법이 모든 질문에 답할 수 있는 것은 아니므로 모든 지식의 근원이 될 수는 없다고 보는 것이다. 루이스에 의하면, 과학이 담당한 일은 사물의 행동이나 반응을 실험하고 관찰하고 보고하는 것으로, 이 일이 별로 중요하지 않다거나 필요하지 않다는 것은 아니다. "그러나 어떤 사물이 왜 존재하느냐, 과학이 관찰하는 사물들의 배후에 무언가가 존재하느냐 존재하지 않느냐는 문제는 과학이 해결할 수 있는 질문이 아니다."[2]

루이스는 우주를 초월한 지성적 존재가 있는지에 관한 질문은 결코 과학적 방법으로 답할 수 없다고 주장한다. 누군가가 그러한 질문에 답하려고 시도한다면 그는 과학적 진술이 아닌 철학적 혹은 형이상학적 가정을 하는 것이다. 따라서 '도덕률이 있는가' 하는 질문에 과학의 대답을 기대할 수는 없다.

루이스는 "우리는 우주가 아무 이유 없이 그저 우연히 이런 모습으로 존재하게 된 것인지, 아니면 이런 모습으로 존재하게 만든 힘이 배후에 있는지를 알고 싶어 한다"라고 말한다. 그는 이 힘이 자기 존재를 드러내는 것은 "우리를 특정 방식으로 행동하게 만드는 내면의 영향력이나 지배력으로서이며, 우리는 바로 우리 내면에서 그런 힘을 감지한다. ……이것은 우주를 지휘하고 있는 무언가가 존재하며, 그 무언가는 내 안에서 옳은 일을 하도록 재촉하고 그릇된 일에는 책임감과 불편함을 느끼게 만드는 하나의 법칙으로 나타난다."[3]

루이스에 의하면, 보편적인 도덕률은 구약과 신약뿐 아니라 우리의 양심에도 나타난다. 루이스는 이 도덕률이 창조자를 가리키는 많은 표지들 중의 하나라고 생각한다. 그는 우리가 이 창조자의 존재에 대해 두 가지 증거를 가지고 있다고 말한다. "하나는 그가 만든 우주이며…… 또 하나는 그가 우리의 정신에 새긴 도덕률이다." 우주보다는 도덕률이 더 나은 증거인데, 그 이유는 "이것은 내부 정보이므로…… 어떤 사람이 지은 집을 보기보다는 그의 말을 들어야 그에 대해 더 많이 알 수 있듯이, 일반적으로 우주보다는 도덕률을 통해 하나님에 대해 더 많이 알 수 있기 때문이다."[4)

독일 철학자인 임마누엘 칸트는 신의 위대함에 대한 강력한 증거로 "내 속에 있는 도덕률"을 가리켰는데 루이스도 이러한 칸트의 견해에 동의한다. 아마 루이스와 칸트는 "내가 나의 법을 그들의 속에 두며 그 마음에 기록하여"(예레미야 31:33)라는 성경구절을 염두에 두었을지도 모를 일이다.

프로이트는 도덕률에 대한 칸트의 말에 혼동을 드러낸다. "유명한 선언에서 철학자 칸트는 별이 총총한 하늘과 우리 안에 있는 도덕률을 신의 위대함에 대한 가장 강력한 증거라고 가리켰다." 그러나 프로이트는 '별이 총총한 하늘'이 "한 사람이 다른 사람을 사랑하거나 죽일 수 있는지에 대한 질문"과 관련이 있는지 의아해한다. 그는 칸트가 위에 있는 하늘과 인간 내면의 도덕률을 신의 존재를 나타내는 증거로 이용하는 것은 '이상하다'고 생각한다.

그러나 프로이트는 한 번 더 생각하면 칸트의 금언이 "위대한 심리학적 진실을 건드린다"고 말한다. 프로이트의 세계관에서 하나님은 단순히 부모의 권위를 투사한 존재이며, 이 견해를 받아들이면 칸트의 진술이 의미가 있다. 우리는 우리를 창조하고 우리에게 옳고 그름을 가르친 일에 부모를 관련짓는다. 프로이트는 이렇게 주장한다. "아이에게 생명을 주고 갖은 위험으로부터 지켜 준 바로 그 아버지(혹은 부모의 대리인)가 아이에게 할 것과 하지 말아야 할 것도 가르쳤다. ……아이는 사랑의 보상과 처벌이라는 체계를 통해 자신의 사회적 의무를 배우게 된다."[5]

프로이트는 아이들이 어른이 됨에 따라 옳고 그름을 분별하는 것은 오직 부모의 가르침에서 비롯된 것이기 때문에 "부모의 금지와 요구들은 자녀들의 내면에 도덕적 양심으로 계속 살아 있다"고 주장한다. 결국 그들은 이러한 보상과 처벌의 체계 전체를 "아무 변경 없이 자신의 종교로" 받아들인다는 것이다.

루이스는 우리가 부분적으로 부모와 선생들에게 도덕률을 배우며 이것이 우리의 양심을 계발하는 데 도움이 된다는 사실에 동의한다. 그러나 그 점이 곧 도덕률이 '인간의 고안물'임을 의미하지는 않는다. 루이스는 부모와 선생이 우리에게 가르치는 구구단을 만들지 않은 것처럼 도덕률도 만들지 않았다고 설명한다. 그는 부모와 선생이 우리에게 가르치는 것 중 어떤 것은 "얼마든지 달라졌을 수도 있는 단순한 관습이지만 — 우리가 배운 것은 좌측통행이지만 우측통행이 규칙이 되었을 수도 있다 — 또 어떤 것들은 수학처럼 실제적인 진리들이다."[6] 사회적 관습 혹은 습관은 시대에 따라 변하나, 도덕과 도덕률은 확고하게 유지된다.

그러나 프로이트는 윤리와 도덕이 인간의 필요와 경험에서 나온다고 주장한다. 그는 철학자들이 제시하는 보편적 도덕률이라는 개념은 "이성과 배치"된다고 말한다. "윤리는 도덕적 세계 질서에서 나온 것이 아니라 인간이 부득이 공동생활을 할 수밖에 없는 조건에서 나온다." 이를 바꾸어 말하면 도덕규범은 인간이 유용하고 편리하다고 발견한 데서 유래한다는 것이다. 아이로니컬하게도 루이스가 윤리와 교통 법규를 구별하여 대조한 반면, 프로이트는 "윤리는 곧 인류의 교통 질서를 위한 일종의 교통 법규"라서 시대와 문화에 따라 변한다고 말한다.

루이스는 도덕률이 변하지 않고 확고하게 유지된다는 주장에는 경험적 증거가 있다고 논증한다. 그는 기본적으로 도덕률은 모든 문화에서 동일하다고 말한다. 도덕관은 문화마다 약간의 차이가 발생하지만 그 차이는 "사실 그렇게 크지 않으며 그 모든 도덕관들을 관통하는 동일한 법칙이라는 것이 있음을 깨달을 수 있다"[7]는 것이다. 루이스는 유사 이래 사람들은 그들이 준수해야 한다고 느끼는 법칙을 의식해 왔다고 주장한다. "역사상 존재해 온 모든 인간은 어떤 종류의 것이든 간에 도덕을 인정한다. 즉, 일정한 행위들에 대해 '해야 한다'거나 '하지 말아야 한다'고 표현하게 되는 경험을 한다는 것이다."[8] 그리고 인간은 보통 이 법에 따라 사는 데 실패한다. 루이스는 이렇게 말한다. "첫째…… 지구 위에 사는 인간은 누구나 일정한 방식으로 행동해야 한다는 기묘한 생각을 갖고 있으며 그 생각을 떨쳐 버리지 못한다. 둘째…… 사실상 사람들은 그런 방식으로 행동하지 않는다. ……이 두 가지 사실이야말로 우리 자신과 우리가 살고 있는 우주에 대해 명확하게 생각할 수 있게 해 주는 토대이다."[9]

루이스는 고대 이집트인, 바빌로니아인, 인도인, 중국인, 그리스인, 그리고 로마인의 도덕적 교훈들을 비교해서 "그것들이 서로 아주 비슷할 뿐 아니라 우리 시대의 도덕과도 비슷하다"는 사실을 발견했다. "전투 중에 줄행랑치는 행동을 높이 평가하거나 자기에게 가장 친절했던 사람을 배신해 놓고 으쓱거리는 곳이 있을 수 있는지 생각해 보라. ……어떤 사람들을 이기적이지 않은 태도로 대해야 하는지는 사람들마다 생각을 달리해 왔다. 그러나 어쨌든 자기 자신을 먼저 내세워서는 안 된다는 데에는 모든 사람이 늘 동의해 왔다. 이기주의가 높이 평가된 적은 단 한 번도 없었다."[10]

이러한 도덕률은 오랫동안 도(道), 자연법, 실천이성의 제1원리 혹은 전통 도덕이라고 불렸고 또 그렇게 인식되었다.[11] 역사상 사람들은 누구나가 도덕률을 본성으로 알고 있다는 사실을 당연하게 받아들였다고 루이스는 말한다. 그는 지난 세계대전 동안 나치가 자기들이 저지른 행위가 잘못임을 알았다는 것을 우리가 당연하게 받아들였다는 점을 상기시킨다. 나치도 도덕률을 알았으며 자신들이 도덕률을 깼다는 사실도 알았다. 우리는 그들을 재판하고 유죄라고 평결했다. 루이스는 묻는다. "나치도 우리처럼 내심으로 무엇이 옳은지 알고 있으며 마땅히 그렇게 살아야 한다고 생각지 않는다면, 아무리 그들에게 '너희는 그르다'고 말한들 그게 무슨 의미가 있겠는가?"[12]

루이스는 도덕률이 시대와 문화에 따라 변하지 않는다 할지라도, 그 법칙에 대해 느끼는 정도나 한 문화 또는 개인이 그 법칙을 표현하는 방식은 다를 수 있음을 지적한다. 예를 들면, 나치 정권하의 독일은 그 법을 명백히 무시했으며 다른 나라들이 혐오스럽다고 생각한 도덕을 실천했다. 어느 문화의 도덕관이 다른 문화의 그것보다 더 낫다고 주장할 때, 도덕률을 그 낫다는 판단의 기준으로 삼고 있다고 루이스는 지적한다. "어떤 도덕이 다른 도덕보다 더 좋다고 말하는 순간, 당신은 사실상 어떤 기준에 견주어 그 두 도덕을 판단한 것이다. 즉 그 중 어느 것이 그 기준에 더 가까운가를 견준 것이다. 그때 두 도덕을 견준 기준은 그 두 도덕과 다른 제3의 것일 수밖에 없다. 실제로 당신은 그 두 도덕을 '참 도덕'이라 할 만한 것과 비교함으로써, 사람의 생각에 좌우되지 않는 진정한 '옳음'이라는 것이 존재하며 어떤 도덕관은 다른 도덕관에 비해 그 진정한 '옳음'에 더 가깝다는 사실을 인정하는 셈이다." 루이스는 "만일 당신의 도덕이 더 참되며 나치의 도덕이 덜 참되다면 거기에는 반드시 그렇게 판단할 수 있게 만드는 그 무엇— '참 도덕'이라 할 만한—이 존재한다"[13]고 결론짓는다.

어떤 사람들은 다른 사람들보다 더 계발된 양심—도덕률에 대해 더 잘 분별하고 이해하는—을 소유하고 있는데, 그것은 배경과 훈련의 차이 때문일 수 있다. 루이스는 자신의 세계관이 바뀌기 전에는 다른 젊은이들에 비해 양심이 계발되지 않았다고 말한다. 그는 《고통의 문제》에서 이렇게 회고한다. "대학교에 갓 입학했을 당시나는 또래 중에서도 특히 더 도덕의식이 없는 학생이었다. 기껏해야 잔인함과 인색함에 대한 혐오감만 어렴풋이 가지고 있었을 뿐, 순결이나 신의나 자기 희생 같은 것은 마치 원숭이가 고전음악 대하듯 관심 없이 대했다."[14]

프로이트도 사람마다 양심의 발달 정도에 차이가 있음을 인정한다. 그는 만일 하나님이 우리에게 위로는 별이 총총한 하늘과 내면으로는 도덕률을 주었다면, 특히 도덕률에 관해 형편없는 일을 했다고 기술하고 있다. "별들은 정말로 장엄하지만, 양심에 관해서는 하나님은 한결같지 않은 부주의한 작품을 만들었다. 왜냐하면 대다수의 사람들은 양심이 있다 해도 조금밖에 없거나 거의 언급할 가치조차 없을 정도이기 때문이다."[15]

프로이트는 자신을 그 '대다수의 사람들'에 포함하지 않았다. 보편적 도덕률의 개념을 확실하게 수용하고 있는 제임스 잭슨 퍼트남 박사에게 보낸 한 편지에서 그는 다음과 같이 썼다. "당신의 이상적인 견해는 나의 견해와 다릅니다. 내가 어리석다고 생각할 수 있는 견해를 당신이 믿고 있다는 사실이 슬픕니다. 나는 내 기질 속에 있는 결함으로부터 법칙을 만들어 내기를 바랄 정도로 관대하지는 않습니다. 나는 음악을 이해하지 못하듯이 더 높은 도덕적 통합이 왜 필요한지 모르겠습니다. 그러나 그렇다고 해서 나 자신이 더 나은 사람이라는 것은 아닙니다. …… 나는 당신과 당신의 견해를 존중합니다. …… 내가 하나님이 포기한 의심 많은 유대인이라는 사실을 감수하지만 그 사실을 자랑스러워하지는 않으며 다른 사람들을 경멸하지도 않습니다. 나는 파우스트가 말한 것처럼 '그처럼 이상한 사람도 있어야 한다'고 말할 수 있을 뿐이지요."[16] 그리고 8년 후 프로이트는 친구 피스터에게 보낸 편지에서 "윤리학은 나와 관련이 멀다네. …… 나는 골머리를 앓을 정도로 선과 악에 대해 생각하지는 않네"라고 썼다. 그는 "사람들이 공적으로 이런저런 도덕적 원칙에 동의하든 아무것에도 동의하지 않든 간에"[17] 대다수의 사람들을 그리 가치 있다고 생각하지는 않는다고 말했다.

프로이트는 교육과 '이성의 절대권'을 확립하는 것이 인류 역사를 특징짓는 잔인하고 부도덕한 행동에 대한 유일한 해결책일 것이라고 보았다. "미래에 대한 최선의 희망은 시간이 지남에 따라 지성—과학적 정신과 이성—이 인간의 정신생활에서 절대권을 확립할 것이라는 사실이다"[18]라고 그는 선언한다. 알버트 아인슈타인이 프로이트에게 "인류를 전쟁으로부터 보호하기 위해 무엇을 할 수 있을까요?"라고 질문한 편지에 대해 프로이트는 이렇게 답장했다. "이상적인 조건은 물론 본능적 삶을 이성의 절대권에 복종시키는 인간들의 공동체입니다."

그러나 프로이트는 교육 수준이 매우 높은 독일에서 나치가 발흥한 것을 목격했고 역사상 드물게 교육을 매우 많이 받은 전투 병력인 비밀경찰의 공포를 알았다. 그는 또한 정신분석가들이 일반적으로 지식 수준이 높지만 그렇다고 해서 다른 전문가 집단보다 더 도덕적인 것은 아니라는 사실에 주목했다. 프로이트는 퍼트남에게 보낸 다른 편지에서 고백한다. "정신분석이 분석가들을 좀더 낫고 고상하고 강인한 인물로 만들지 못했다는 사실에 실망을 금할 수 없습니다. 아마도 그것을 기대하는 내가 잘못일지도 모르겠군요."[20]

믿음의 기원과 관련하여 프로이트는 양심이 어떻게 발달하는지에 관한 이론의 체계를 세웠다. 그는 유아 발달기인 '약 5세 때' 중요한 변화가 일어난다고 믿었다. 아이는 무엇을 하고 무엇을 하지 말라는 부모의 가르침 일부를 내면화하며 이러한 내면화된 부모의 가르침은 그의 양심 즉 프로이트가 말하는 초자아의 일부가 된다. 이와 관련하여 프로이트는 마지막 해설적 연구서인 《정신분석학 개요》에서 다음과 같이 쓰고 있다. "외부 세계의 일부는, 적어도 부분적으로는 자기 외부에 존재하는 대상으로서 인식되지 않고 대신 자기 동일시에 의해 자아 속으로 수용되어 내부 세계를 구성하는 요소가 된다. ……이 새로운 정신적 힘(agency)은 지금까지 부모에 의해 수행되어 온 기능들을 계속해서 가지고 있다. ……이 힘은 자아를 감시하고 자아에게 명령하며 자아를 판단하고 처벌로 위협하는데, 이 힘이 부모의 역할을 차지했기 때문에 정확히 부모처럼 행동한다. ……이 힘을 초자아라고 부르며, 이 힘이 갖는 재판관의 기능 때문에 우리는 이것을 양심이라고 의식한다."[21]

프로이트는 이 과정을 다음과 같이 요약한다. "그것은, 외적 강제(強制)가 점차로 내면화하는 인간 발달의 과정과 일치한다. 왜냐하면 특별한 정신적인 힘인 초자아는 외적 강제를 이어받아 초자아의 계율들 가운데 포함시키기 때문이다. 모든 어린아이는 이러한 과정을 겪는다는 사실을 알 수 있다. 그러한 방법으로만 아이는 도덕적이고 사회적인 존재가 된다."[22]

프로이트는 임상적으로 죄책감이 때로 질병에 중요한 역할을 한다는 사실을 관찰했다. 죄의식은 무의식적일 때가 많다. "만일 환자가 마치 중한 죄를 범한 것처럼 죄의식으로 고통 받는다면, 우리는 그에게 양심의 가책을 무시하도록 권하거나 절대 그의 잘못이 아니라는 식으로 말하지 않는다. 종종 환자들이 그렇게 해 보고자 했지만 성공하지 못했다. 우리가 하는 치료는 그러한 강하고 지속적인 감정은 결국 틀림없이 어떤 실제적인 사실을 기초로 하고 있으며 그것을 발견하는 일이 가능할 수도 있음을 환자에게 상기시키는 것이다."[23]

이러한 분별 있는 실용주의에도 불구하고 죄의식, 초자아, 내면화에 관한 프로이트의 논변은 비판을 불러일으켰다. 루이스는 그러한 비판자 중 한 사람에 불과했다. 루이스는 역사상 모든 문화, 심지어 이교도의 문화에서도 사람들이 도덕률을 알았으며 도덕률에 따라 사는 데 실패했음을 의식하고 있었다는 사실에 주목했다. 그들은 자신들의 저술에서 영원한 형벌에 대한 두려움을 표현했다. "사도들이 복음을 전했던 시대에는, 아무리 이교도 청중이라 해도 스스로 신의 진노를 받아 마땅한 존재로 의식하고 있다고 가정할 수 있다"고 루이스는 《고통의 문제》에서 쓰고 있다. 루이스는 우리의 문화가 그러한 감수성을 잃었으며 그 한 원인은 "정신분석학이 대중의 정신에 끼친 영향에 있다"고 본다. "억압과 억제 이론"은 "수치심이 위험하고 해롭다"는 인상을 심어 준다. 루이스는 "흔히 '그것들을 터놓고 말하라'고들 하는데…… '그것들'은 아주 자연스러운 것들이므로 부끄러워할 필요가 없다는 근거로 그렇게 하라는 것이다"[24]라고 말한다.

그리하여 우리는 과거의 문화에 비해 야만적인 행동—비겁, 거짓, 시기, 무자비—을 더 쉽사리 용인하는 경향이 있다. 이러한 상황에 놓인 사람들에게 대속(代贖)과 구속(救贖)의 보편적 필요성에 대한 성경의 개념은 거의 무의미하다고 루이스는 말한다. 즉, "도덕률이 정말로 존재하며, 그 법칙의 배후에 어떤 힘이 있고, 당신이 그 법을 어김으로써 그 힘과 잘못된 관계를 맺게 되었다는 것을 깨닫기 전에는"[25] 성경이 하는 말을 이해할 수 없다는 것이다.

프로이트는 자신의 행동을 다른 기준에 따라 생각해 봐야 했다. 실제로 그의 행동은 그의 논변들과 다소 일치하지 않았다. 그는 자신의 행위를 보편적 법칙이 아니라 다른 사람들의 도덕적 행위와 비교했다. 그는 비교하기를 좋아했다. 오십대 후반에 퍼트남 박사에게 보낸 편지에서 프로이트는 이렇게 썼다. "나는 나 자신이 테오도르 피셔(1807-1887 : 독일의 시인·비평가·미학자—편집자)의 탁월한 금언인 '도덕적인 것은 자명하다'에 동의할 수 있는 매우 도덕적인 사람이라고 생각합니다. 정의와 타인에 대한 배려라는 측면에서 볼 때, 다른 사람들을 이용하거나 고통 받게 하는 일을 싫어한다는 점에서 나 자신을 지금껏 알아 온 매우 선량한 사람들과 비교하여 평가할 수 있다고 믿습니다. 나는 결코 치사하거나 사악한 짓을 한 적이 없으며 그렇게 하려는 유혹이 들었던 기억도 없습니다."[26] 프로이트는 "나 자신이 대부분의 다른 사람들보다 더 낫다고 결론 내린다고 해서 만족감"을 얻는 것은 아니라고 덧붙인다. 그는 또한 자신은 훨씬 더 자유로운 성을 지지할지라도 그 자유를 행사하지 않았다고 말한다. 실제로 그는 전통적인 성경적 성 규범을 고수하였다.[27]

퍼트남 박사에게 보낸 편지는 매우 주목할 만하다. 프로이트가 "도덕적인 것은 자명하다"라는 '탁월한 금언'을 믿는다고 말했을 때, 루이스는 그가 부주의하게도 도덕률에 대한 지지를 진술하고 있다고 논박할 수 있었을 것이다. 더 개방적이고 자유로운 성을 역설하면서도 주장과는 다르게 한 여자만의 남편이었던 프로이트는 자신이 공언한 자유로운 성과 실제로 행하는 엄격한 규범 사이에서 아무런 모순도 느끼지 못한 것 같다.

도덕은 '자명하다'는 프로이트의 주장이 루이스에게 의미하는 바는 이렇다. "나는 모든 사람들이 의존하는 으뜸가는 도덕 원리들은 합리적으로 지각된다고 믿는다. 어떤 것이 똑같을 때 둘이 똑같다는 사실을 '확실히 아는' 것처럼, 이웃의 행복이 나의 행복에 희생당해야 할 이유가 없다는 사실을 우리는 '확실히 안다.' 만일 우리가 어느 쪽의 공리(公理)도 증명할 수 없다면, 이는 그 공리들이 불합리하기 때문이 아니라 자명하기 때문이며 모든 증명이 그 공리들에 의존하기 때문이다. 그 공리들의 본질적인 합리성은 그 자신의 빛으로 빛난다. 이는 모든 도덕이, 우리가 누군가에게 올바른 행위를 일깨워 주고자 할 때 '분별 있게 행동하라'고 말하는 그런 자명한 원리에 기초하기 때문이다."[28]

다른 책에서 루이스는, 프로이트가 자신의 행동을 다른 사람들의 행동과 비교한 것을 논평했다. 프로이트가 "나는 나 자신이 매우 도덕적인 사람이라고 생각합니다. ……매우 선량한 사람들과 비교하여 평가할 수 있다고 믿습니다. ……내가 대부분의 다른 사람들보다 더 낫습니다"라고 진술할 때, 그는 루이스가 《스크루테이프의 편지》에서 묘사한 범주에 들어간다.

훈련 중인 신참내기 악마를 위한 편지에서 매우 경험이 많은 최고참 악마인 스크루테이프는 지옥으로 가는 길에 있는 사람들을 부추기는 방법에 관해 충고해 준다. 스크루테이프는 인간이 자신을 다른 사람들과 비교하여 '나는 너만큼 선하다'는 태도를 계발할 때 악마들에게 어떤 유익이 있는지 말한다. "가장 중요하고 명백한 이점은, 그렇게 해서 그의 인생 중심에 매우 견고하고 틀림없는 거짓을 떠받들게끔 그를 유인하는 것이다." 그러나 진짜 거짓은 다른 데 있다. 사람들이 키와 몸무게가 모두 같지 않은 것과 마찬가지로 어느 한 사람도 친절과 정직과 분별력에서 다른 사람들과 정확히 같지 않은 것은 당연한 사실이다. 루이스가 주인공인 스크루테이프를 통해 말하는 진짜 거짓은 "환자"(《스크루테이프의 편지》에서 각각의 악마들이 맡은 '사람'을 가리키는 말—편집자) 자신에게 있다. "그 자신은 그것을 믿지 않는다. ……나는 너만큼 선하다고 말하는 사람 누구도 자신이 진짜로 그렇다고 믿지 않는다. 진짜로 자신이 선하다고 믿는 사람은 결코 그렇게 말하지 않는다." 어떤 사람이 자신이 어떤 영역에서 우월하다는 것을 알고 있다면 그는 결코 그 사실을 다른 사람들에게 말할 필요가 없으며, 단지 그 사실을 받아들인다는 점을 스크루테이프는 지적한다. "정치적인 분야를 제외하고, 평등을 주장하는 사람들은 어떤 의미에서 스스로 열등하다고 느끼는 사람들이다." 다른 사람들에게 자신이 우월하다고 말할 필요를 느끼는 이유는, "본인이 받아들이기를 거부하지만, 자신의 열등감을 괴롭고 고통스럽게 의식"[29]하고 있기 때문이다.

프로이트는 왜 자기가 "대부분의 다른 사람들보다 낫다"는 말을 했는가? 프로이트는 열등감이나 낮은 자존감으로 괴로워했는가? 정신과 의사들은 우울증의 한 고전적인 증상은 무가치하다는 느낌이라고 오랫동안 인식해 왔다.[30] 프로이트가 인생의 대부분을 병적인 우울증에 시달려 왔다는 유력한 증거가 있다. 그는 자신의 편지들에서 이 사실을 자주 언급했으며, 안정을 취하기 위해 수년간 코카인을 복용했다.

프로이트는 또한 심하게 우울증에 걸린 환자들에 대한 임상적 관찰을 이용하여 보편적인 도덕률을 논박하였다. 그는, 우울증에 걸린 기간 동안 주기적이고 과도한 죄책감을 경험한 어떤 환자들은 회복되어 감에 따라 죄책감이 완화되거나 사라지는 것을 알게 된다는 사실을 관찰했다. 사람이 의기소침해지면 "그의 초자아가 과도하게 엄격해져서 불쌍한 자아를 학대하고 모욕감을 주고 냉대하며, 가장 무서운 처벌로 위협하고, 전에는 가볍게 생각한 아주 오래된 과거의 행동에 대해 자아를 책망한다. 이는 마치 초자아가 모든 기간 동안 비난거리들을 모았다가 끄집어내어, 그것들을 근거로 유죄 판결을 내리기 위해 힘을 행사할 때를 기다려 온 것처럼 보인다. 초자아는 가장 엄격한 도덕적 기준을 자신이 마음대로 할 수 있는 무기력한 자아에게 적용한다. 일반적으로 초자아는 도덕적인 주장을 대표한다. 우리는 우리의 도덕적인 죄책감이 자아와 초자아 사이의 긴장의 표현임을 깨닫는다."

프로이트는 "몇 달이 지난 뒤 모든 도덕적 혼란이 끝나고 초자아의 비판이 잠잠해지면 자아는 회복되고 다음 공격이 있을 때까지 인간의 모든 권리들을 다시 즐긴다"고 말한다. "그것은 하나님이 우리 안에 깊이 심어 준 것이라고들 여기는 도덕을 관찰할 수 있는 가장 주목할 만한 경험으로, 이 경험은 주기적으로 나타나는 현상이다."[31] 실제로 프로이트는 틀리지 않았다. 오늘날 우리는 우울증 환자들이 종종 병리학적인 죄책감, 때로 실제로는 범하지 않은 상상의 행위에 대한 죄책감에 시달린다는 사실을 알고 있다. 예를 들면 어떤 우울증 환자는 자신이 부정적인 감정을 가지고 있던 나이 어린 동생과 사별했을 수도 있다. 그럴 경우 마치 환자 자신이 동생의 죽음을 초래한 것 같은 죄책감이 정서적 질병을 앓는 동안 표면화되지만, 회복될 때 사라져 버릴 수 있다.

프로이트는 자신의 관찰을 아픈 사람으로부터 건강한 사람에게까지 넓혔다. 루이스가 그랬듯이, 그는 모든 사람에게 나타나는 것으로 보이는 '죄책감'에 주목했다. 그러나 그는 보편적 도덕률을 믿지 않았기 때문에, 조직화된 종교와 윤리적 교훈의 기원을 추적함으로써 죄를 설명하는 대안적 이론을 체계적으로 세웠다. 프로이트는 원시인들은 씨족 단위로 살았으며 그 씨족의 표상이나 상징(즉 토템)으로 섬기는 동물을 가졌다는 것을 보여 주는 인류학자들의 발견물을 잘 알고 있었다. 이러한 원시 부족들에게는 "토템을 죽이지 말 것이며 같은 토템족 여자와 성관계를 가지지 말라" 등의 금기가 있었다. 프로이트는 "인간은 원래 무리를 지어 살았으며 이 무리 각각은 단 한 명의 강력하고 포악하며 질투심에 가득 찬 남자의 지배 하에 있었다"는 찰스 다윈의 '추측'에 대해 알고 있었다.

《토템과 터부》의 유명한 구절에서 프로이트는 자신이 '환상'을 보았다고 설명했다. "원초적인 무리의 아버지는 무제한의 힘을 가진 독재자였기 때문에 모든 여자들을 자기 소유로 삼았다. 그는 경쟁자가 될 수 있는 위험한 아들들을 죽이거나 내쫓아 버렸다. 그런데 하루는 아들들이 함께 와서 그들의 적이자 또한 이상이기도 한 아버지를 살해하고 게걸스레 먹었다." 프로이트는 이러한 아버지 살해에서 "인간의 죄의식(혹은 '원죄')이 싹트게 되었고 종교와 윤리적 제약이 시작"되었다고 상상했다. 요한복음을 바꾸어 말한 파우스트를 인용하여 프로이트는 "태초에 그 행위(the Deed)가 있었다"라고 썼다.

프로이트는 그 씨족 구성원들은 최초의 아버지 자리에 토템—일반적으로 동물—을 두었고 마침내 "두려워하고 증오하면서도 동시에 숭배하며 선망한 최초의 아버지는 하나님의 원형이 되었다"고 추측함으로써 자신의 이론을 발전시켰다. 프로이트는 "토템 축제는 무시무시한 행위를 기념하는 것"이었으며 이러한 "토템 만찬은 거의 왜곡되지 않은 채 기독교의 성찬식 형태로 남아 있다"[32]고 주장했다. 부친 살해 행위에 대한 죄책감이 한 세대에서 다음 세대로 전해졌는데, 이것이 모든 사람들 사이에서 관찰되는 '죄책감'을 설명해 준다고 한다. 프로이트에 의하면, 사람들이 죄의식을 느끼는 것은 도덕률을 깨뜨렸기 때문이 아니라 최초의 아버지 살해에 대한 죄책감을 물려받았기 때문이다.

이러한 연구를 인간의 역사를 다시 쓰고자 하는 비범하고 대담한 시도라고 봐야 할지, 아니면 단지 터무니없는 공상이라고 봐야 할지는 우리의 세계관에 달려 있다. 그렇지만 프로이트는 자신의 설명에 문제가 있음을 깨달았다. 만일 최초의 아버지 살해가 모든 윤리적 제약의 출발점이며 양심을 이러한 윤리적 제약의 내재화로 정의하는 게 옳다면, 아버지를 살해한 아들들은 죄의식이 없었을 것이다. 왜냐하면 그들에게는 아직 양심이 발달되지 않았기 때문이다.

루이스도 프로이트의 가설 속에서 이러한 결함을 발견하고는 이렇게 지적했다. "도덕적인 경험을 무언가 다른 것으로 바꾸고자 하는 사람들은, 자신들이 설명하고자 애쓰는 바로 그 사항을 미리 전제해 놓고 논의를 시작한다. 예컨대 어떤 유명한 정신분석가는 선사 시대의 부친 살해에서 도덕적인 경험의 유래를 찾고 있다. 만약 부친 살해가 죄책감을 불러일으켰다면, 그것은 인간이 그런 짓을 저지르지 말았어야만 했다고 느낀 탓이다. 그런 느낌이 없었다면 죄책감도 생기지 않았을 것이다."[33]

프로이트는 의미를 바꾸어 대응한다. 그는 아버지를 죽인 아들들이 죄책감이 아니라 '양심의 가책'을 느꼈다고 말한다. 《문명과 불만》에서 그는 다음과 같이 설명한다. "사람이 나쁜 짓을 범한 후에 죄책감을 가질 때 그 감정은 양심의 가책이라고 부르는 게 더 적절할 것이다. 그것은 이미 저질러진 어떤 행위에만 관련이 있다. 물론 양심의 가책은 그 행위가 발생하기 전에 이미 양심— 죄책감을 느낄 준비가 되어 있는—이 존재하고 있음을 전제하고 있다. 그러므로 이러한 종류의 양심의 가책은 양심과 죄책감의 기원을 발견하는 데 결코 도움이 되지 않는다."[34] 그리고 나서 프로이트는 질문을 던진다. "만일 양심과 죄책감이 우리가 전제한 바와 같이 그 행위(부친 살해) 이전에 존재하지 않았다면…… 이 경우 이 양심의 가책은 어디에서 왔는가?" 그리고 답한다. "이 양심의 가책은 아버지를 향해 느낀 최초의 양가감정의 결과이다. 아들들은 아버지를 증오했다. 그러나 그를 사랑하기도 했다. 그들의 증오가 공격적인 행동을 통해 충족된 후, 그들의 사랑은 그 행위에 대한 양심의 가책으로 모든 면에 걸쳐 떠올랐다." 그 다음에 이렇게 덧붙인다. "이 경우가 죄책감의 비밀을 우리에게 설명해 주며 난점(難點)을 종식시켰다는 것은 의심의 여지가 없다."[35]

만일 우리가 여기서 프로이트의 추론에 대해 계속해서 곤란을 겪는다면, 우리는 같은 곤란을 겪는 프로이트의 전기 작가들과 프로이트 자신을 만나게 된다. 프로이트는 《토템과 터부》의 집필을 끝낸 후 곧 자신의 결론에 의심을 표명했다. "나는 그 저술에 대해 원래 가졌던 높은 자부심에서 아주 많이 돌아섰으며 지금은 그 전반적인 내용에 대해 비판적이다"[36]라고 여러 동료들에게 편지를 썼다. 프로이트는 책에 대한 부정적 반응을 두려워했는데, 그 예감이 맞았다. 그 책은 "프로이트의 개인적인 환상의 또 다른 예로서 완전한 불신"에 부딪쳤으며 "인류학자들은 연합하여 그의 결론의 가치를 떨어뜨리고 그가 인류학적 증거를 제대로 이해하지 못했다고 주장했다."[37]

설상가상으로 프로이트의 전체 가설─혹은 그가 표현하듯이 그의 '비전'─은 역사 이전의 원시인들이 군거(群居) 생활을 했으며 일부다처의 포악하고 독점적인 남성에게 지배당했다는 다윈의 추측에 근거를 두었는데, 더 나아간 연구는 이 가설을 뒷받침하는 데 실패했다. 게다가 프로이트의 이론은 획득된 성격(죄책감)이 한 세대에서 다음 세대로 전해질 수 있다는, 현대의 유전학조차 불신하는 관념에 의존하고 있다.

왜 프로이트는 이처럼 자신도 신뢰할 수 없는 내용을 저술했는가? 단지 추측할 수 있을 뿐이다. 피터 게이는 《토템과 터부》에 있는 프로이트의 논변들을 지배하는 충동이 부분적으로 그의 숨겨진 삶에서 나왔다는 추론은 아주 그럴 듯하다. 어떤 면에서 그 책은 아버지 야콥 프로이트와의 결코 끝나지 않은 씨름 시합 한 판을 표현한다"고 썼다. 게이는 또한, 프로이트 자신이 "공상과학 책을 출판하고" 있음을 깨달았다고 말한다.[38] 만일 실제로 프로이트가 여전히 인생의 최초 권위와 '씨름' 하고 있었다면, 그는 궁극적 권위라는 관념과도 씨름하고 있었는지도 모를 일이지 않은가? 그는 '법칙 제정자' 가 존재하지 않는다는 사실을 증명하고 또한 도전할 필요에 의해 몰리고 있었던 건 아닌가? 프로이트는 한 동료에게 자신의 글이 "우리와 모든 광적인 신앙 사이를 날카롭게 구별하는 데 이바지할 것"[39]이라고 썼다.

프로이트는 도덕적 진리는 인간적인 원인으로 생겨났으며 이 진리를 하나님 덕분으로 돌리는 것은 현명하지 않고 "위험스러운" 일이라고 주장했다. 그는 "종교가 강조하고자 하는 윤리적 요구 외에 또다른 근거가 제시될 필요가 있다. 왜냐하면 윤리적 요구가 인간 사회에 필요불가결하지만 윤리적 요구에 따르는 이유가 종교적 신앙심 때문이라면 위험하기 때문이다"[40]라고 말했다.

왜 위험한 것인가? 프로이트는 사람들이 지식 수준이 높아짐에 따라 결국에는 종교적 신앙에서 등을 돌릴 것이라고 믿었기 때문이다. 그는 "지식의 보고(寶庫)에 가까이 다가갈 수 있게 됨에 따라 종교적 믿음으로부터 떨어져 나가는 현상이 더욱더 번져 나갈 것이다"라고 썼다. 만일 대중이 하나님을 더 이상 믿지 않는다면, 무엇이 그들에게 도덕적 삶을 살도록 동기를 부여할 것인가? "만일 당신이 이웃을 죽여서는 안 되는 유일한 이유가, 하나님이 그것을 금했고 살인할 경우 이 세상 혹은 다음 세상에서 당신을 혹독하게 처벌할 것이기 때문이라면, 하나님이 존재하지 않으며 그의 처벌을 두려워할 필요가 없다는 사실을 알게 될 때 당신은 틀림없이 이웃을 주저 없이 죽일 것이고 따라서 살인을 금하는 것은 세속적인 힘에 의해서만 가능해질 것이다."[41]

프로이트는 교화된 이기심에 대한 논거를 사회 질서의 근거로 제시했다. 그는 "문명화되어도 교육받은 사람들을 두려워할 필요가 없다"고 주장했는데, 교육받은 사람들이 윤리적인 삶을 사는 이유는 그것이 최선의 이익이 된다고 그들의 이성이 말하고 있기 때문이라는 것이다. (프로이트는 교육받은 독일인들 사이에서 나치가 등장하기 전인 1927년에 이 내용을 썼다.) 그렇지만 그는 "교육받지 않은 많은 대중은 또다른 문제"라고 경고했다. 그들에게는 왜 기본적인 도덕의 가르침을 따라야 하는지 이유를 제시할 필요가 있다는 것이다. 일례로 프로이트는, 만일 대중에게 "자신이 속한 공동체의 생존을 위해" 살인하지 말라고 가르친다면 살인하지 않을 것이라고 믿었다. 그렇지만 이것은 이성보다는 정열이 대중을 지배한다는 그의 강한 확신과 모순되는 듯하다.

프로이트는 이렇게 주장한다. "만일 우리가 다 함께 하나님을 무시해 버리고 각종 규칙과 교훈이 순전히 인간에게서 유래한 것임을 솔직하게 인정한다면 분명히 유익을 얻을 것이다." 그리고 "겉치레만의 거룩함, 계명과 율법의 엄격함과 불변함 모두 상실될 것이다." 사람들이 교육을 많이 받을수록 각종 규칙들이 "자신의 이익을 위하여" 만들어졌음을 알게 되고 따라서 "더 친근한 태도로 이를 수용할 것이다."[42]

루이스는, 도덕률을 무시한다면 사람들이 법칙 제정자를 더더욱 알 수 없게 될 것이라고 믿었다. 무신론을 내던진 후에 루이스는 한 친구에게 보낸 편지에 다음과 같이 썼다. "그리스도께서는 죄 용서를 약속하고 있다네. 그러나 자연법을 알지 못하기 때문에 자신들이 죄를 지었다는 것을 알지 못하는 사람들에게 죄 용서는 무엇이겠는가? 병들었다는 것을 알지 못하면 누가 약을 먹겠는가? 도덕적 상대주의는 우리가 무신론을 다루기 전에 극복해야 할 적이네."[43]

루이스는 도덕률을 무시하는 문화에서는 대속과 구속 같은 성경의 영적 개념들은 거의 의미가 없다고 했다. 위반할 법도 없고 위반자가 그 앞에서 해명해야 하는 법칙 제정자도 없다면, 우리가 그 법을 지키는 데 얼마나 부족한지를 거의 인식할 수 없으며 따라서 용서 혹은 구속이 필요 없게 된다. 도덕률이 존재하며 도덕률을 지키는 데 실패했음을 인식하지 않으면, 우리는 단지 우리 자신을 다른 사람들, 특히 우리보다 더 크게 실패한 사람들과 비교할 뿐이다. 이로써 차례로 교만 혹은 자만, 즉 루이스가 말한 '가장 궁극적인 악'과 '가장 큰 죄'에 이른다. 프로이트는 '이성의 독재'를 세우는 것이 필요하다고 말한 반면, 루이스는 '교만의 독재'를 경고했다.[44]

프로이트는 자신을 다른 사람들과 비교하여 자신이 "대부분의 다른 사람들보다 더 낫다"고 결론 내렸다. 그렇지만 만일 그가 성경의 위대한 두 계명에 따라 비교했다면 자신을 그와 같이 평가하지 못했을 것이다. 그는 공공연히 "이웃을 내 몸과 같이 사랑하는 것"은 어리석고 "불가능하다"고 말했기 때문이다.

프로이트와 루이스는 둘 다 도덕률을 아주 엄밀히 준수하는 사람들—예를 들면 바울 사도—은 그것을 지키기에 자신이 얼마나 부족한지 잘 인식하고 있음을 인정했다. 그러나 프로이트는 이에 대해 루이스와는 전혀 다르게 해석했다. 프로이트는 "덕이 높은 사람일수록" 양심은 더욱더 엄격하며, 따라서 "최악의 죄를 지었다고 자신을 책망하는 사람은 거룩함을 가장 깊이 추구한 사람"이라는 점에 주목했다. 프로이트는 이처럼 개인에게 있는 본능적 만족감의 결핍은 만족의 필요를 더 많이 의식하게 함으로써 죄책감을 더 느끼게 만든다고 설명했다. "성자들이 특히 본능을 만족시키고픈 유혹에 상당한 정도로 노출되어 있다는 점을 고려하면 자신을 죄인이라고 부르는 것이 틀리지는 않다. 잘 알려져 있듯이 유혹은 계속적인 좌절에 의해 증가되는 반면에 유혹을 이따금씩 만족시키면 적어도 당분간은 감소한다."[45]

루이스는 다른 해석을 제시한다. "사람은 더 나아질수록 자기 안에 여전히 남아 있는 악을 더욱더 명확히 이해한다. 반대로 더 나빠질 때는 자신의 악을 점점 더 이해 못하게 된다. 적당히 나쁜 사람은 자신이 아주 좋은 사람이 아니라는 것을 알지만, 철저하게 나쁜 사람은 자신이 아주 좋은 사람이라고 생각한다. 좋은 사람은 선과 악 양자에 대해 알지만 나쁜 사람은 둘 다 모른다." 루이스는 우리가 나쁜 충동과 분투하면 할수록 그것을 더욱 잘 인식하게 되고, 나쁜 충동에 굴복하면 할수록 그것을 점점 더 인식 못 하게 된다고 말한다. 그는 "덕은—심지어 덕을 추구하기만 해도—빛을 주지만, 방탕은 우리를 안개 속에 빠뜨린다"[46]고 쓰고 있다.

프로이트는 자신의 행동을 살펴볼 때 옳고 그름에 대한 자신의 개념이 어디서 유래한 것인지 설명하기가 난감했다. 그는 도덕적인 행동에 동기를 부여하는 자기 내면의 어떤 힘을 인정했다. 명백히, 그의 초자아 이론은 적절한 답을 내놓지 못했다. 그의 공인된 전기 작가이며 동료인 어니스트 존스는 이렇게 썼다. "프로이트 자신은 바로 이 문제—도덕적 태도가 본성의 일부인 것처럼 아주 깊이 뿌리박혀 있다는 사실—때문에 끊임없이 골머리를 앓았다. 그는 올바른 행동 개념에 관해서는 전혀 의심하지 않았다."[47]

프로이트는 퍼트남 박사에게 보낸 편지에서 다음과 같이 썼다. "왜 나는 항상 훌륭하게 처신하고 다른 사람들을 용서할 준비가 되어 있고 어디서나 가능한 한 친절할 준비가 되어 있는지 나 자신에게 묻는다면, 그리고 내가 계속 그렇게 행동할 경우 잔인하고 신뢰할 수 없는 사람들 때문에 손해 보고 상처받게 됨을 알면서도 그렇게 행동하기를 포기하지 않는 이유를 스스로에게 묻는다면, 사실상 나는 아무 답도 가지고 있지 않습니다. 사리에 맞지는 않지만 말입니다." 그러고 나서 프로이트는 자기 속을 들여다보면 도덕률의 증거가 나타난다는 점을 인정했다. 그는 퍼트남에게 "이상을 향한 원동력이 우리 체질의 본질을 이룬다는 당신의 견해를 지지하기 위해 내 경우를 예로 들 수 있겠지요"라고 고백했다.

그러나 프로이트는 여건이 허락되면 사람들을 도덕적으로 행동하게 하는 동인(動因)에 "지극히 당연한 심리학적인 설명"을 자신이 발견할 수 있을 것이라고 덧붙인 뒤, 이렇게 결론지었다. "그러나 말씀드렸듯이, 나는 그에 관해 아무것도 모르겠습니다. 왜 나는— 그리고 나의 여섯 자녀들도— 철저히 품위 있는 사람이어야 하는지를 정말 이해할 수 없습니다.[48]

아마도 프로이트의 인생이 그의 말보다 이를 더 잘 증명할 것이다. 프로이트가 깨달은 자기 내면의 '철저히 품위를 갖추고자' 하는 '충동'은, 바울 사도의 말대로 "율법이 그들의 마음에 기록되었다"는 사실을 보여 주는 명백한 증거일 것이다. 아니면 몇몇 과학자들이 최근에 주장했듯이, '품위를 갖추고자' 하는 이 '충동'은 신의 도움 없이 유전자 풀(gene pool : 동종 개체군을 이루는 개체들이 가지고 있는 유전자 전체 – 편집자)에 들어간 일종의 적응 메커니즘일 것이다.[49]

루이스와 프로이트는 둘 다 도덕률에 복종하려 했는데, 프로이트는 자기 행동을 다른 사람과 비교 평가하여 자신이 "대다수의 다른 사람들보다 더 낫다"고 결론지었다. 루이스는 자기 행동을 도덕률이 요구하는 바와 비교했고, "나 자신의 성격에 무시무시한 것들"이 있음을 발견하고 "질겁했다." 이로 인해 그는 자신이 외부의 도움을 필요로 한다는 사실을 깨닫게 되었고, 이 깨달음은 그가 무신론을 버리고 영적 세계관으로 이행하는 많은 단계 중의 하나가 되었다.

4. 위대한 변화

실재에 이르는 길은 어느 것인가?

루이스와 프로이트 둘 다 영적 세계관에 관한 한 이 질문이 가장 중요하다는 데 동의한다. 영적 세계관은 참인가?

프로이트는 종교적 신앙의 "동화 같은 이야기"를 기꺼이 받아들이는 것은 사람에게 위로를 가져다줄 수도 있음을 인정했다. 그러나 종국에는 그것이 어려움을 만들어 낼 뿐이라고 강조했다. "그 위로는 전혀 신뢰할 만한 가치가 없다. 세상은 놀이방이 아니라는 것을 경험이 우리에게 가르쳐 준다."[1] 이 지적은 또다른 중요한 질문을 던진다. 종교적 신앙은 유익한가? 영적 세계관은 역기능을 하는가, 아니면 순기능을 하는가? 또한 지구상에서 사는 날들을 더 의미 있게 해 주는 자원을 공급하는가?

프로이트는 영적 세계관은 참이 아니기 때문에 도움이 될 수 없다고 주장한다. 그러나 루이스는 가장 중요한 실재는 우리를 창조한 존재와의 관계에 달려 있으며 그 관계가 확립되기 전까지는 어떠한 성취와 부와 명예도 우리를 만족시키지 못할 것이라고 주장한다. 과연 누가 옳은가? 이 저명한 두 지식인의 논변과 삶을 좀더 살펴보기 전에 루이스에게 일어난 세계관의 변화를 되짚어 보자. 이 변화로부터 배울 점이 있는가?

세계관의 변화는 루이스의 나이 31세에 찾아왔다. 이 변화는 그의 삶에 대변혁을 일으켰고, 그의 정신에 목적과 의미를 불어넣었으며, 그의 생산성을 극적으로 증대시켰다. 이 변화로 그의 가치관과 자아상 및 다른 사람들과의 관계가 근본적으로 변했다. 이 경험은 루이스를 이전의 삶에서 완전히 **돌아서게** 했을 뿐 아니라 **밖으로** 향하게—자기 자신에게 초점을 맞춘 상태에서 벗어나 다른 사람들에게 초점을 맞추는 방향으로—하였다.

그의 기질도 변했다. 회심(回心) 전과 후의 그를 아는 사람들은 그가 내적 고요함과 평온함으로 더 안정되었다고 말한다. 낙천적인 명랑함이 그의 염세주의와 절망을 대체하였다. 죽기 전 마지막 며칠 동안 루이스와 함께 있었던 사람들은 그의 '명랑함'과 '평온함'에 대해 말했다.

루이스는 이러한 경험을 "나의 회심"이라고 표현했다. 웹스터 사전은 회심을 "종교적 신앙을 확고하고 결정적으로 채택하는 것과 관련된 경험"이라고 정의한다. 회심이라는 용어는 성경에 드물게 나타난다. 구약에서 회심은 이스라엘 백성들이 우상숭배로부터 "아브라함과 이삭과 야곱의 아버지"인 참된 하나님에게로 향하는 것을 지칭한다. 신약에서 그것은 "다시 태어남"과 동의어이다. 요한복음 3장에서 예수는 니고데모라는 유대 관원에게 "사람이 거듭나지 아니하면 하나님 나라를 볼 수 없다"고 말한다. 혼란스러운 니고데모가 거듭남을 경험하기 위해 사람이 어떻게 모태에 다시 들어갈 수 있느냐고 물을 때, 예수는 두 번째 탄생은 육체적인 것이 아니라 '영적인 것'이라고 설명한다. 사람이 육체적 탄생으로 부모와의 관계를 시작하듯이 영적인 탄생으로 창조자와의 관계를 시작한다는 것이다.

최근 갤럽 조사에 의하면 미국인 열 명 중 여덟 명 정도가 인격적인 하나님에 대한 신앙을 고백하며 그 중 절반 정도가 회심 체험이 있다고 보고하고 있다.[2] 바울 사도, 어거스틴, 블레즈 파스칼, 조너선 에드워즈, 데이비드 리빙스턴, 도로시 데이, 레오 톨스토이에서부터 말콤 머거리지, 엘드리지 클리버, 찰스 콜슨과 같은 현대 작가들에 이르기까지 많은 탁월한 사람들이 자신의 저술에서 자기 인생을 근본적으로 바꾸어 놓은 영적 체험을 묘사하고 있다. 이러한 사람들의 인생에서 중요한 부분을 이해하기 위해서는, 회심의 과정에 대해 알 필요가 있다. 회심은 어떻게 일어나는가? 각 개인에게 실제로 무슨 일이 일어나는가? 정신의학자로서 나는 이러한 체험에 대해 오랫동안 임상적 관심을 가져 왔다.

프로이트는 회심 체험에 대해, 특히 그것이 영적 세계관에 대한 통찰력의 기초를 형성한다는 주장에 의심을 표명했다. 유명한 찬송가 '나 같은 죄인 살리신'(Amazing Grace)에서 존 뉴턴은 회심 후에 "전에는 내가 눈멀었으나 이제는 봅니다"라고 썼다. 한때 노예상인이었던 뉴턴은 윌리엄 윌버포스와 함께 대영제국의 노예제도를 폐지하는 데 큰 영향을 끼친 인물이 되었는데, 그가 이 찬송가를 프로이트가 태어나기 50년 전쯤에 썼기 때문에 프로이트도 이 곡을 알고 있었을 것이다. 프로이트는 만일 회심 체험이 영적으로 '보는' 데 필요하다면 이러한 체험을 하지 않은 모든 사람들은 어떻게 된 것인지 의아해했다. 그는 "만일 종교적 교리상의 진리가 내적 경험에 의존한다면, 이러한 드문 체험을 하지 않은 많은 사람들에게 무엇을 해 줄 수 있는가?"[3]라고 묻는다. 다른 말로 하면, 프로이트는 "나에게 무엇을 해 줄 수 있는가?"라고 묻는 것이다.

프로이트는 자신이 알고 숭배하는 사람들이 이러한 내적 체험을 경험했을 경우 그 사실을 인정한 것 같다. 일례로, 그는 가까운 친구이자 기독교 신자인 오스카 피스터에게는 자기 기만의 가능성, 즉 환상을 품을 가능성에 대해 결코 묻지 않는다. 그리고 프로이트는 그가 자주 인용하고 '위대한 사상가'로 분류하는 바울 사도의 유명한 회심 체험에 대해 거의 언급하지 않는다. "나는 항상 바울 사도를 참된 유대인으로 생각하며 특별한 교감을 느낀다. 그는 역사의 빛 속에 서 있는 유일한 사람이 아닌가?"[4]

바울은 자신의 체험—아마 모든 회심 중에 가장 극적이고 유명한 체험—을 사도행전 22장에서 묘사하고 있다. "가다가, 정오 때쯤에…… 갑자기 하늘로부터 큰 빛이 나를 둘러 비추었습니다. 나는 땅바닥에 엎어졌는데…… 소리가 들려 왔습니다."(6-7절·표준새번역판) 만일 하나님이 존재하지 않는다는 프로이트의 가정에서 바라본다면, 바울의 체험은 정신병리학, 즉 시각적이고 청각적 환각의 경우로 설명될 수 있을 뿐이다. 실제로, 그의 회심 체험을 일시적인 측두엽 간질로 알려진 발작 장애라고 말하는 현대 신경학자들도 있다.

1927년에 발행된 한 인터뷰에서 프로이트는 내세에 대해 믿지 않으며 관심도 없다고 말했다. 이에 대해 한 미국인 의사가 프로이트에게 자신의 경험을 편지로 썼다. "하나님은 성경이 하나님의 말씀이고 예수 그리스도에 관한 가르침이 참되며 예수는 우리의 유일한 소망이라는 것을 내 영혼에 분명하게 알려 주셨습니다. 그러한 명백한 계시를 경험한 후에 나는 성경을 하나님의 말씀으로, 그리고 예수 그리스도를 나의 개인적인 구세주로 받아들였습니다. 그 이후 하나님은 내게 전혀 오류가 없는 많은 증거들로 자신을 계시하셨습니다. ……나는 같은 의사인 당신이 이 가장 중요한 문제를 생각해 보기를 간절히 바랍니다. 만일 당신이 마음을 열고 이 문제를 자세히 살피면 하나님께서 당신의 영혼에 **진리**를 계시하시리라 확신합니다." 이에 프로이트는 이렇게 답장을 썼다. "하나님은 나를 위해서 그렇게 많은 일을 하지 않았습니다. 그는 내가 내적인 소리를 듣도록 결코 허락하지 않았습니다. 그리고 내 나이에 비추어 보건대, 그가 서두르지 않는다면 내가 인생의 마지막 때에 지금의 나, 즉 '신앙심 없는 유대인'으로 남아 있게 될지라도 이는 내 잘못이 아닐 것입니다."

그 후 바로 프로이트는 "종교적 체험"이라는 제목으로 논문을 썼는데[5], 여기서 그는 그 미국인 의사의 체험을 분석하여 그가 '환각성 정신이상'을 겪고 있다고 결론지었다. 프로이트는 이 사례가 "회심 일반에 관한 심리학을 조금이라도 조명"할지 궁금해했다. 그리고 이것이 '결코' '모든 경우의 회심'을 설명하지는 않는다는 점을 인정했다. 어쩌면 바울 사도 같은 사람을 향한 프로이트의 태도는, 이러한 체험들 중 어떤 것은 참될 수 있고 다른 것은 병적일 수 있다는 암묵적인 인정일 수 있다. 아니면 이는 단지 영적 세계관에 대한 프로이트의 뿌리 깊은 양가감정에서 비롯된 내적 모순 중의 하나일 수도 있다.

프로이트의 영향을 강하게 받은 정신의학 분야는, 비교적 최근까지 사람의 영적 차원을 무시하며 모든 신앙을 "신경증적으로 내린 결정" "환상" "어린 시절의 소망의 투사" "환각성 정신이상" 등으로 간단히 처리해 버리는 경향이 있다.[6] 그렇지만 지난 수년간 의사들은 점점 더 환자들의 영적 차원을 이해하는 것이 중요함을 인정해 왔다. 2000년 5월에 개최된 미국 정신의학협회 연례회의에서 적어도 열세 개의 의사록(議事錄)이 영적 주제에 초점을 맞추고 있는데, 이 회의는 이 협회 역사상 영적 문제를 가장 많이 다룬 회의였다.

여러 해 전에 나는 하버드 대학교 학부생을 대상으로 '종교적 회심'이라고 부르는 경험을 한 학생들을 조사하는 연구 과제를 수행했다. 나는 회심한 학생들뿐 아니라 회심 전과 후의 그들에 대해 아는 사람들을 인터뷰했다. 그들의 회심 체험은 고립되고 파괴적인 병적 상태의 표현이었을까, 아니면 적응력 있고 건설적인 것이었을까? 그 체험이 순기능을 일으켰을까, 아니면 역기능을 일으켰을까? 〈미국 정신의학〉지에 실린 연구 결과를 보면, 각 실험대상자는 "마약, 알코올, 담배를 갑자기 끊는 생활양식의 근본적인 변화를 포함하여 자아의 기능이 현저히 향상되었음을 보여 주었다. 즉 순결이나 충실한 결혼을 요구하는 엄격한 성 규범을 받아들였고, 충동 조절 능력이 개선되었으며, 학습 능력이 증진되었고, 자아상이 향상되었으며 내면의 감정에 더욱 관심을 가지게 되었고, '친밀하고 만족스러운 관계'를 만드는 능력도 생겼다. 자녀의 다소 갑작스럽고 강렬한 종교적 관심에 대해 대부분의 부모들은 처음에 우려를 표명했지만, 학생들은 부모와의 의사소통이 개선되었고, '실존적 절망'이 줄어듦에 따라 정서가 긍정적으로 변화되었으며, 흘러가는 세월에 대한 염려와 죽음에 대한 불안감이 줄었다."[7]

여전히 이러한 체험이 어떻게 일어나는지에 관한 의문은 남아 있다. 무엇이 각 개인에게 이러한 극적인 변화를 불러왔는가? 재능 있고 매우 지적이며 비판적이고 전투적인 무신론자였으며 세계적인 명문 대학교의 존경받는 교수이던 C. S. 루이스는 자신의 무신론과 매우 상충하는 세계관을 어떻게 받아들이게 되었는가? 그의 삶—기질, 동기, 관계, 생산성, 그리고 다름 아닌 인생의 목적—을 그토록 근본적으로 변화시킨 회심의 요인은 무엇인가? 그가 영적 세계관을 기꺼이 받아들였을 뿐 아니라 그것을 새롭게 정의하고 옹호하며 영적 세계관의 '가장 영향력 있는 대변인'으로서 남은 인생을 보내게 한 요인은 무엇인가? 루이스를, 지성적 존재가 우주 너머에 존재할 뿐 아니라 바로 그 존재가 인간의 역사 속으로 들어왔다는 확고한 신념에 이르게 한 요인은 무엇인가?

변화 전의 루이스는 프로이트보다 더 철저한 무신론자였다. 빈 대학생 시절, 프로이트의 무신론은 흔들렸다. 옥스퍼드 대학생 시절, 루이스의 무신론은 결코 흔들리지 않았다. 루이스는 성직자들을 좋아했고 또한 자주 만났다. 그러나 "나는 곰을 좋아하는 것처럼 성직자들을 좋아했지만, 동물원에 별로 가고 싶지 않은 것처럼 교회에 별로 가고 싶지 않았다"라고 쓰고 있다. 그의 인생에 개입할 수도 있는 어떤 궁극적 권위의 개념에 대해서 그는 혐오감을 느꼈다. "영혼의 아무리 내밀한 곳에도 '출입금지'라는 철조망을 쳐 놓을 수 있는 영역은 없었다. 그런데 나는 바로 그런 영역을 원했다. 아무리 작다 해도 '여기는 내 구역이니 아무도 상관 마시오'라고 말할 수 있는 영역을 원했던 것이다." 루이스는 자기 마음속에 하나님이 존재하지 않기를 바라는 뿌리 깊은 소망을 인정했다.

루이스는 한 편지에서, 자기 인생에 일어난 변화는 "매우 단계적이고 지적이었으며 단순하지는 않았다"라고 썼다. 첫째, 벨파스트에서 살던 소년 시절로부터 삼십 초반에 회심하기까지, 그는 주기적으로 어떤 장소나 사람에 대한 강렬한 동경을 느꼈다. 그는 여러 해 동안 그 동경심을 이해하려고 애썼다. 루이스는 자신이 여덟 살 때의 강렬한 갈망이 "불과 몇 년 전에 있었던 일이 아니라 수백 년 전에 있었던 일인 양 불쑥 솟아올랐다"고 회상했다. "물론 그것은 갈망의 감정이었다. 그러나 도대체 무엇을 갈망한단 말인가?"[8] 그런 다음 그 갈망은, 나타날 때처럼 갑자기 사라졌다. "세상은 다시 평범한 곳으로 돌아왔다. 아니, 그때 막 사라져 버린 동경을 향한 동경이 세상을 잠시 휘저어 놓았던 것인지도 모른다. 그 일은 눈 깜짝할 사이에 일어났다. 그러나 그 짧은 순간에 일어난 일이야말로 어떤 의미에서 그때까지 내게 일어났던 그 어떤 일보다 중요했다."

루이스는 이러한 갈망을 "충족되지 않는 갈망, 어떤 만족감보다 그 갈망 자체를 더 갈망하게 만드는 갈망"이라고 묘사했다. "나는 그것을 기쁨이라고 부른다. ……그 '기쁨'을 한번 맛본 사람은 세상의 쾌락을 다 준다고 해도 결코 바꾸려 들지 않을 것이라고 나는 믿는다." 그리고 그는 이 욕구를 소망적 사고와 구별했다. 그는 "그러한 갈망은 그 자체로 소망에 따른 사고(wishful thinking)와 반대되며 그것은 사고에 따른 소망(thoughtful wishing) 같은 것이다"라고 쓰고 있다.

루이스는 이 경험을 "내 인생의 중심 이야기"라고 묘사했지만 어떤 인간관계도 이러한 갈망을 결코 채워줄 수 없으리라는 사실을 나중 깨닫게 되었다. 기쁨은 "바깥에 있는 무언가 다른 것을 가리키는 지시봉" 즉 창조주를 가리키는 표지판이었다. 그의 위대한 변화 후 기쁨의 경험은 "거의 흥미가 없어졌다." 그는 "숲에서 길을 잃었을 때에는 표지판을 찾는 일이 중요한 법"이라고 설명한다. "표지판을 처음 찾은 사람은 '저기 있다'고 소리친다. 그리고 사람들이 모여 그 표지판을 들여다본다. 그러나 마침내 길을 발견해서 몇 마일마다 하나씩 세워져 있는 표지판들을 만나게 되면 더 이상 멈추어 서서 들여다보지 않는다."

루이스의 친구들도 그의 변화에 중요한 역할을 했다. 루이스가 옥스퍼드 대학교의 젊은 시간강사였을 때, 그의 가까운 친구들 몇 명과 그가 숭배하던 사람들이 유물론적 세계관을 거부하고 그의 표현대로라면 "철저한 초자연주의자"가 되었다. 루이스는 그 일이 전혀 "터무니없는 난센스"라고 생각했지만, 자신이 그들에게 "받아들여지는 데"는 아무 위험도 없다고 느꼈다. 그러나 그는 이러한 친구들에게 "버림받은 느낌과 외로움"을 경험했다. 그때 그가 숭배했던 다른 교수, 특히 H. V. V. 다이슨과 J. R. R. 톨킨을 만났다. 이들 둘 다 독실한 신자였으며 루이스의 위대한 변화에 중요한 역할을 하게 되었다. 이러한 사람들이 "사방에서 불쑥불쑥 등장하기 시작했다"고 루이스는 쓰고 있다.

루이스는 자신이 가장 찬미했던 고대와 현대의 모든 저자들—플라톤, 베르길리우스, 단테, 존슨, 스펜서, 밀턴 그리고 조지 맥도널드와

G. K. 체스터턴 같은 현대 작가들—이 영적 세계관을 받아들였다는 사실을 의식하기 시작했다. 그가 읽은 저자들 중 유물론자는 '극소수'인 것 같았다. (확실히 플라톤의 유심론은 체스터턴의 유심론과는 다른 것이었다. 그러나 유물론자와 유심론자로 나누어진 세계에서 플라톤은 후자로 분류될 수밖에 없을 것이다.)

그때 두 사건이 잇달아 발생했다. 첫 번째 사건은, 루이스가 체스터턴의 《영원한 인간》을 읽은 일이었다. 이 책은 루이스에게 깊은 인상을 주었고 루이스는 나중 자신의 저술에서 이 책의 논증을 사용했다. 체스터턴은 다작의 영국 작가로, 저널리스트이며 시인이자 문학비평가였다. 루이스는 군복무 중인 19세 때 처음으로 체스터턴의 책을 만났다. 그는 참호열(제1차 세계대전 중 참호 속 병사들에게서 발생한 전염병-옮긴이)에 걸려 병원에서 회복하는 동안 체스터턴의 수필집을 읽었다. 루이스는 체스터턴이 유심론에 대해 긍정적으로 반응하는 것을 이해할 수 없었다. 루이스는 "내가 염세주의와 무신론의 입장을 가지고 있었고 감상적인 것을 혐오했다는 점을 생각할 때, 체스터턴은 그 어떤 작가보다 내 취향에서 먼 작가라고 할 수 있었다"라고 특별히 언급한 뒤 이렇게 덧붙인다. "아마 신의 섭리가 작용해서…… 이전에 가지고 있던 취향을 뒤엎고 두 정신을 하나로 묶기로 결정한 듯했다."[9]

1963년에 있었던 한 인터뷰에서 루이스는 "현대 저술들 중 내게 가장 큰 영향을 끼친 책은 체스터턴의 《영원한 인간》"이라고 밝혔다.[10] 그는 자서전에서 이렇게 말했다. "나는 내가 어느 방향으로 가고 있는지 알지 못했다. 무릇 건전한 무신론자로 남아 있고자 하는 젊은이는 자기의 독서생활에 매우 주의를 기울여야 하는 법이다."

당초 루이스는 "체스터턴은 현대 작가들을 다 합쳐 놓은 것보다 더 분별력 있는 작가"라고 인정하면서도 자신이 숭배한 대부분의 저자들과 마찬가지로 체스터턴도 신자라는 '결함'이 있다는 사실을 애석해했다.

그 후 '마음에 충격을 준' 두 번째 사건이 발생했다. 옥스퍼드 교수진 중 매우 전투적인 무신론자인 T. D. 웰돈이 어느 날 저녁 루이스의 방에 앉아서 복음서들이 정말 놀라울 정도로 역사적인 신빙성을 갖추고 있다고 말한 것이다. 이 일은 루이스를 매우 심란하게 했다. 루이스는 즉시 그의 말이 의미하는 바를 이해했다. 만일 "이제껏 알아 온 모든 무신론자들 중에 가장 강심장인 이 친구"조차 복음서들이 진실이라고 생각한다면, 내가 설 자리는 어디인가? 나는 어디에 기대야 하는가? "탈출구는 전혀 없는가?"

루이스는 신약성경의 이야기들이 신화, 즉 역사적 사실이 아니라고 생각했다. 그런데 만일 신약의 이야기들이 진실이라면 다른 모든 진리는 그 가치가 없어진다는 사실을 깨달았다. 그렇다면 그의 전 생애가 잘못된 방향을 향하고 있다는 것인가?

루이스는 십대 소년이었을 때 옥스퍼드 대학에 도착한 첫 날 있었던 일을 기억했다. 그는 가방들을 들고 기차역을 떠나, 여러 해 동안 듣고 꿈꿔 온 '전설적인 첨탑들'을 드디어 보는구나 기대하며 걷기 시작했다. 시야가 탁 트인 지역을 향하여 계속 걸었지만 그 위대한 대학교의 흔적조차 볼 수 없었다. 뒤돌아보니 반대편에 있는 장엄한 학교 첨탑들이 보였으며 비로소 자신이 틀린 방향을 향하고 있음을 깨달았다. 루이스는 나중에 자서전에서 "그때는 이 작은 모험담이 어느 정도까지 내 인생을 보여 주는 풍유(諷諭)가 되는지 알

지 못했다"고 썼다.[11]

루이스는 자신의 '적'—존재하지 않기를 필사적으로 원했던 존재—이 가까이 다가오는 것을 느끼기 시작했다고 쓰고 있다. 그는 집요하게 쫓기는 느낌이 들었다. 그가 숭배했던 대부분의 위대한 작가들과 많은 절친한 친구들이 신자였다. "여우가 쫓겨 아무것도 없는 들판을 내달리고 있는데…… 더럽고 지친 몸으로 도망치는 그 뒤를 사냥개들이 바짝 쫓고 있었다. 그 사냥개의 무리에 거의 모든 이들이 (이런저런 방식으로) 끼어들었다." 루이스는 그들이 옳을지도 모른다는 생각이 들었다. 그는 자신의 의지로 "문을 열 수도 있고 계속 닫아 둘" 수도 있음을 깨달았다.

그런 다음 그의 인생을 바꿀 운명적인 결정을 내린다. 마음을 열고 증거를 조사하기로 결정한 것이다. "나는 헤딩턴 힐로 올라가는 버스 이층에 타고 있었다. ……무언가가 나에게 다가오지 못하도록 스스로 막고 있다는 사실, 무언가가 내 안에 들어오지 못하도록 스스로 차단하고 있다는 사실을 알게 된 것이다. ……문을 열 수도 있었고 계속 닫아 둘 수도 있었다. ……이 선택이 너무나 중대해 보였음에도 불구하고, 이상하게도 감정의 동요는 없었다. ……나는 열기로 선택했다. ……나는 마침내 녹기 시작한 눈사람 같은 느낌이 들었다." 그 결정을 내렸을 때 루이스는 필사적으로 만나지 않기를 원했던 '그'의 임재를 느끼기 시작한 것이다.

마침내 루이스는 항복했다. "모들린의 방에 혼자 있을 때, 일만 잠시 놓으면 그토록 피하고 싶어 했던 그분이 꾸준히, 한 치의 양보도 없이 다가오시는 것을 밤마다 느껴야 했던 내 처지를 상상해 보기 바란다. 내가 너무나도 두려워했던 그 일이 마침내 일어나고야

말았다. ……삼위일체 하나님을 부르며…… 하나님이 하나님이시라는 사실을 인정했으며, 무릎을 꿇고 기도했다. 아마 그날 밤의 회심은 온 영국을 통틀어 가장 맥 빠진 회심이자 내키지 않는 회심이었을 것이다."[12]

이러한 변화의 첫 단계를 루이스는 이렇게 설명한다. 그것은 "순전히 유신론을 향한 회심이었다. ……그때까지만 해도 나는 성육신에 대해 아는 바가 전혀 없었다. ……내가 승복한 하나님은 순수히 비인격적인 신이었다." 루이스는 이 하나님과 아무런 인격적 관계를 경험하지 않았으며 때때로 기도할 때 그는 "있지도 않은 주소로 편지를 부치고 있다"고 느꼈다.

우주 너머에 존재하는 지성적 존재를 받아들이지 않으려고 힘을 다해 저항했지만 일단 받아들이자 그는 이 존재가 완전한 항복과 복종을 요구한다고 결론 내렸다. "……그는 오로지 '전부'만을 요구하셨다. ……오직 하나님은 하나님이시기에 나는 그분께 순종해야 했다. ……스스로 있는 분이시기 때문에…… 왜 하나님께 순종해야 하는가 하는 질문에 대한 하나님의 대답은 '나는 있다'인 것이다."

이 시기에 루이스는 신약의 교리들이 혼란스럽다고 표현했다. 그는 "이해되지 않는 것을 믿는" 일이 어렵다고 말했다. 루이스는 또한 복음서 이야기가 현대인의 삶과 어떤 관련을 갖고 있는지 궁금했다. "내가 이해할 수 없었던 것은 '어떻게 이천 년 전 누군가(그가 누구든 간에)의 삶과 죽음이 지금 여기의 우리에게 도움이 될 수 있는가' 하는 문제였다……."[13] 그는 "'속죄' '희생' '어린 양의 피'와 같은 표현들이 어리석지 않으면 놀라운 것"이라는 사실을 알게 되었다. 그는 "구속의 교리 전체가 수수께끼였다"라고 썼다.

그래서 신약을 헬라어로 읽기 시작했다. 철학을 가르친 경험은 상충하는 주장을 가진 "'종교들'의 당황스러운 다양성"을 의식하게 만들었다. 도대체 어느 것이 진리를 담고 있는지 어떻게 알 수 있을까? 그러나 복음서의 신빙성에 관한 '강력한 무신론자' 웰돈의 말이 그의 뇌리에서 떠나지 않았다. 루이스도 신약을 읽으면서 복음서가 신빙성이 있음을 발견하고 충격을 받았다. 루이스는 고대 사본들을 읽는 데 상당한 시간을 보냈으며, 무신론자였을 때 그도 프로이트처럼 신약을 단지 또다른 위대한 신화라고 생각했다. 그는 고대의 신화와 전설들—특히 노르웨이 신화—을 잘 알았으며 그것들에 깊이 감동했었다. 젊은 시절 루이스는 《지그프리트와 신들의 황혼》이라는 책을 만나게 되었는데, 그 책은 여러 해 동안 잊고 있었던 기쁨의 체험에 다시 불을 붙였다. 발데르, 아도니스, 바커스 신화와 같은 많은 신화들은, 성경과 비슷한 이야기들—지상에 내려와 자기 백성을 구하기 위해 죽었다가 다시 부활하는 신에 관한 이야기—을 담고 있었다. 루이스는 항상 신약의 이야기가 이러한 신화들과 같다고 생각했다.

그러나 루이스는 복음서가 재능 있는 고대 작품처럼 상상력이 풍부하지 않다는 사실을 발견했다. 복음서는 분명 주변 이교(異敎) 세계의 풍부한 신화들을 접하지 못한 유대인들이 기술한 것으로, 역사적 사건에 대한 단순한 목격자의 이야기처럼 보였다. "그때는 이미 문학비평에 아주 익숙해진 상태여서 복음서를 단순한 신화로 치부해 버릴 수가 없었다. 복음서에는 신화의 풍미가 전혀 없었다."[14] 그는 복음서가 다른 어떤 문학과도 같지 않다는 점에 주목한다. "신화가 사실이 된다면, 신화가 성육신한다면 바로 이런 형태일 것이다."[15] 《기적》에서 루이스는, 하나님은 때때로 역사 속에서 결국 일어날 일들을 미리 말하기 위해 신화를 사용하신다고 설명한다. "진리는 처음에 신화적인 형태로 나타나며, 그런 다음 요약과 집중의 오랜 과정을 거치면서 마침내 역사로 성육신한다." 루이스는 진리가 역사적인 실재가 됨에 따라 신화보다 더욱 단순, 즉 "무미건조해지며" "많은 이교 신화에 나타나는 상상적인 아름다움과 비교하여 덜 풍부"하다고 느꼈다.[16] 그는 친구인 아서 그리브즈에게 보낸 편지에서 이렇게 말하고 있다. "그리스도의 이야기는 단순하게 말하자면 참된 신화이네. 다른 신화들과 마찬가지 방식으로 우리에게 영향을 미치는 신화이지만, 실제로 일어난 일이라는 점에서 엄청난 차이가 있지."[17]

그는 복음서의 양식과 내용 둘 다에 주목했다. "이제 문학사가로서 나는, 복음서가 어쨌든 전설은 아니라는 사실을 완전하게 확신한다. 나는 수많은 전설(신화)을 읽었는데, 확실히 복음서는 이와 같은 종류의 것이 아니다. 복음서는 전설이 될 만큼 충분히 예술적이지 않다. 상상력의 관점에서 볼 때 복음서는 서투르며 그다지 상상력이 풍부하지 않다. ……예수의 삶 대부분은 우리에게 전혀 알려져 있지 않다. ……전설을 창조해 내는 어느 누구도 그토록 알려지지 않도록 방치하지는 않을 것이다."[18]

복음서의 중심 인물에 대한 루이스의 개념이 변하기 시작했다. 무신론자로서 루이스는, 나사렛 예수를 '유대 철학자' 혹은 또다른 위대한 도덕적 스승으로 간단히 처리해 버렸다. 그러나 이제 그는 이 인물을 다른 관점으로 보기 시작했다. "……플라톤이 묘사한 소크라테스나 보스웰(1742-95 : 영국의 전기 작가로 친구인 존슨 박사의 전기를 썼다 - 옮긴이)이 묘사한 존슨 박사만큼이나 오랜 세월이 지나도록 생생하고 눈에 띄는 인간인 동시에…… 이 세계 너머의 빛으로 빛나는 신성한 신이었다. 그런데 그 하나의 신—이제는 더 이상 다신론자가 아니므로—이 정말 있다면, 그 신은 단지 하나의 신이 아니라 하나님일 것이다. 모든 시대를 통틀어 이 지점에서만, 오직 이 지점에서만 신화는 사실이 된 것이 틀림없다. '말씀'이 육신이 되었다. 하나님이 인간이 되셨다."[19]

　루이스는 예수가 자신에 대해 유일무이한 주장, 만일 참이라면 그가 단순히 위대한 도덕적 스승일 가능성은 배제하는 주장을 했음을 깨닫기 시작했다. 첫째, 루이스는 예수가 자신이 메시아라는, 하나님이라는 "소름이 오싹 돋는 주장"을 했다고 지적한다. 그는 예수 그리스도의 말을 인용한다. "나는 독생자이신 하나님이며…… 아브라함이 나기 전부터 내가 있었다."(요한복음 1 : 18, 8 : 58 참조) 루이스는 이렇게 말한다. "……그리고 '나는 있다'라는 말이 히브리어로 무엇이었는지 기억하라. 그것은 하나님의 이름이었으며, 어떤 인간도 이 이름을 말해서는 안 되며, 말할 경우 죽임당하는 이름이었다."[20] 문헌학자로서 루이스는 그리스도를 '창조된' (created)이 아니라 '태어난'(begotten)이라고 언급한 신약의 구절에 초점을 맞춘다. 루이스는 "낳는다(beget)는 것은 아버지가 된다는 뜻이고, 창조한다(creat)는 것은 만든다는 뜻이다. ……하나님은 하나님을 낳는다. 사람이 사람을 낳듯이. 하나님은 하나님을 창조하시지 않는다. 사람이 사람을 창조할 수 없듯이. 그러므로 사람은, 그리스도가 하나님의 아들인 것과 같은 의미로 하나님의 아들이 될 수는 없다."[21]

루이스는 또한 이분이 죄를 용서해 주겠다고, 다른 사람에게 지은 죄를 용서해 주겠다고 주장했음을 발견했다. 루이스는 나중에 이렇게 썼다. "이 말을 한 사람이 하나님이 아니라면, 이야말로 웃음이 나올 정도로 황당무계한 말이 아닐 수 없다. 우리가 알다시피 용서라는 것은 해를 입은 사람이 해를 끼친 사람에게 베푸는 것이다. ……그런데 자기 발을 밟히지도 않았고 자기 돈을 도난당하지도 않았으면서 다른 사람의 발을 밟고 돈을 훔친 당신의 죄를 용서해 주겠노라고 선언하는 사람이 있다면, 과연 어떻게 생각해야 할까?"[22] 프로이트 또한 이 주장의 독특함을 깨닫고 있었던 것 같다. 오스카 피스터에게 보낸 한 편지에서 프로이트는 이렇게 말한다. "만일 내가 환자에게 '나 지그문트 프로이트 교수는 당신의 죄를 용서합니다'라고 말한다면, 이는 나 자신을 바보로 만드는 말이겠지!"[23]

자신이 메시아이며 죄를 용서한다는 예수의 주장은, 그가 단순히 위대한 도덕적 스승일 가능성을 배제한다고 루이스는 말한다. 이 점에서 그는 체스터턴의 영향을 받았다. 《영원한 인간》에서 체스터턴은 어떤 위대한 도덕적 스승―모하메드, 미가, 말라기, 공자, 플라톤, 모세 혹은 부처―도 자신이 신이라고 주장하지 않았음을 지적한다. "그들 중 어느 누구도 그러한 주장을 한 적이 없었다. ……그리고 위대한 사람일수록 오히려 그와 같은 엄청난 주장을 안 할 것 같다."[24] 루이스는 체스터턴의 요점을 확장하여 다음과 같이 기술한다. "만일 당신이 부처에게 가서 '당신이 브라마(힌두교 최고의 신―옮긴이)의 아들입니까?'라고 묻는다면, 부처는 '그대는 아직도 환영의 베일에 싸여 있네'라고 답했을 것이다. 만일 소크라테스에게 가서 '당신이 제우스입니까?'라고 묻는다면, 소크라테스는 당신을 비웃을 것이다. 만일 모하메드에게 가서 '당신이 알라입니까?'라고 묻는다면, 모하메드는 먼저 자기 옷을 빌려 준 다음 당신의 목을 베어 버릴 것이다. ……위대한 도덕적 스승이, 그리스도가 말한 바와 같이 자신을 신이라고 말한다는 것은 상상조차 할 수 없다."

자신이 하나님이며 죄를 용서할 권위를 가지고 있다는 예수 그리스도의 주장은 단지 세 가지 가능성 중 하나다. 그가 망상에 사로잡혀 있었거나, 마음속에 있는 어떤 목적을 위해 추종자들을 속이고자 계획적인 시도를 하고 있었거나, 아니면 그가 바로 자신이 주장하는 그 사람일 가능성 말이다. 루이스는 신약의 문헌을 계속 읽으면서, 신약의 증거는 이 사람이 악하거나 정신병적이라는 주장과 반대된다는 체스터턴의 견해에 동의한다. (실제로 정신과 의사는 자신이 하나님이라고 주장하는 사람들을 만난다. 그러나 그들은 하나같이 기능이 심각하게 손상되었고 왜곡된 현실 개념을 가지고 있다.)

루이스가 볼 때 신약성경에 나오는 목격자들의 진술은 정신이상자의 가르침을 반영한다고 할 수 없는 것이었다. "이 사람과 그의 가까운 추종자들의 가르침에 담긴 도덕적 진리가 가장 순수하고 최상의 것임은 모두가 인정한다. ……그 진리는 지혜와 통찰로 가득 차 있으며 사려 분별 있는 정신에서 나온 것이다."[25] 루이스는 가장 널리 읽히는 자신의 책 한 장을 다음과 같이 맺는다. "인간에 불과한 사람이 예수와 같은 주장을 했다면, 그는 결코 위대한 도덕적 스승이 될 수 없다. 그는 정신병자거나, 아니면 지옥의 악마일 것이다. ……당신은 그를 바보로 여겨 입을 틀어막을 수도 있고, 악마로 여겨 침을 뱉고 죽일 수도 있다. 아니면 그의 발 앞에 엎드려 하나님이요 주님으로 부를 수도 있다. 그러나 위대한 인류의 스승이니 어쩌니 하는 선심성 헛소리에는 편승하지 말자. 그는 우리에게 그럴 여지를 주지 않았다. 그에게는 그럴 여지를 줄 생각이 애초부터 없었다."[26]

루이스가 '성육신' 즉 우주의 창조자가 실제로 인간 역사 속으로 들어왔다는 놀라운 확신을 받아들이는 데는 체스터턴이 지대한 영향을 끼쳤다. 체스터턴은 신약의 이야기가 "이러한 신비스러운 조물주가 인간의 몸으로 그의 세계를 방문했음을 큰 목소리로 주장하는 것과 다를 바 없다"라고 기술한다. "그 기록은 실제로, 최근에, 원래는 눈에 안 보이는 이 존재가 바로 역사의 한가운데에서 세상 속으로 걸어 들어왔다고 주장한다. 이 존재에 관해 사상가들은 이론을 만들고 신화학자들은 신화를 후세에 전한다. 이 존재는 세상을 만든 그이다. 매우 고귀한 인격이 모든 것을 초월하여 존재한다는 사실은 실제로 모든 아름다운 전설뿐 아니라 최고의 사상가들에 의해 항상 암시되어 왔다. 그러나 이런 류의 주장은 어떤 전설이나 어떤 사상가들에게서도 암시된 적이 없다. ……대부분의 종교적 예언자가 가장 많이 말한 것은 그가 그러한 존재의 참된 종이라는 것이었다. ……어떤 원시 신화든 가장 많이 암시한 것은 창조자가 창조 시에 있었다는 사실이다. 그러나 그 창조자가 로마제국의 세세한 매일매일의 삶 속에 현존하였다는 사실은 전혀 새로운 이야기다. 그것은 인간이 최초로 명료하게 말하기 시작한 이후 한 말 중 가장 엄청나고 놀라운 진술이다. ……그것은 비교 종교를 단지 무가치하고 허튼 소리로 만든다."[27] '복음'이라는 단어는 좋은 소식을 뜻한다. 체스터턴은 그것이 "너무 좋아서 참일 것 같지 않은 소식"이라고 말한다.

그 소식은, 도덕률을 지키려 애쓰나 실패하고야 마는—루이스가 그랬듯이—절망으로부터 벗어나는 길을 제공하기 때문에 좋은 소식이다. 루이스는 성경을 계속 진지하게 읽으면서 주요한 인물 중 어느 누구도(한 사람만 제외하고) 도덕률을 지키지 못했음을 발견한다. 아담은 자신의 불순종에 대해 이브를 탓했다. 이 불순종이 곧 타락이며 이로 인해 인류는 창조주에게서 분리되고 질병과 죽음이 시작된다. 아브라함은 아내 사라와의 관계에 대해 거짓말을 했다 (두 번이나 사라를 자신의 누이라고 말했다–편집자). 다윗은 간통과 살인을 저질렀으며, 사도 베드로는 예수를 안다는 사실을 부인했다. 이 모든 이야기는, 하나님 외에는 아무도 도덕률을 지킬 수 없다는 점을 납득시킨다. 도덕률 불이행은 하나님에게서 우리를 분리시켰다. 우리 모두 그와 화해하려면 속죄가 필요했다. 신약은 이 화해를 가능케 하기 위해, 즉 우리를 구속하기 위해 하나님이 '독생자'를 보냈음을 확언한다. 죽는 신에 관한 이교 신화들, 히브리어 성서의 예언들, 심지어는 식물의 생장하고 소멸하는 패턴—"그것은 딱딱하고 작고 죽음과 다름없는 곳 속으로 자기를 낮추어 땅에 떨어져야 한다. 그래야만 새 생명이 다시 오른다"[28]—도 이 모두가 창조주 자신이 지상에 내려 와서, 죽고, 다시 살아나는 역사적 순간을 가리킨다는 사실을 루이스는 깨닫기 시작했다. 이 모두가 인간을 타락의 결과로부터 자유롭게 하는 일, 즉 세상을 구속하는 일임을 깨닫기 시작한 것이다. 루이스는 이전에는 "어리석거나 충격적"이라고 여겨졌던 것을 "보기" 시작했다. 수수께끼의 조각들이 함께 맞추어지기 시작했다.

루이스가 무신론자였을 때, 인생의 상당 기간을 옥스퍼드 도서관에서 보낸 탁월한 학자로서 어떻게 신약—역사상 최고로 영향력 있는 작품 중 하나가 신약성경이라는 사실을 고려할 때—을 읽지 않을 수 있었는지 궁금해하는 사람이 있을지도 모른다. 역사상 어느 누구보다도 예수 그리스도에 관한 책이 많고, 로마와 유대 역사가들의 저술에도 예수에 대한 기록이 나오며, 따라서 신약성경이 신화 이상의 가치가 있다는 사실을 루이스도 분명히 알고 있었다. 실제로 서양 역사에서 모든 사건은 그의 탄생 이전 혹은 이후에 발생한 것으로 기록되어 있다. 무신론자로 보낸 세월 동안 자기 안에 "고의적인 무지"가 있었다는 루이스 자신의 표현이 대답의 일부가 될 수 있을 것이다.

1931년 9월 19일 저녁, 루이스는 가까운 친구들인 다이슨과 톨킨을 저녁 식사에 초대했는데 아마 이날이 루이스의 인생에서 가장 의미 있는 날이었을 것이다. 그들은 신화와 비유에 관해 토론하기 시작했다. 식사 후 그들은 아름다운 애디슨 산책로를 따라 옥스퍼드 캠퍼스를 산책했다. 멋진 너도밤나무들 아래로 1.6킬로미터쯤 나 있는 이 길은 꽃이 핀 들판을 가로질러 있는데, 사슴들이 이따금씩 뛰어들곤 했다. 일행은 따스하고 고요한 저녁부터 밤늦도록 이야기를 나누었는데, 루이스가 나중에 회상하듯 갑작스러운 돌풍으로 나뭇잎들이 떨어져 내렸다. 세 사람은 어둠 속에 서서 귀를 기울였다. 아마 이 순간은 루이스에게 상징적인 의미를 던졌을 것이다. 그가 요한복음을 읽고 있었기 때문이다. "바람은 불고 싶은 대로 분다. 너는 그 소리는 듣지만, 어디에서 와서 어디로 가는지는 모른다. 성령으로 태어난 사람은 다 이와 같다."(요한복음 3:8·표준새번역판) 모들린 타워의 시계가 새벽 3시를 알리는 종을 칠 때까지 토론은 계속되었다. 얼마나 늦었는지 깨닫지 못했던 톨킨은 뒤늦게 아내가 기다리는 집으로 서둘러 돌아갔다. 루이스와 다이슨은 남아서 한 시간가량 토론을 이어갔다.

12일 후에 루이스는 그날 있었던 일에 대해 아서 그리브스에게 편지를 썼다. "나는 방금…… 그리스도를 믿기 시작했다네. 나중에 다시 설명하겠네. 다이슨, 톨킨과 함께 밤늦도록 대화한 영향이 크네."[29] 그리고 다른 편지에서 계속해서 이렇게 쓰고 있다. "……나의 회심의 지적인 측면은 단순치가 않아."[30] "인간적인 측면에서 나의 회심에 직접 영향을 끼친 이는 다이슨과 톨킨이야."[31] "회심은 다양한 방식으로 일어나네. 신속하게 대변동을 일으키는 방식(바울 사도나 성 어거스틴, 존 버니언처럼)도 있고 매우 점진적이고 지적인 방식(나 자신의 경우처럼)도 있지."[32]

그런데 이 회심은 정확히 어떻게 일어났을까? 그는 '언제' 그 일이 일어났는지는 알지만 정확히 **'어떻게'** 일어났는지는 모른다고 기술하고 있다. 루이스는 오토바이를 타고 동물원을 향해 가고 있었다. "출발했을 때에는 예수 그리스도가 하나님의 아들이라는 사실을 믿지 않았지만, 동물원에 도착했을 때에는 믿고 있었다. 그렇다고 해서 가는 길에 생각에 잠겼던 것도 아니었고, 격정에 휘말려 있지도 않았다." 그러고는 다소 인상적이면서 익숙한 비유를 사용한다. "그 경험은 마치 오랜 잠에서 깨어난 사람이 여전히 움직이지 않고 침대에 누워 있으면서도 자기가 깨어났다는 사실만큼은 인식하고 있는 것과 아주 흡사했다."

분명히 우리 모두는 거의 매일 어떻게 그러는지 정확히는 모르지만, 잠과 꿈의 비실제적인 세상으로부터 깨어 있는 실제 세상으로 이행하는 것을 경험한다. 루이스가 예수 그리스도를 믿게 된 **때**를 알았듯이 우리는 우리가 깨어난 때를 안다. 어떤 일들—아침 햇살, 자명종 등—이 잠에서 깨어날 때 영향을 끼치는지를 우리가 아는 것과 똑같이, 그는 어떤 사람들과 사건들이 그 과정에 영향을 끼쳤는지를 알았다. 그러나 불신앙에서 신앙으로 변화되는 실제 과정—수면 상태에서 깨어난 상태로 변화되는 과정처럼—이 **어떻게** 일어났는지 그 자세한 이야기는, 자기 생각을 명징하게 표현해 내는 루이스에 의해서조차 묘사되지 않은 채로 남아 있다. 루이스가 일단 '고의적인 무지'를 극복하고 증거를 조사하고자 하는 의식적인 결정을 내린 뒤 자신의 의지를 굴복시키겠다는 두 번째 결정을 내렸을 때, 바로 그제야 그가 불신의 암흑이라고 묘사한 데로부터 실제의 빛 속으로 들어왔다. 잠에서 깨어난 것이다.

루이스는 자신의 회심이 우선 '지적'이었다고 말하면서 관련된 사고 과정에 대해 길고 자세한 묘사를 한다. 루이스는 조심스럽게 설명한다. 동물원으로 향하는 오토바이를 타고 "가는 길에…… 격정에 휘말려 있지도 않았다. 정말 중요한 사건들 중에는 '감정'이라는 말을 절대 쓰지 말아야 하는 경우들이 있는 것 같다."

정신의학자로서 나는 이러한 사건이, 심지어 루이스의 경우라 해도 전적으로 감정에 좌우되지 않았다고 믿기는 어렵다고 본다. 우리는 자신이 생각하는 것보다 더 감정적이며 무엇을 결정하거나 행동할 때 사고가 아니라 감정에 지배될 때가 더 많다. 아마 어린 시절에 겪은 심적 외상(trauma:심리적으로 강한 충격을 받은 상처로서, 의식하지는 못해도 사고와 욕구와 행동에 영향을 미친다 - 옮긴이)의 경험 때문에 루이스는 자신의 감정에 다가가기가 쉽지 않음을 깨달은 것 같다. 그의 자서전에는 이에 대한 상당한 증거가 있다. 예를 들면, 이런 대목이 나온다. "감정 기복이 심한 아버지…… 내가 이 감정의 차이에 명확한 이름을 붙일 수 있을 만큼 자라기 훨씬 전부터 이미 감정이라는 것을 언짢거나 난처한 것으로, 심지어는 위험한 것으로 여겨 일말의 불신 내지는 혐오감을 느끼고 있었다."[33]

그럼에도 불구하고 루이스의 지성은 그의 회심에 확실히 중요한 역할을 하였다. 그는 자신의 지식 부족이 불신의 근거를 형성했음을 깨달았다. 루이스가 변화된 후 바로 쓴 편지에서 설명했듯이, "나를 앞으로 나아가지 못하게 한 것은…… 믿는 것의 어려움이라 기보다는 아는 것의 어려움이었지. …… 무엇인지 알지도 못하는 것을 어떻게 믿을 수 있었겠나?"[34] 신약성경을 읽은 후에야 그는 그 지식을 습득하였고 무엇이 자기 신앙의 기초를 형성했는지를 이해하기 시작했다.

내가 연구한 하버드 학부생들의 회심 경험과 루이스의 변화 사이에는 많은 유사점이 있다. 첫째, 모든 회심이 그러한 경험에 적대적 분위기를 가진 현대의 자유로운 캠퍼스라는 상황에서 일어났다. 둘째, 루이스와 학생들 모두 그들이 존경하던 인물들의 인생에서 자신들의 삶에는 결여된 어떤 특질을 발견했다. 루이스는 이것을 옥스퍼드의 교수들과 위대한 작가들의 삶에서 목격했으며 하버드 학생들은 다른 학생들의 삶에서 관찰했다. 셋째, 루이스와 각 학생들은 마음을 열고 증거를 조사하기 위해 의지적으로 노력했다. 루이스는 신약성경을 헬라어로 읽기 시작했고, 하버드의 학생들은 캠퍼스에 있는 성경공부 모임에 참석했다. 그들은 이 문서의 역사적 신뢰성을 확신하게 되었으며 그 중심 인물인 예수를 이천여 년 전에 죽은 사람이 아닌, 자신에 관해 유일무이한 주장을 한 사람으로서, 그들이 함께 인격적 관계를 맺은 '살아 있는 실재'로서 이해하게 되었다. 넷째, 루이스와 각 학생들은 회심 후에 새로운 신앙이 자신들의 기능(functioning)을 향상시켰다는 사실을 발견했다. 그들은 대인 관계, 자아상, 기질 및 생산성이 긍정적으로 변했다고 진술했다. 루이스와 학생들을 회심 전후로 알고 있던 사람들은 이러한 변화를 목격했다.

이러한 모든 변화들은 심리학적으로 설명될 수 있는가? 루이스와 학생들은 일종의 정서적 좌절을 경험할 수도 있지 않았을까? 만일 프로이트가 루이스를 분석했다면 '강박 신경증'이나 '환각성 정신이상'의 증거를 발견하지 않았을까? 물론 그럴 가능성을 뒷받침할 만한 증거는 없다. 프로이트가 (그리고 오늘날 역동적 경향의 정신과 의사들 대다수가) 이해한 바와 같이, 정서적 질병은 환자들의 삶의 중요한 영역에서 그들의 기능을 심각하게 손상시키는 무의식적 갈등에 의해 일어난다. 정신과 의사들은 그 기능의 손상 정도에 따라 환자의 치료 여부를 결정한다. 만일 프로이트가 루이스를 분석한다면, 루이스에게 기능 장애가 있다고 간단히 처리해 버릴 수 없는 증거들이 있다. 오히려 프로이트는 바울 사도와 자신의 가까운 친구인 오스카 피스터를 칭찬한 것처럼, 루이스를—그의 지성과 문학적 재능을—찬탄했을 것이다. 노련한 임상의로서 프로이트는 루이스가 경험한 변화가 그를 정서적으로 성숙시켰으며 그의 기능을 손상한 것이 아니라 강화했다는 사실을 관찰했을 것이다. 아마 프로이트는, 저명한 정신분석가인 에릭 에릭슨의 말처럼, 루이스같이 영적 변화를 경험하는 사람은 "부모나 선생들보다 항상 더 사려 깊거나 혹은 갑자기 사려 깊게 되어 다른 사람들은 단지 어렴풋이 아는 데도 일생이 걸리는 질문, 즉 살아가면서 타락하는 것을 어떻게 피하는지 그리고 죽을 수밖에 없는 운명 속에서 어떻게 인생에 의미를 부여하는지에 대해 성숙한 방식으로 핵심에 도달한다"[35]고 결론 지었을지도 모른다.

2부

어떻게
살아야
하는가?

5. 행복

인생에서 가장 큰 기쁨의 근원은 무엇인가?

앞의 장들에서는 우리의 인생철학에 관한 질문인 신앙과 불신앙 그리고 이 둘 사이에서 일어나는 변화에 초점을 맞추었다. 그러나 이와 관련된 셀 수 없이 많은 질문이 있다. 신앙과 불신앙은 서로 완전히 구별되는 두 세계관을 반영하며, 따라서 삶과 죽음, 사랑과 이별뿐 아니라 성 문제에 어떻게 대응해야 하는지도 매우 다른 대답을 제시한다. 이러한 질문 각각에 대해 프로이트와 루이스는 매우 조리 있고 명료하게 주로 대립되는 답을 내놓는다.

인생에서 행복보다 더 간절히 바라고 정의하기 어려우며 복잡한 주제도 없을 것이다. 사람들은 저마다 자신을 행복하게 해 주리라고 믿는 것을 얻기 원하며 또 소유하려고 애쓴다. 건강, 매력적인 외모, 이상적인 결혼, 자녀, 안락한 집, 성공, 명성, 경제적 독립 등 행복의 목록은 끝이 없다. 그렇지만 이러한 목표를 획득한 사람 모두가 행복을 발견하는 것은 아니다. 불행은 적어도 행복만큼 널리 퍼져 있는 것 같다. 놀라울 정도로 많은 미국인들이 우울증—불행의 지속적인 형태—으로 시달리고 있으며 상당한 수가 불행을 끝내기 위해 자살하기로 결정한다는 사실은 정신분석가가 아니라도 안다. (미국에서는 해마다 25만 명이 넘는 사람들이 자신의 삶을 끝내려고 시도하며 이 중 약 3만 명이 자살에 성공한다.)

나는 종종 내 과목 수강생들에게 각자의 관찰과 경험으로 볼 때 주위의 학생들이 행복해하는지를 묻는다. 그들의 대답은 늘 '아니요'이다. 나도 그러한 대답에 늘 놀라워한다. 나는 그들에게, 전 세계적으로 비교하여도 대다수 사람들보다 더 많은 것—젊음, 건강, 지능, 풍부한 음식, 의복, 안락한 거처, 교육, 유망한 장래 등—을 소유하고 있지 않으냐고 지적한다. 그러면 대체 그들은 왜 불행을 느끼는가? 전형적인 대답은 '의미 있는 관계의 결핍'이다. 학생들은 주위의 모든 사람들이 성공하고자 하는 욕구에 불타 있는 것 같다고 말한다. 내 학생들에게 동기생들이 무엇을 성공이라고 생각하는지, 그리고 자신이 처한 환경이 조장하는 인생의 목표가 무엇이라고 생각하는지 물으면, 대답은 '부와 명예'이다.

행복이란 무엇인가? 사람들은 행복을 어떻게 정의하는가? 지난날 위대한 정신의 소유자들은 수세기에 걸쳐 인간에게 가장 중요한 경험인 행복을 정의하려고 시도해 왔다. 어떤 철학자들은 행복은 결코 도달할 수 없는, 실체가 없는 목표라고 결론지었다. 유명한 독일의 철학자 쇼펜하우어는 "인간은 결코 행복하지 않지만 자신을 행복하게 해 주리라고 생각하는 것을 얻으려고 애쓰며 전 생애를 보낸다"라고 쓰고 있는데, 그의 저술들은 프로이트에게 영향을 끼쳤다. 그밖에도 행복에 대한 여러 정의는 각각 특정한 인생철학을 반영한다. 프로이트에게 영향을 끼친 또다른 철학자인 프리드리히 니체는 "무엇이 행복인가?"라고 묻고는 이렇게 답한다. "그것은 힘이 증가하고 저항이 극복되는 느낌이다."

프로이트와 루이스는 인간의 경험과 정서를 상당히 정확하게 묘사하는데, 행복에 대해 뚜렷이 서로 다르게 정의한다. 그들의 세계관이 결국 서로 다른 방식으로 행복을 추구하도록 이끌었겠지만, 그렇다고 하여 왜 그들은 행복 그 자체를 다르게 정의하는가? 자세히 살펴보면 프로이트의 행복관은 그의 유물론적 세계관에 뿌리내리고 있으며, 루이스의 정의는 명백히 그의 영적인 삶을 반영한다. 이 둘을 대조하는 것은 정말 흥미진진한 일이다.

현대의 여러 사전을 살펴보면 행복의 개념이 명확하지 않다. 흔한 정의 하나는 행복이 외적 상황에 의해 결정된 상태, 즉 "행운 혹은 좋은 운이 특징으로 나타나는"(《아메리칸 헤리티지 사전》) 상태임을 암시한다. 행복에 대한 또 하나의 정의는 정서적 상태, 느낌, 적극적 감정으로서 예를 들면, "즐겁거나 기쁜 사람의 감정 표현"(《웹스터 대학 사전》) 혹은 "일시적이거나 지속적인 좋은 마음의 상태"(《아메리칸 헤리티지 사전》)로 묘사한다. "행복한"의 동의어로는 "즐거운" "쾌활한" "명랑한" "유쾌한" "기쁜" 등이 나온다. 같은 사전들에서 행복의 반대는 "슬픔"이라고 정의한다. 슬픔은 지속적인 기간 동안 겪게 될 경우 우울증의 주된 증상이 되며, 이는 우리 문화에 가장 널리 퍼져 있는 정서적 질병이다. 최근 연구에 따르면, 전체 미국인 중 약 30퍼센트(7,500만 명 이상)의 사람들에게 일생 동안 우울증이 발병하며 치료를 요한다는 결과가 나왔다. 연구자들은 우울증이 있는 사람들 대부분이 도움을 구하지 않기 때문에 우울증을 겪는 사람의 실제 비율은 이보다 훨씬 더 높을 것이라고 추정한다.[1]

폭넓게 읽히고 인용되는 《문명과 불만》에서 프로이트는, 사람들의 행동을 관찰해 보면 "그들의 삶의 목표와 이유에 대한…… 답은 거의 의심할 여지가 없다. 그들은 행복을 얻으려고 애쓰며 행복을 유지하고 싶어 한다"[2]고 적고 있다. 프로이트는 또한 행복에 비해 "불행을 경험하기가 더 쉽다"는 사실을 깨닫는다. 동의하든 하지 않든 우리 대부분은, 이 지구상에서의 짧은 여행 동안 행복이 삶의 질을 결정하는 데 중요한 역할을 한다는 사실을 인정할 것이다. 또한 우울증에 관한 최근의 연구가 보여 주듯, 대다수 사람들이 적어도 인생의 어느 기간 동안은 행복해하지 않는다는 사실에 동의할 것이다. 프로이트나 루이스가 행복에 대한 우리의 이해를 증진시켜서 삶에서 행복을 더 많이 경험하게 해 줄 수 있을까?

프로이트는 행복을 쾌락, 특히 우리의 성적 욕구를 충족시키는 데서 오는 쾌락과 같다고 본다. "행복은…… 사람의 본능적 소망을 만족시키는지의 문제이다. ……우리가 행복이라고 부르는 것은 엄밀한 의미에서 상당히 저주받아 온 욕구의 충족에서 비롯된다."[3] 그는 "성적(생식기의) 사랑은…… 가장 강한 만족감을 주며…… 모든 행복의 원형이다"라고 부언한다. 프로이트는 이러한 "쾌락의 원칙"이 "시작부터 정신 기관의 작용을 지배한다"고 쓰고 있다.

프로이트는 행복하기가 왜 그렇게 어려운지 여러 이유들을 제시한다. 첫째, 수많은 고통의 근원이 있는데, 이는 곧 질병·노화·자연의 파괴적인 힘 그리고 모든 것 중에서 가장 고통스러운 타인과의 관계 때문이라는 것이다. 둘째, 성적 쾌락을 단지 '일시적인 현상'으로만 경험하기 때문에—즉, 성적 욕구 후에만 어떤 강렬한 상태에 이르기 때문에—짧은 시간 동안만 행복을 경험할 수 있을 뿐이라고 지적한다. 프로이트는 "우리가 그렇게 만들어졌기 때문에 비교로부터만 강렬한 기쁨을 끌어낼 수 있고 사물의 상태 자체로부터는 극히 적은 기쁨을 끌어낼 뿐이다. 이와 같이 행복의 가능성은 이미 우리의 체질에 의해 제한된다"고 설명한다.

게다가 우리의 문화가 본능적인 성적 욕구의 표현을 제한하고 금지하기 때문에 쾌락이 줄어들 수밖에 없고 따라서 행복도 줄어든다는 것이다. 문화적 금기를 깰 때, 모두는 아니더라도 대부분은 죄책감을 경험하고 따라서 행복하지 않다고 느끼게 된다. 부모들이 최초로 우리에게 이러한 사회적 제한을 부과하며 우리는 부모의 사랑을 잃을까 두려워 그러한 제한을 준수한다고 프로이트는 설명한다. 그는 이러한 부모의 권위가 나중에 우리의 양심 즉 초자아에 내면화된다고 말한다.

프로이트는 다음과 같이 비꼬듯이 묻는다. "우리의 문명이 더 이상 금지하지 않는 상태를 상상해 보자. 만일 성적 대상으로 원하는 어떤 여자든지 취할 수 있다면, 만일 주저 없이 사랑의 경쟁자나 앞길을 방해하는 누구라도 죽일 수 있다면, 또한 다른 사람들의 소유물을 물어 보지도 않고 빼앗아 버릴 수 있다면 얼마나 멋지겠는가? 인생은 만족의 연속이지 않겠는가!" 사람들은 누구나 "내가 원하는 것을 원할 것이고, 내가 그를 배려하지 않은 것처럼 그도 나를 배려하지 않을 것이다. 그래서 현실에선 오직 한 사람만이 그러한 제한을 제거함으로써 '제한 없이' 행복하게 될 수 있을 것이다. 그 사람은 모든 권력의 수단을 장악한 독재자일 것이다.”⁴⁾ (그러나 히틀러나 그밖의 독재자들이 과연 행복하다고 느꼈을지는 의문이다.) 그래서 프로이트는 문화라는 것으로 우리의 성적이고 공격적인 본능을 조절하고 서로를 보호하기 위해 이러한 금지가 필요하다는 점에 동의한다. 그러나 이러한 보호를 위해 치르는 대가는 행복을 경험하는 능력의 현저한 감소이다.

프로이트는 불행의 또다른 이유를 설명한다. 성적 사랑은 “강렬한 쾌락이라는 가장 압도적인 경험을 제공하기”⁵⁾ 때문에 사람들은 일차적으로 사랑의 관계 속에서 행복을 찾는 경향이 있다. 그러나 그는 이렇게 경고한다. 누군가가 사랑의 관계 속에서 행복의 주된 원천을 발견하는 데 성공할 때, 그는 “가장 위험한 방식으로 자신이 선택한 사랑의 대상에 의존하게 되고 만일 그 대상에게 거부당하거나 부정(不貞) 또는 죽음을 통해 그 대상을 상실하게 된다면 그는 극도의 고통에 빠지게 된다.”⁶⁾ 어떤 시인이 동의하듯이 “사랑할 때만큼 고통에 무방비한 상태는 없으며, 사랑하는 대상이나 그 사랑을 잃을 때만큼 무기력하게 불행한 경우도 없다.”⁷⁾

프로이트는 ‘본능을 승화’하는 창조적인 작업을 통해 어느 정도 쾌락을 얻을 수 있다는 점을 인정한다. 그러나 “예술가가 창조하는 기쁨, 혹은 과학자가 문제를 해결하거나 진리를 발견하는 기쁨과 같은 종류의 쾌락이나 행복은 자연적이고 원초적인 충동을 만족시킬 때 오는 행복과 비교할 때 덜 자극적이다. 왜냐하면 그것이 우리의 육체까지 전율시키지는 않기 때문이다”⁸⁾라고 말한다. 게다가 모든 사람이 창조적인 일에 관여할 수 있는 것은 아니다. 모든 사람에게 창조적인 재능이 있는 것이 아니기 때문이다.

그럼에도 창조적인 일은 일반적으로 불행의 방향을 다른 데로 돌리는 "강력한 굴절"로 작용할 수 있을 것이라고 프로이트는 설명한다. 그는 볼테르가 《깡디드》에서 정원을 가꾸는 사람에게 충고할 때 이 점을 생각했다고 추측하면서, 그러나 곧바로 주의를 준다. "사람들은 일을 행복에 이르는 길로서는 높이 평가하지 않았다. 다른 데서 만족을 찾으면 일에 힘쓰지 않는다. 대다수 사람들은 일해야 한다는 압박감 때문에 일할 뿐이다." 일은 대다수 사람들에게 행복을 제공하지 못한다는 것이다.

과학과 기술의 발전과 '평균 수명의 연장'도 프로이트 시대에 사람들을 더 행복하게 해 주지 못했다. (우리 시대에도 마찬가지다.) 오히려 프로이트는 이러한 진보가 우리의 불행에 기여했다고 믿는다. "인간은 자연의 힘을 제어할 수 있게 되었고…… 마지막 한 사람에 이르기까지 손쉽게 서로를 멸절시킬 수도 있을 것이다. 이 사실을 알기 때문에 근심, 불행, 불안감이 생기는 것이다."

프로이트는 인생에서 행복을 얻기는 매우 어려워 보이는 반면에 "불행을 경험하기는 그리 어렵지 않다"며 이렇게 설명한다. "우리는 세 방향으로부터 고통의 위협을 받고 있다. 하나는 우리 자신의 몸으로부터 오는 고통이다. 몸은 부패하고 소멸할 운명에 처해 있으며, 그 경고 신호로 고통과 근심이 반드시 따른다. 또 하나는 외부 세계로부터 오는 고통으로, 이것은 압도적이고 무자비하며 파괴적인 힘으로 매우 폭력적일 수 있다. 마지막으로 다른 사람들과의 관계로부터 오는 고통으로, 이 괴로움은 아마도 다른 어떤 것보다 더 고통스러울 것이다."[9]

프로이트는 영적인 자원이 이러한 '근심' '불행' '불안'에서 우리를 자유롭게 해 줄 것이라고 생각하는 많은 사람들을, 상대할 수 없는 부류로 간단히 처리해 버린다. 그는 신앙을 "현실을 환상적으로 재구성함으로써 고통으로부터 보호받고 행복의 확실성을 획득하려는 시도"라고 부르며, "말할 필요도 없이 환상을 공유하는 사람들은 어느 누구도 그것이 환상임을 깨닫지 못한다"[10]고 말한다.

그럼에도 프로이트 또한 어떤 세계관은 불행을 줄여 줄 뿐 아니라 행복의 경험에까지 영향을 끼치기도 한다는 점을 인정한다. 이 점에 관해 자신의 세계관은 제공하는 바가 별로 없다고 말하며 부러움을 나타내기도 한다. 《모세와 유일신 사상》에서 프로이트는 냉소적으로 말한다. "믿음이 거의 없는 우리는 초월적 존재를 확신하는 사람들을 얼마나 부러워하는가? 최선을 다해 애쓰지만 초월적 존재에 대한 우리의 설명이 빈약하고 파편적인 데 비하면, 신자들의 교리는 얼마나 포괄적이고 철저하며 완성도 높은가?"

프로이트는 신자들이 어떻게 처신해야 하는지 안다고 말하는 점을 주목한다. "신적 정신(Divine Spirit)은 인간의 영혼 안에 이 숭고한 이상에 대한 지식과 동시에 그것을 얻으려고 애쓰는 충동을 심어 놓았다." 프로이트는 신자들이 얼마나 이 이상에 따라 잘 사는지 여부가 그들의 정서 상태에 영향을 끼친다는 점을 인정한다. 보편적인 도덕률의 개념을 언급하며 그는 이렇게 말한다. "그들의 정서적 삶은 이상으로부터의 거리로 측정된다. ……말하자면 그들이 그 이상에 가까이 가면 만족감이 커지며, 멀어지면…… 심한 고뇌로 처벌받는다.""이 모든 것은 아주 단순하면서 흔들림 없이 확립되어 있다"고 냉소하고는 이에 덧붙여 말한다. "만일 인생의 어떤 경험이나 자연 관찰을 통해 그러한 초월적 존재를 인정하는 것이 불가능하게 될지라도 우리는 그저 후회할 수밖에 없다." 그리고 프로이트는 이렇게 널리 퍼져 있는 초월적 존재에 대한 믿음이 어디서 "이성과 과학을 압도하는 엄청난 힘을 획득"[11]했는지 궁금해한다. 그는 "인간이 '행복'해야 한다는 취지는 '창조'의 계획 속에 포함되어 있지 않다고 말하고 싶다"[12]라고 결론짓는다.

루이스는 창조 계획 속에는 우리의 행복이 포함되어 있지만 그 계획에 차질이 생겼다고 믿는다. 고통의 대부분은 다른 사람들로부터 오기 때문에—루이스는 우리 고통의 사분의 삼이 이에 속한다고 추정한다—인간이 타인에게 그러한 괴로움을 주게 되는 원인을 찾아볼 필요가 있다. 루이스는 다음과 같이 설명한다. "하나님은 자유의지를 가진 존재를 창조하셨다. 자유의지를 가졌다는 것은 옳은 일을 할 수도 있고 그른 일을 할 수도 있다는 뜻이다. 자유의지를 가졌으면서도 그릇 행할 가능성은 전혀 없는 존재를 상상하는 이들도 있지만, 나로서는 그런 존재를 상상할 수가 없다. 선해질 수 있는 자유가 있다면 악해질 수 있는 자유도 있는 법이다. 악을 가능케 한 것은 바로 이 자유의지이다. 하나님이 더 지적이고 재능 있는 사람을 창조할수록 사랑의 능력과 우주에서 긍정적인 힘이 될 능력이 더욱더 커지지만, 만일 그 사람이 반항할 경우 악을 일으키고 고통을 주고 불행의 원인이 될 능력도 더욱더 커진다. 우리의 먼 조상들은 반역했고 그들의 자유의지를 도덕률을 범하는 데 사용했다. ……그리고 그들 자신의 주인이 되기 위하여…… 또한 하나님을 제쳐 놓고 자신을 위한 일종의 행복을 창안하기 위하여 자유의지를 사용했다."

루이스는 묻는다. "그렇다면 하나님은 왜 인간에게 자유의지를 주셨는가?" 인간이 자유를 사용하여 스스로 그렇게 많은 좌절을 일으키고 다른 사람들에게 그렇게 많은 괴로움을 줄 것을 하나님이 알았다면 도대체 왜 우리에게 선택할 자유를 준 것인가? "악을 가능케 하는 것도 자유의지이지만, 사랑이나 선이나 기쁨에 가치를 부여하는 유일한 것 또한 자유의지이기 때문이다." 자유의지가 없다면 우리는 자동 기계에 불과할 것이며 하나님은 명백히 기계가 아니라 인간과 관계 맺기를 선호하셨기 때문에 자유의지를 준 것이다. 루이스는 다음과 같이 주장한다. "하나님이 가장 고등한 피조물에게 주고자 하시는 행복은 사랑과 즐거움의 절정에서 자유로우면서도 자발적으로 하나님과 연합하며 이웃과 연합하는 데서 생겨나는 행복으로서, 거기에 비하면 지상에서 남녀가 나누는 가장 황홀한 사랑조차 물 탄 우유처럼 싱거울 것이다. 바로 이런 행복을 누리기 위해 인간은 자유로워야 하는 것이다."[13]

루이스는 우리 인생의 으뜸가는 목적―우리가 이 세상에 존재하는 이유―은 우리를 이곳에 자리 잡게 한 분과 관계를 확립하는 것이라고 말한다. 그 관계가 확립되기까지는 행복을 얻으려고 시도하는 모든 노력―인정, 돈, 권력, 완전한 결혼, 이상적인 우정, 인생을 소모하며 추구하는 모든 것―은 항상 부족하며, 결코 그 갈망을 완전히 충족시킬 수도, 공허감을 채울 수도, 잠 못 이루게 하는 원인을 제거할 수도, 우리를 행복하게 할 수도 없을 것이다. 루이스는 이렇게 설명한다. "하나님은 당신 자신을 넣어야 작동할 수 있도록 인간이라는 기계를 만드셨다. 당신 스스로 우리 영혼이 연소시킬 연료가 되고 먹을 음식이 되신 것이다. ……하나님은 하나님 자신과 상관없는 행복이나 평화를 주실 수 없다. 그런 것은 세상에 없기 때문이다. 그런 행복이나 평화는 존재하지 않는다."[14]

루이스는, '성적(생식기의)' 만족이 가장 강한 쾌락을 주며 따라서 그것이 모든 행복의 원형이라는 프로이트의 견해에 동의하지 않는다. 《피고석의 하나님》에서 루이스는, 결혼생활에서도 행복은 성적 연합보다 훨씬 더 많은 다른 것에 달려 있다고 말한다. "두 사람이 오래 지속되는 행복을 이룬다면 그것은 단지 그들이 훌륭한 연인이기 때문이 아니라—거칠게 표현하면—좋은 사람들이기 때문이다. 그들이 절제를 잘하고, 성실하고, 공정하고, 서로 순응할 수 있는 사람들이기 때문이다."

루이스는 또한 우리가 행복을 찾을—미국인들이 말하듯 그것을 추구할—권리를 가지고 있을지라도 행복 그 자체에 대한 권리는 없다고 주장한다. "이것은 행운에 대한 권리가 있다고 말하는 것처럼 내겐 이상하게 들린다. …… 우리는 행복이나 고통의 매우 많은 부분을 우리가 제어할 수 없는 상황에 의존하고 있다. 행복에 대한 권리를 주장하는 것은 키가 180센티미터일 권리나, 백만장자 아버지를 가지거나 소풍 가고 싶을 때면 언제나 좋은 날씨를 누릴 권리를 주장하는 것보다 더 이치에 닿지 않는다."[15]

루이스는 모든 형태의 쾌락·재미·행복·기쁨은 이 모두를 마음껏 즐기라고 주신 하나님으로부터 온다고 믿지만, 이러한 세상적인 즐거움이 결코 우리를 완전하게 만족시켜 주지 않는다고 강조한다. "우리는 풍성한 재미와 얼마간의 황홀감을 누린다." 그러나 그것들은 결코 우리의 열망을 만족시켜 주지 않는다. 하나님은 "우리 모두가 바라는 확고한 행복과 안전"을 보류해 놓으신다. 그렇지 않으면 우리는 이 세상이 우리가 잠시 머물다 지나가는 장소라기보다는 영원히 거할 집이라고 생각할 것이라고 루이스는 말한다. 그는 창조주가 "여행길에 기분 좋은 여관에 들러 원기를 회복하게 해 주시지만, 그 여관을 집으로 착각하게 만드시지는 않는다"[16]라고 쓰고 있다.

루이스는, 세상적인 즐거움과 행복의 원천은 우리가 충분히 즐기도록 하나님이 허용한 것이지만 그것이 인생의 으뜸가는 목적이 될 때 위험을 초래한다고 본다. 그것들은 이 세상을 우리의 영원한 거처로 잘못 생각하게 할 뿐 아니라 우리의 주의를 하나님과의 관계로부터 다른 데로 돌리게 할 수 있기 때문이다. "모든 쾌락과 행복이 본질상 좋은 것이고 이를 즐기기를 하나님도 바라시지만, 하나님과 무관하게 즐긴다거나 심지어 하나님보다 더 선호하는 것은 바라시지 않는다."[17]

루이스는 영적 생활의 근본 원리를 거듭 강조한다. 우리가 하나님과의 관계를 최우선에 두면, 세상적인 사랑과 쾌락을 포함하여 다른 모든 것들이 증대된다. 친구에게 보낸 한 편지에서 루이스는 이렇게 쓰고 있다. "내가 세상에서 가장 소중히 여기는 것보다 하나님을 더 사랑하게 되면, 그것을 지금보다 더욱더 사랑할 수 있게 될 것이네. 반면에 하나님을 희생시키고 하나님 대신 세상에서 가장 소중히 여기는 것을 더 사랑할 때는 오히려 그것을 사랑하지 않게 될 걸세. 가장 중요한 것을 우선시하면 차선의 것은 억압되는 게 아니라 증대되는 거라네."[18]

끝으로 루이스는 한 가지 중요한 사실을 강조했다. 세상의 어떤 쾌락도 우리를 만드신 존재와의 관계를 향한 갈망과 절실한 필요를 만족시키거나 대신할 수 없다는 것이다. 만일 우리를 만드신 분과의 관계를 먼저 구한다면 이를 얻을 뿐 아니라 행복도 넉넉히 얻게 되리라고 루이스는 믿었다. 그러나 행복을 먼저 구한다면 창조주와의 관계는 물론 행복도 얻지 못할 것이다. 루이스는 "돈이 줄 수 있는 가장 큰 즐거움은 돈에 관해 생각할 필요가 없게 되는 상태이듯, 실로 최고의 행복은 행복에 관해 생각하는 것으로부터 우리를 자유케 하는 것"[19]이라고 쓰고 있다.

루이스는 신약성경의 한 구절을 인용한다. "주님께서는 모든 것을 창조하셨고 만물이 주님의 뜻에 의해서 생겨났고 또 존재합니다."(요한계시록 4:11·공동번역판) 또한 루이스는 "본래 우리가 하나님을 사랑하도록 창조된 것이 아니라(그러한 목적으로도 창조되었지만) 하나님이 우리를 사랑하시도록, 그래서 신적인 사랑이 우리 안에서 '즐거워하며' 쉴 수 있도록 창조되었다"는 사실을 깨닫는다. 하나님이 사랑할 수 있는 대상이 되기 위해서는 변화가 필요하다. 불행하거나 고통스러운 어떤 경험은, 우리를 하나님이 사랑하고 즐거움을 발견할 수 있는 존재로 변화시키는 일을 한다.

루이스는 "우리가, 하나님이 아무 거리낌 없이 사랑하실 수 있는 그런 존재가 될 때 비로소 진정으로 행복해질 것이다"[20]라고 기술한다. 그는 우리가 확고하고 지속적인 행복을 바라지만 창조주와의 관계를 무시하고 그것을 찾고자 한다면 우리의 모든 노력들은 좌절될 것임을 거듭 강조한다. 그 이유는 인간이 창조주와의 관계를 위해 창조되었기 때문이다. "하나님이 전체 설계도 안에서 그들을 위해 정해 놓으신 자리가 곧 그들의 자리이다. 그 자리에 도달할 때 비로소 그들의 본성은 완성되고 행복이 찾아온다. 즉 우주의 부러진 뼈가 제자리를 찾고 고뇌가 끝나는 것이다."[21]

루이스는 이렇게 결론짓는다. "하나님은 자신에게 없는 것을 주시는 것이 아니라 있는 것을 주신다. 그는 없는 행복을 주시는 것이 아니라 있는 행복을 주신다. 하나님이 될 것이냐, 피조물의 자리에서 하나님의 선함에 반응함으로써 그의 선함을 공유하며 그를 닮은 존재가 될 것이냐, 아니면 비참한 존재가 될 것이냐, 이 세 가지 중 하나를 우리는 택해야 한다. 우주에서 재배되는 유일한 먹을거리—설사 다른 우주가 있다 해도 거기에서 자랄 수 있는 유일한 먹을거리—를 먹는 법을 배우지 못한다면, 영원히 굶는 수밖에 없다."[22]

ॐ

프로이트의 유물론은 행복을 성취할 수 있는 가능성에 대해 극히 비관적이다. 무신론자였을 때 루이스도 프로이트처럼 염세적이었다. 프로이트가 볼 때, 육체적 쾌락의 본질은 덧없는 것으로 모든 불행을 피할 수 없게 만든다. 프로이트는 미래를 어둡고 불길한 것으로 보았다. 루이스는 회심 후에 낙천적이 되었고 미래를 희망 가득한 것으로 보았다. 둘 중 어느 쪽이 옳았던가? 그들의 자서전은 이 질문 해결에 도움을 준다.

프로이트와 회심 전의 루이스는 편지와 자서전에서 염세적인 생각, 침울함, 유쾌하지 않은 상태에 대해 말한다. 둘 다 인생 초기에 상실을 경험했다. (연구 자료는 인생 초기에 부모나 대리 부모를 잃게 되면 병적 우울증에 걸릴 확률이 높음을 보여 준다.[23]) 프로이트는 종종 자신의 '우울증 발병'에 대해 썼다. 루이스의 친구들은 회심 전 루이스에 대해 '켈트족의 우울'이라고 표현했다.

십대 때 프로이트는 친구 에드워드 실버스타인과 편지를 많이 주고받았다. 실버스타인은 프로이트의 의기소침한 분위기에 대해 직선적으로 말했다. 우울증에 걸린 사람들 대부분이 그렇듯이 프로이트는 자신을 우울증으로 보지 않았으며 그러한 생각에 저항했다. 프로이트는 16세 때 "너는 내 분위기가 우울하고 슬프다고 했는데 그건 나를 제대로 본 게 아니야"라고 썼다. 그는 자신이 정말로 쾌활하고, "방심한 때에만 쓸쓸한 기분에 사로잡혔다"[24]고 주장했다. 그러나 6개월 내에 프로이트는 친구에게 쓴 편지에서 의기소침한 자신을 두고 "비참한 내 인생"이라고 표현했다.

아마도 이 '방심한 때' 중 하나는 프로이트가 실연을 경험한 뒤였을 것이다. 수년 뒤에 기젤라 플루스를 "나의 첫사랑"이라고 지칭하지만, 프로이트가 기젤라를 실제로 얼마나 잘 알았는지 그리고 그 관계의 얼마나 많은 부분이 청년기의 백일몽 속에서 일어났는지에 관한 정보는 거의 없다. 나중에 프로이트는 그녀가 다른 누군가와 결혼한다는 소식을 듣게 된다. 그는 실버스타인에게 편지를 써서 '결혼 축시'라는 제목의 장시[25]를 동봉하여 보냈다. 그 시는 그녀의 목소리를 탐탁지 않게 여기고 그녀에 관해 좋아하지 않았던 점 모두를 언급함으로써 상실의 고통과 슬픔을 극복하려는 시도처럼 보인다. 그러나 아마도 생각 없이 그랬겠지만, 프로이트가 편지와 함께 넣은 그 시의 초안이 적힌 메모를 보면 혼란스럽다. 그 메모에는 "다른 남자의 팔에 안긴 정숙한 신부"에 대해 생각할 때 자신이 얼마나 화나는지를 말하면서, "지독한 절망" "분노가 치밀고 고통이 내 심장을 태운다"라는 표현을 썼다. 자살에 대해 나열한 말들은 우리를 더욱 혼란스럽게 한다. "내게 즉시 청산가리를 달라.

······다섯 방울의 마취제······ 독약······ 아주 하얗고 깨끗한 비소······.” 이것은 그가 나중에 ‘연애 유희’라고 언급한, 그저 과장된 십대 소년의 반응일 수 있다. 그러나 우울증에 빠져 몸부림치는 사람에게는 과장된 반응이 아닐 수 있다.

이십대에 쓴 편지를 보면 자신의 우울증에 대해 쓴 내용이 많이 나온다. 26세 때 그는 약혼녀 마르타 베르나이스에게 보낸 편지에서, 친구들이 “의기소침한 내 기운을 북돋아 주었다”고 말한다.[26] 몇 해 후에 프로이트는 기분 전환을 얻는 다른 수단을 발견한다. 28세 때인 1884년 초에 그는 코카인이라고 불리는 새로운 약을 실험하기 시작했다. 편지들을 보면 그가 그 전 해에 특히 우울했음을 알 수 있다. 1884년 8월에 프로이트는 약혼녀에게 이렇게 쓴다. “지난 열네 달 동안 행복한 날은 단지 3, 4일이었어요. ······결코 젊다고 느껴 보지는 못했지만, 아직은 젊은 인간에겐 너무 적은 날수지요.”[27] 그는 몇 주 전부터 코카인을 복용하기 시작했는데 그것이 우울증을 제거한다는 사실을 발견했다. 편지에서 그는 자신을 “몸속에 코카인이 있는 야만 거인”이라고 칭하고 있다. “지난 번 심한 우울증에 빠져 나는 다시 코카인을 복용했는데 소량이었지만 멋지게 붕 뜬 기분이었습니다.”[28]

여섯 달 후에 그는 마르타에게 보낸 편지에서 그 약을 다시 언급하고 있다. “나는 우울증과 소화불량 때문에 코카인을 아주 조금씩 규칙적으로 복용하는데, 효과가 좋았지요.”[29] 몇 달 후에 그는 한 편지에서 “오늘 당신은 우울한 어조를 그리워하게 될지도 모르겠군요. 파리에서 보낸 내 편지들의 우울한 어조에 익숙해져 있었을 테니까요.”[30]라고 썼다.

물론 약이 프로이트에게 유일한 해결책은 아니었다. 때로 그는 일을 함으로써 기분전환을 했다. 플리스에게 보낸 편지에서 프로이트는 "나는 지적인 영양 섭취를 통해 우울증을 다스렸네"[31]라고 쓰고 있다. 그러나 마음속에는 여전히 염세주의가 남아 있어서 냉소적인 유머를 말했다. 프로이트는 44세 때 플리스에게 쓴 편지에서 "행복의 본질에 관한 새로운 깨달음"에 대해 이야기했다. 즉 "운명이 한꺼번에 위협해 오지 않을 때 우리는 행복하다고 생각해야 한다"[32]는 것이다. 훨씬 뒤에 주치의에게 보낸 편지에서 프로이트는 행복이 얼마나 교묘히 피해 달아나는지를 말했다. "우리가 행복을 이미 손에 쥐었다고 생각하면 행복은 항상 사라져 버리네."[33] 인생이 거의 끝나갈 무렵인 80세에 쓴 편지를 보아도 그는 여전히 침울했다. "난 기분이 좋지 않네. 즐거운 일은 별로 없고, 자기 비판만 더 예민해지고 있어. 나는 이것을 누구에게나 올 수 있는 노년기 우울증으로 진단한다네."[34]

우울증의 특징은 슬픔 외에도 절망감, 무기력감, 죽음에 대한 잦은 생각으로 인한 부정적인 인생 해석, 그리고 미래에 대한 염세적인 견해 등이 있다. 권위 있는 전문가들에 의하면, 부정적인 생각과 염세주의가 우울증을 가진 이들의 특징일 뿐 아니라 실제로 우울증을 일으킨다는 것이다.[35] (어떤 심리 치료, 특히 인지 행동 치료에서는 이러한 부정적인 사고 패턴을 바꾸는 것이 우울증을 치료하는 수단이 된다.) 프로이트는 이러한 우울증의 특징을 모두 보여 주었다. 이제 여기서 그의 강한 부정적인 성향과 극단적인 염세주의에 초점을 맞추어 살펴보고자 한다.

염세주의는 프로이트의 많은 저술에 배어 있다. 그의 동료 칼 아브라함에게 보낸 한 편지에서 프로이트는 이같이 쓰고 있다. "삶은 나를 너무 심하게 압박하네. 나는 이런 말을 거의 하지 않는데, 사람들이 이를 불평과 우울증의 징후로 받아들일 것이기 때문이네." 프로이트가 죽기 약 15년 전에 아브라함에게 보낸 편지에는 죽음에 대한 몰두와 염세주의가 나타난다. "내가 회복 중에 있다고들 하지만, 내 마음 깊숙한 곳에서는 인생의 끝이 가깝다는 비관적인 확신이 든다네. 결코 아물지 않는 상처(턱암 수술의 상처)에서 오는 고통을 겪으면서 이 확신도 커 가고 있네. 삶에 대한 불합리한 사랑과 이보다 더 지각 있는 단념 사이에서 갈등하는, 일종의 노년기 우울증이지……."[36]

프로이트의 염세주의는 그의 편지뿐 아니라 철학적인 저술에도 표현되어 있다. 예를 들면, 칠십대에 쓴 《문명과 불만》에서 프로이트는 지극히 비관적인 결론을 내린다. "인생이 힘들고 기쁨이 없다면, 게다가 너무나 비참하여 죽음만이 우리를 구해 주기를 바랄 수밖에 없다면, 오래 사는 게 뭐가 좋겠는가?"[37]

프로이트는 자신의 세계관과 염세주의 사이의 관계를 인식하고 있는 듯했다. 오스카 피스터에게 보낸 한 편지에서 그는 방어적으로 말했다. "나는 자학하는 사람도 아니고 고집 센 사람도 아닐세. 할 수만 있다면 나도 기꺼이 다른 사람들처럼 살고 인류에게 장밋빛 미래를 보여 주려 할 것이네. 그리고 정말 그렇게 믿는다면, 미래가 훨씬 더 아름답고 위안이 된다는 사실을 발견하겠지. 그러나 이는 진실과 충돌하는 환상(소망 충족)에 불과할 따름이라고 생각하네. 문제는 어떤 믿음이 더 마음에 들거나 더 마음 편하거나 인생에 더 유익한지가 아니라, '무엇이 우리 밖의 당혹스러운 현실에 더 가까이 다가갈 수 있는가' 하는 것이네.……나로서는 염세주의가 결론인 것 같네. 반면에 반대자들의 낙관주의는 선험적인 가정이라고 보네."[38]

프로이트는 자신의 이론과 철학이 건전한 논리에 뿌리내리고 있다고 납득시키려 한다. "다른 사람들은 그들의 이론과 연애 감정으로 살고 있지만, 나는 나의 비관적인 이론과 이성적으로 결혼하기로 결심하였네." 반대자들에 대해서는 이렇게 말한다. "나는 그들이 나의 이 이론으로 나보다 더 큰 행복을 얻기를 바라네." 프로이트는 자신의 세계관이 행복을 약속하는 소망을 거의 제시하지 못했다는 점을 알고 있는 듯했다. 그러나 자신이 이를 해결할 능력은 없다고 느낀 것 같다.

C. S. 루이스도 인생의 전반기 동안 우울증에 시달렸다. 어머니를 여읜 일, 아버지에게 거부당한 일, 첫 기숙학교에서 겪은 교장의 잔인함 등은 모두 그의 우울증에 기여했다. 그의 어린 시절 후반기는 깊은 상실로 인해 슬픔과 불행을 경험한 고통스러운 시기였다. 그레이트 부컴에 머물며 커크패트릭 밑에서 공부하던 15세 무렵에서야 행복 비슷한 것을 경험했다. 친구 그리브즈에게 보낸 편지에서 그는 이렇게 썼다. "내 처지가 참 이상하지. 몰번에서의 끔찍하게 무섭고 비참하고 앞이 캄캄한 상태에서 보통 이상으로 훨씬 더 안락하고 부유한 처지로 갑작스럽게 소용돌이치듯 바뀌었어. 만일 네가 내 현재 상황을 부러워한다면 이 점을 항상 기억해야 해. 수많은 불행의 나날 뒤에는 어떤 보상이 주어질 것이라는 사실 말야. 나는 앞으로는 이와 같은 우울증이 오지 않기를 바라고 있어……."[39]

루이스도 회심 전에는 프로이트와 같은 염세주의와 우울증이 있었다는 상당한 증거가 있다. 루이스는 자서전과 편지와 기타 저술에서 이러한 염세주의에 대해 말한다. 《예기치 못한 기쁨》에서 그는, 자신이 어린아이였을 때 "어른이 된다는 것은 정말 우울한 일이라고 생각했다"고 말한다. 이러한 암울한 전망을 갖게 된 데는 아버지 탓도 있다고 보는데, 그의 아버지는 "어른들의 삶이란 망하지 않을까 끊임없이 걱정하는 일을 천형으로 짊어지고 사는 삶이라고 말씀하셨다."[40] 그래서 일단 학교를 떠났을 때 자기 앞에 닥친 운명에 대한 그의 견해는 "일, 일, 일만 하다 죽게 되리라"였다. 청년 시절에 영적 세계관을 포용하기 어렵게 만든 장애들에 대해서 그는 이렇게 기술한다. "내 신앙에 부정적인 영향을 끼친 요소는 내 속에 깊이 뿌리박혀 있던 염세주의였다. 그 당시 염세주의는 기질의 문제라기보다는 지적인 경향이었다. ……나는 전반적으로 우주라는 것이 썩 내키지 않는 체제…… 위협적이고 살벌한 곳이라는 생각을 확고히 가지고 있었다."[41]

루이스는 여기서 한 가지 구별을 한다. 자신의 염세주의는 정서보다는 사고, 즉 자신이 세상에 대해 생각하고 바라보는 관점에서 생겨났다고 한다. 그렇다면 왜 그는 그렇게 부정적 사고를 가졌는가? 이에 대해 여러 가지 이유―놀이를 하기에는 어려운 신체적 결함과 어머니의 죽음―를 들고 있다. "독자들은 내가 여러 면에서 행운아였음에도 불구하고 아주 어린 시절에 큰 충격을 받았다는 사실에서 내 염세주의의 근원을 찾으려 들 것이다"[42]라고 그는 쓰고 있다.

루이스는 어린 나이에 어떻게 자신의 염세주의가 미래에 대한 모든 전망에 영향을 끼쳤는지를 이렇게 묘사한다. "모든 일은 내가 원하는 대로 되지 않는다고 굳게 믿게 되었다고 말하는 편이 낫겠다.

내가 곧추세우려 하는 것은 구부러진다. 구부리려 하는 것은 팽팽하게 곧추선다. 묶어 놓고 싶은 매듭은 풀린다. 풀고 싶은 매듭은 절대 풀리지 않는다. 그 상황을 말로 묘사하면 우스워질 수밖에 없지만, 지금이야 우습게 보일까 봐 꺼릴 것도 없다. 어른들 눈에는 이런 어릴 적 경험들이 일시적이고 괴상한 것으로 보이지만, 사실은 이런 경험들이 초기 성향, 즉 무엇이 타당하고 무엇이 타당하지 않은지에 대한 일상적인 감각을 형성한다."[43]

청년 시절 루이스는 《사슬에 묶인 로키》라는 제목의 비극을 썼다. 주인공 로키는 (그가 나중에 깨달은 바와 같이) "나 자신을 투사한 인물"이었다. "로키는 불운하게도 스스로 이 불행을 상쇄하려고 내가 동원하기 시작했던 현학적인 교양인의 우월감을 대변하고 있었다."[44] 주인공은 오딘과 맞서게 되었는데, 그 이유는 "세계를 창조하는 것은 잔인무도한 짓이라는 자신의 경고에도 불구하고 오딘이 세상을 창조해 버렸기 때문이다. 왜 피조물들은 자신이 동의하지도 않았는데 존재해야 하는 버거운 짐을 져야 하는가?"

루이스는 자신이 여기서 분노와 염세주의를 표현하고 있다는 것을 깨달았다. "그 당시 나는 많은 무신론자들처럼…… 모순의 소용돌이 속에서 살고 있었다. 나는 신이 존재하지 않는다고 주장했다. 그리고 신이 존재하지 않는다는 데 분개했다. 동시에 신이 세상을 창조했다는 사실에 똑같이 분개했다."[45] 그는 자신이 동의하지도 않았는데 이 세상으로 내보내지고 모든 공포에 노출되었다는 사실에 분개했다. 그때까지 그는 "실재하지 않게 되는 것에 대한 공포, 절멸(絶滅)에 대한 공포"는 전혀 느껴 보지 못했다. 죽음이 아니라 생명이 그를 우울하게 했다. 회심한 후에야 비로소 그는 "참으로

생명이라는 것이 무엇인지, 그것을 놓치면 무엇을 함께 잃게 되는
지 깨닫기 시작"[46]했다.

요컨대, 루이스의 경우는 루크레티우스(Lucretius : BC 1세기에 활
동한 고대 로마의 시인·철학자―옮긴이)에게서 인용한 다음 구절로 요
약되었다.

> 신이 의도를 가지고 세상을 만들었다면
> 이처럼 약하고 흠투성이일 리가 없다.

루이스의 무신론은 그의 염세주의보다 강했는가, 아니면 그 반대
인가? 아니면 그 둘이 서로를 강화하고 북돋웠는가? 전쟁의 공포를
목격한 지 거의 30년 뒤에 쓴 한 편지에서 그는 자신을 염세주의에
이르게 한 개인적인 경험을 나열하면서, 그 경험이 또한 무신론의
기초를 형성했다고 말한다. "나는 어머니를 일찍 여의었고, 학창
시절은 매우 불행했으며, 과거 전쟁의 그림자와 당시의 전쟁을 경
험하면서 존재에 대해 매우 염세적이 되었다. 나의 무신론은 여기
에 뿌리내리고 있었다. 적들의 손에 훨씬 강한 카드가 들려 있는 것
이 실제로 세상이 돌아가는 방식인 듯하다는 내 생각은 여전하다.
전쟁과 혁명 같은 특별한 악은 별문제로 하더라도. '피조물'에 내
재되어 있는 '허무' 즉 생명이 생명을 먹이로 삼고 모든 아름다움
과 행복은 단지 파괴되기 위해 생산된다는 사실, 이것이 내 목구멍
에 걸려 있는 것이었다."[47]

루이스는 인간의 고통에 관한 그의 고전적 작품인《고통의 문제》
에서 회심 전에 자신이 세상을 어떻게 바라보았는지 매우 상세한

그림을 보여 준다. "내가 무신론자였을 때 '왜 하나님을 믿지 않느냐?'는 질문을 받았다면, 대략 이런 식의 대답을 했을 것이다……."

첫째, 우주의 황량함 때문으로, "우주의 대부분이 완전히 어두울 뿐 아니라 상상을 초월할 정도로 추운 빈 공간으로 이루어져 있다. ……모든 형태의 생명체는 서로를 먹이 삼아야만 살 수 있게 되어 있다. ……생물들은 고통을 일으키며 태어나, 고통을 가하며 살다가, 대부분 고통 속에 죽는다……." 둘째, "가장 복잡한 형태의 생물인 인간에게는 이성이라는 또다른 특질이 있어서, 자신의 고통을 예견하게 함으로써 실제 고통이 닥치기도 전에 예리한 정신적 고통을 먼저 겪게 할 뿐 아니라 영원을 간절히 열망하면서도 자신의 죽음을 내다보며 살 수밖에 없게 만들"기 때문이다. 이러한 인간의 역사는 "범죄와 전쟁과 질병과 테러의 기록으로서, 그 사이사이에 끼어 있는 행복이라고 해 봐야 막상 행복을 누리고 있을 때에는 그것을 잃으면 어쩌나 노심초사하게 만든다." 요컨대, "당신이 이런 우주를 자비롭고 전능한 영의 작품으로 믿으라고 한다면, 나는 모든 증거가 오히려 정반대의 결론을 가리키고 있다고 대답하겠다."

가까운 친구들뿐 아니라 대다수 루이스 전기 작가들은 세계관의 변화가 얼마나 뿌리 깊이 그의 삶을 바꾸어 놓았는지, 특히 행복을 경험하는 능력을 얼마나 바꾸어 놓았는지를 강조한다. 변하기 전에 루이스는 "하나님과 기쁨 사이에 그동안 무슨 연관성이 있었는지, 또 앞으로도 그런 연관성이 있을 수 있는지에 대해 어렴풋한 단서조차 얻을 수 없었다." 루이스는 '기쁨'이라는 깊은 갈망이 창조주와의 관계에 대한 욕구였다는 것을 그때까지 깨닫지 못했다. 회심 후에 루이스는 새로 확립된 창조주와의 관계와 풍성하고 새로운 친구 관계 속에서 행복을 발견했다.

우리가 형성하는 관계의 질은 우리의 정서적 건강을 잴 수 있는 아주 공정한 잣대이다. 행복이나 불행은 정서의 반영인 동시에 우리와 다른 사람의 관계에도 영향을 끼친다. 의기소침한 사람은 우울하고 염세적이며 화를 잘 내고 예민하고 절망할 때가 많은, 좋은 관계를 맺기 어려운 특성을 갖고 있다. 이 점은 프로이트의 인간관계가 줄곧 적대적이었다는 사실과, 루이스가 인생 전반기에 친밀한 관계를 맺은 사람이 매우 적었다는 사실을 이해하는 데 도움이 된다. 회심 후에 루이스는 풍성하고 친밀한 우정을 즐겼다. 그는 이렇게 표현했다. "나의 외향성은 믿고 기도하는 일에서부터 형성되기 시작했다. 흔한 표현대로 '나로부터 벗어나게' 된 것이다."[48]

루이스는 친한 친구들과 모닥불 주위에 둘러 앉아 건전한 토론을 하거나 잉글랜드의 시골에서 친구들과 오래 산책하는 일이 그렇게 즐거울 수가 없었다. "서너 명의 오랜 친구들과 헌옷을 입고 함께 도보로 여행하며 작은 카페에서 머물며 보내는 시간, 혹은 누군가의 연구실에서 오밤중까지 앉아 파이프 담배를 물고 맥주나 차를 마시며 난센스 시, 시, 신학, 형이상학을 얘기하는 시간은 나에게 가장 행복한 시간이네. 웃음보다 더 내가 좋아하는 소리는 없네."[49] 친구 그리브즈에게 보낸 다른 편지에서 루이스는 이렇게 쓰고 있다. "세상의 미덕들 중에 가장 훌륭한 것은 우정이지. 우정은 정말로 내 인생을 행복하게 하는 중요한 요소야. 만일 젊은이들에게 살 곳에 관해 조언을 한다면, 나는 '거의 모든 것을 희생하고서라도 친구들 근처에 살게' 하고 말해야 할 것 같네. 이 점에 관한 한 난 참 운도 좋아."[50]

루이스는 결혼생활에서도 형용할 수 없는 행복을 발견했는데, 이는 아내의 죽음에 관해 그가 쓴 《헤아려 본 슬픔》과 그의 아내가 쓴 편지에 가장 잘 드러나 있다. 루이스는 본래 친한 관계가 드물며 조심성 있고 내향적인 사람이었는데, 많은 친구들과 동료들을 둔 품위 있고 외향적인 사람으로 바뀌었다. 루이스를 30년간 알아 온 전기 작가 조지 세이어와, 40년 넘게 절친한 친구였던 오웬 바필드는 변화된 후의 루이스를 이렇게 묘사한다. "그는 유별나게 쾌활했고 거의 소년 같은 즐거움을 삶 속에서 발견했다." 그들은 루이스를 "아주 재미있고 재치가 넘치며 사람들을 즐겁게 하는 친구…… 사려 깊고…… 자신보다 친구들의 행복에 더 관심이 있는 사람"이라고 묘사한다.

왜 그런 변화가 일어났는가? 정신의학자로서 나는 세 가지 요인을 제시한다. 첫째로, 루이스는 성경을 진지하게 읽기 시작함에 따라 자신의 정체성을 확립하는, 즉 자신의 '참된 인격'과 화해하는 새로운 방법을 깨달았기 때문이다. 루이스는 이러한 과정이 창조주와의 관계 속에서 자기 자신을 잃는 과정을 포함한다고 쓰고 있다. "하나님 앞에 자신을 포기하기 전까지는 당신은 참된 자아를 갖지 못할 것이다"라고 그는 말한다. 특히 루이스는 신약성경의 구절인 "나를 위하여 자기 목숨을 잃는 자는 얻으리라"(마태복음 10:39·개역한글판)에 유의했다. 그는 "자신을 찾기 위하여" 내부를 향하는 대신에 외부를 향했다.

둘째로, 아가페―이웃의 최선을 바라고 이를 위해 의지를 행사함으로써 이웃을 사랑하는 것―에 대한 이해가 루이스를 외부로 향하게 했다. 그는 다른 사람들의 필요를 인식하고 그 필요를 채워 주기 위해 의지를 행사하려고 자기 필요로부터 한 걸음 물러서는 능력을 계발했다.

셋째로, 루이스의 새로운 세계관은 인간에 대한 그의 평가를 바꾸었다. 죽음은 더 이상 인생의 끝이 아니며 끝없이 계속되는 책의 첫 장의 마무리일 뿐이었다. 그는 이제 모든 인간이 지구상의 모든 조직과 국가와 문명보다 더 오래 살 것이라고, 영원히 살 것이라고 믿게 되었다. 옥스퍼드에서 행한 연설에서 루이스는 청중에게 "평범한 사람은 아무도 없다"는 사실을 상기시키며 그들을 격려했다. "여러분이 얘기를 나누는 상대가 가장 둔하고 재미없는 사람일지라도 언젠가 다시 그를 보게 되면 열렬하게 숭배하고 싶어지는 인물이 되어 있을 수 있다는 점을 기억하십시오." 그러므로 아무도 "단지 죽을 운명에 처한 존재"와 대화하는 경우는 없다. "우리가 함께 농담하고, 일하고, 결혼하고, 윽박지르고, 이용하는 사람들은 불멸의 존재들입니다. 그들은 불멸의 공포이거나 영원한 광채입니다. ……우리의 이웃은 우리가 인식할 수 있는 대상 중 가장 거룩한 대상입니다."[51]

루이스의 새로운 관점에서 볼 때 인간은 세상의 다른 어떤 존재보다 더 우선되고 중요하다. 이러한 관점은 루이스로 하여금 인생에서 우선순위를 새로 정하지 않을 수 없게 하였다. 첫째가 창조주와의 관계이며, 그 다음이 다른 사람들과의 관계이다. 우선순위를 제대로 지키는 일의 중요성은 그의 여러 저술에 계속해서 나타나는 주제 가운데 하나다.

행복과 야망

명예와 명예욕은 행복과 관련이 있는가? 만일 만족이 행복의 중요한 측면이라면, 인정받지 못하는 것은 유명해지기를 간절히 바라는 사람에게는 불행의 원천이 될 것이다. 명예 자체가 행복의 장애물이라고 암시하는 작가들이 있다. 토머스 제퍼슨은 존 애덤스에게 보낸 편지에서 "그는 어쨌든 세상 사람들이 보잘것없다고 말하는 사람들 중에 가장 행복합니다"라고 썼다.

인정받고자 하는 욕구는 프로이트와 회심 전의 루이스에게 강한 동기가 되었다. 프로이트는 항상 유명해지고 싶은 욕망을 공공연하게 표현했다. 회심 후에 루이스는 유명해지고 싶은 욕구, 즉 다른 사람들에게 널리 알려지고자 하는 욕망은 자신의 인생 전반기에 영적 걸림돌이 되었다는 강한 확신을 나타냈다.

사십대에 프로이트가 자신에 대한 분석을 했을 때 그는 유명해지고 위대한 사람으로 알려지고자 하는 지속적이고 강렬한 욕구를 발견한다. 《꿈의 해석》에서 프로이트는 어린 시절 거듭 반복된 일에 대해 말한다. 그가 태어났을 때 "한 나이든 시골 여자가 어머니에게 훌륭한 사람을 세상에 내보냈다고 예언하자 어머니는 이 첫 아이로 인해 행복해하셨다." 프로이트는 자라면서 이 이야기를 거듭해서 들었는데 이것이 유명해지고자 하는 자신의 갈망에 부분적으로 기여했을 수 있다고 생각했다.

프로이트는 유명해지고자 하는 자신의 욕구와 관련이 있다고 생각하는, 어린 시절에 일어난 두 번째 일을 회상한다. 일곱 살 내지 여덟 살 때 프로이트가 안방에서 사고를 쳤다. 마룻바닥에 오줌을

싼 것이었다. 그의 아버지는 화가 머리끝까지 나서 그가 커서 아무것도 되지 못할 것이라고 말했다. 이 당황스러운 사건은 여러 해 동안 프로이트의 머릿속에서 떠나지 않았고 꿈속에서 반복되었다. 프로이트는 그 일이 "분명 나의 야망에 혹독한 타격이 되었다"고 생각했다. 그는 "꿈속에서 이 사건을 암시하는 장면들이 끊임없이 반복되면서, 규칙적으로 나의 성취와 성공 목록과 연결되었다"는 사실을 발견했다. 명예와 위대함에 대한 바람은 아버지와 세상에게 "어때요, 결국 나는 뭔가 되지 않았습니까?"라고 말하고 싶은 욕망에서 비롯되었을 것이라고 프로이트는 추측했다.

프로이트는 17세 때 친구 에밀 플루스에게 쓴 편지에서, 언젠가는 자신이 유명해질 것임을 암시하면서 받은 편지들을 잘 보관하라고 말했다. "친구로서 충고하는데, 내 편지들을 잘 간수하고 묶어서 보관하도록 해. 앞으로 어떻게 될지 누가 알아?"[52]

그로부터 약 12년 후 프로이트는 자신이 언젠가는 유명해질 것이라고 다시 곰곰이 생각하면서, 미래의 전기 작가들을 좌절시키리라고 생각하는 결정을 내렸다. 약혼녀에게 보낸 편지에서 프로이트는 "나는 방금, 아직 태어나지 않은 한 부류의 사람들이 매우 통탄할 만한 결심을 실행했습니다. 그들이 누구를 가리키는지 상상이 안 갈 테니 말해 주지요. 바로 나의 전기 작가들입니다"라고 쓰고는, 이렇게 설명했다. "나는 지난 14년간 쓴 모든 일기장, 편지, 과학적 연구 기록들과 내가 발표한 논문 원고들을 다 없애 버렸어요. 단지 가족의 편지들만 남았습니다. 물론 사랑하는 그대가 보낸 편지들은 절대 안전해요."

프로이트는 이십대에 이미, 사람들이 언젠가는 자신에 관해 저술하고 싶어 할 것이라고 확신하고 있었던 것 같다. "전기 작가들을 약 올릴까요? 그 사람들의 작업을 너무 쉽게 만들지 맙시다. 전기 작가들이 '프로이트가 영웅이 되리라는 예상'이 역시 맞았다는 사실을 깨닫게 합시다. 지금 나는 그들이 어찌할 바를 몰라 갈팡질팡하는 상상을 즐기고 있답니다." 프로이트가 없애 버리고자 한 논문들은 어떤 내용을 담고 있었을까? 그는 그 논문들이 "세상 일반에 관한 내 모든 생각과 느낌 그리고 특히 세상이 나와 어떤 관련이 있는지"를 포함하고 있다고 쓴 것 외에는 일일이 열거하지 않았다. "누군가 내 옛날 논문들을 손에 넣을까 봐 불안한 생각을 떨치기 전에는 여기서 떠날 수도, 죽을 수도 없겠지요."[53]

그의 동료 중 하나가 성공하여 인정받게 되었을 때 프로이트는 그를 "위대한 발명을 한 위대한 사람"이라고 말했지만, 이어서 "음, 이 사람이 나보다 먼저 명예를 얻다니"[54]라며 유감을 표했다.

오십대가 되었을 때 프로이트는 다른 사람들이 자기를 어떻게 생각하든 신경 쓰지 않는 듯이 보였다. 그는 "다른 사람들이 하는 말에는 이제 관심이 없네"라고 동료 페렌치(Sándor Ferrenczi)에게 보낸 편지에 썼다. 그는 명예가 부정적인 영향을 끼칠 수 있다는 점을 깨달은 것 같았다. "정신분석에 대한 연구가 진행 중인 지금 우리가 이 연구에서 유익을 얻기보다는, 나중에 더 많은 감사를 받고 사후에 명예를 얻게 될 것이네."[55] 페렌치에게 보낸 다른 편지에서 프로이트는 자신이 명예를 갈망했을 수도 있지만 그것을 누린 적이 있는지 의심스럽다고 말했다. "분명 나는 어떤 보상이나 명예를 기대하기 때문에 일하지는 않네. 인간성에서 배은망덕은 피할 수 없다고 보기 때문에 나중에 내 아이들에게서도 아무것도 기대하지 않을 걸세."[56)]

　그럼에도 그는 자신이 충분히 인정받지도 못하고 특히 다른 사람들에게서 비판받는다는 사실 때문에 일생 동안 괴로워했다. 거의 80세에 쓴 자서전에서 프로이트는 자신이 유명해지는 데 오래 걸린 이유에 대해 약혼녀를 탓하는 다소 이상한 이야기를 하고 있다. 학창 시절과, 빈에 정착하여 개업하게 된 이야기를 쓰고 나서 그는 갑자기 이런 말을 덧붙인다. "이 시점에서 약간 뒤로 돌아가 내가 일찍이 그 젊은 나이에 유명해지지 않은 것이 왜 약혼녀 탓인지를 설명하겠다." 프로이트는 "메르크에게서 당시 별로 알려지지 않은 알칼로이드 코카인을" 얻었고, 그 약에 관한 연구를 시작했다. "내가 약혼녀와 떨어져 생활한 지 2년이 되었을 때 그녀를 찾아갈 기회가 생겼다." 그녀를 만나러 떠나기 전에 프로이트는 한 친구에게 눈과 관련하여 코카인의 "마취시키는 특질"을 연구해 보라고 제안했다. 그 결과 프로이트가 아닌 다른 사람이, "작은 수술을 할 때 매우 중요시되어 온, (코카인을 이용한) 국부 마취 발견자"가 되었다. "그러나 내 연구가 방해를 받았다고 해서 내 약혼녀에게 어떤 원한이 있는 것은 아니다."

　같은 책에서 프로이트는, 자신의 연구를 조롱하고 자신이 받아야 마땅하다고 느꼈던 인정을 지연시킨 사람들에 대한 쓰라린 감정을 표현하고 있다. "독일 과학은 그 대표적인 인물들을 자랑스러워할 이유가 없다. 그들이 보여 준, 정도를 넘어선 오만함과 논리에 대한 파렴치한 경멸과 거친 공격성 그리고 나쁜 취미에 대해 변명의 여지가 없을 것이다." 세월이 흐른 뒤 "이러한 감정을 다스리지 못하고 여전히 지니고 있는 것은 유치"할 수 있다는 점을 프로이트는 인정하면서도, "그럴지라도 그 일은 깊은 상처를 주었다"[57]고 덧붙인다.

1917년에 프로이트는 노벨상 후보로 지명되었지만 상을 받지는 못했다. 그는 그해 일기에 "노벨상 수상 불발"이라고 적었다. 그는 분명히 훗날 노벨상 받기를 희망했다. 그러나 1930년에 "노벨상은 확실히 물 건너 갔다"[58]라고 일기에 적고 있다.

C. S. 루이스도 유명해지기를 꿈꿨다. 그러나 변화되기 전에만 그랬다. 1941년에 쓴 수필에서 그는 "성공, 명예, 사랑 같은 것들에 대한 꿈"[59]을 언급한다. "나는 꿈이 수십 가지였다. ……현명한 것들을 말하는 꿈…… 전투하는 꿈, 그리고 세상이 내가 얼마나 탁월한 사람인지를 인정하게 되는 꿈." 변화되기 전 루이스는 잉글랜드의 엘리트 기숙학교와 명문 대학교를 다닌 학생들 속에 자라난 속물 근성에다 교만과 오만 모두를 품고 있었다. 그의 일기와 자서전과 편지에서 이에 대해 명백히 쓰고 있다. 루이스는 학창 시절 경험에 대해 "나는 그렇게 경쟁이 치열하고 속물적이며 아부가 판을 치는 집단, 지배계급은 너무나 이기적이고 계급의식에 물들어 있는 한편 프롤레타리아는 아첨에만 능한 집단은 본 적이 없다"라고 말한다.

루이스는 세계관을 바꾸기 직전, 처음으로 자기 자신을 진지하게 탐구하기 시작했다. 그 결과는 극히 실망스러운 것이었다. "그 결과는 경악스러웠다. 정욕의 우리, 야망의 도가니였다"라고 《예기치 못한 기쁨》에서 고백하고 있다. 이것이 아마도 자신의 외부 세계에 도움을 요청할 필요를 깨닫는 계기가 된 것 같다. 자신이 변화되던 해에 그는 친구 그리브즈에게 이런 편지를 쓴다. "나 자신의 성격에 관한 우스꽝스럽고 소름끼치는 사실을 발견하게 되었지. …… 갑자기 떠오르는 생각을 살펴보면, 삼분의 일은 나 자신을 찬양하는 내용이야. ……나는, 이를테면 하루 종일 거울 앞에서 자세를 취하고 있는 나 자신을 발견하지. 내가 지도할 학생에게 (물론 그의 유익을 위해) 말할 내용을 주의 깊게 생각해 내는데, 그러면 갑자기 내가 얼마나 영리하게 말할 것인지 그리고 그 학생이 나를 어떻게 숭배할 것인지를 그려 보네. ……그런 내 모습을 깨닫고 스스로 그러한 생각을 멈추게 되면, 또 그렇게 한 나 자신을 대견스럽게 여긴다네." [60]

변화된 후 그리브즈에게 보낸 다른 편지에서 루이스는 자신의 성향과 관련한 결함, 즉 위대한 작가로 인정받고자 하는 내면의 욕망에 대해 생각해 보았다고 말한다. "작가로서 인정받기를 갈망하는 나의 일면은 참으로 가치 없는 측면이야. 그러나 염려 말게. 하나님이 우리를 버리지 않으셨다면 어떻게 해서든지 그런 측면을 마비시키는 수단을 발견하실 것이네. 만일 우리가 고통을 잘 감당하고 그럼으로써 동료들보다 더 탁월해지고자 하는 욕망을 **영원히** 극복할 수 있다면, 그것은 좋은 일일세. 그렇지 않으면 다른 어떤 형태로 그 욕망의 극복 문제를 다시 대면하게 될 거야. 그리고 솔직히 말해서 치유받은 존재는 모든 고통과 함께 즐거움도 누린다네. 모든 야망을 포기했을 때 사람은 지치고 상처 나 있지만 어느새 참으로 안식하는 마음의 상태에 들어가지." [61]

루이스는 회심 이후 명예를 구하지 않았지만 결국은 얻게 된다. 작가로서 유명해지는 데 신경 쓰지 않고 글쓰기에 전념했을 때, 도리어 잘 썼고 인정받기 시작했다는 사실을 깨달았다. 그래서 그는 종종 되풀이한 자신의 원리, 즉 중요한 것을 먼저 하면 다음 것은 감소되는 게 아니라 증가한다는 원리를 발견해 냈는지도 모른다.

　루이스는 또한 명예나 명예욕은 매우 위험하다는 사실을 발견했다. 명예욕은 다른 사람들보다 더 잘 알려지기 원하는 욕망으로, 그러한 욕망은 교만―"가장 근본적인 악덕이자 가장 궁극적인 악"―의 증거라는 것을 깨달았다. 루이스는 인간 본성에 대해 매우 통찰력 있는 발견을 한다. 그는 "다른 악은, 이를테면 다만 우연히 경쟁적이 되는 반면에 교만은 본성상 원래 경쟁적임"을 깨닫는다. "교만은 단순히 무언가를 가지는 것에 만족하지 못하고, 옆 사람보다 더 가져야만 만족한다." 그는 또한 다음과 같은 사실을 깨닫는다. "세상이 시작된 이래 모든 나라와 가정을 불행하게 만든 주된 원인이 교만이다. ……교만은 사람과 사람 사이의 적대감일 뿐 아니라, 하나님에 대한 적대감이기도 하다." 루이스는 교만을 "영적인 암"이라고 부르면서, "그것은 사랑이나 자족하는 마음, 심지어 상식까지 갉아먹는다"[62] 라고 말한다.

　루이스는 교만에 관한 오해를 풀고자 시도한다.

　첫째, 교만(pride)은 자기 존중 혹은 자기 사랑을 의미하지 않는다. 교만은 남보다 더 우월하다고 느끼는 욕구인 자만을 의미한다. 그는 교만이 어떻게 하나님과 인간의 관계를 훼방하는지를 이렇게 설명한다. "교만한 사람은 항상 눈을 내리깔고 사물과 사람을 본다. 그렇게 내리깔고 보는 한 자기보다 높이 있는 존재는 결코 볼 수 없다."

　둘째, "칭찬받고 즐거워하는 것은 교만이 아니다"라고 설명한다. "선생님이 공부 잘했다고 아이의 등을 두드려 줄 때, 사랑하는 남자가 연인에게 아름답다고 말할 때, 그리스도께서 구원받은 영혼에게 '잘했다'고 말씀하실 때 즐거워하는 것은 당연한 일이다. 이것은 자기가 원래 칭찬받을 만한 사람이라고 생각해서 즐거워하는 것이 아니라, 자기가 즐겁게 해 주고 싶은(그런 마음을 갖는 게 당연한) 대상을 즐겁게 해 주었다는 사실 때문에 즐거워하는 것이기 때문이다." 이에는 전혀 문제가 없다. 문제는 "'그가 즐거워하니까 됐어'라는 생각이 '이런 일을 하다니 나도 참 굉장해'라는 생각으로 바뀔 때 일어난다. 자기 자신에게서 오는 기쁨은 커지고 칭찬에서 오는 기쁨은 줄어들수록 당신의 상태는 악화된다. 그러다가 결국 칭찬은 전혀 개의치 않은 채 오로지 자기 자신만 바라보며 기뻐하는 지경에 이르면, 그야말로 최악의 상태에 빠진 것이다."[63]

유명한 학술 저서인 《실낙원 서문》에서 루이스는, 교만이 어떻게 아담과 이브의 타락의 원인이 되었는지 설명한다. "타락은 단순히 그리고 오로지 불순종—하지 말라고 금한 일을 하는 것—이며 그것은 교만—뽐냄, 자기 위치에 대한 망각, 자신이 하나님이라는 생각—의 결과이다." 루이스는 "밀턴은 《실낙원》 첫 권 바로 첫 줄에서 이 말을 한다. ……그리고 모든 등장인물들은 마치 푸가(fuga: 캐논처럼 동시에 진행하는 여러 선율로 하나의 주제를 체계적으로 모방하여 짜임새를 이루는 음악 양식-옮긴이)의 주제처럼 시 전체에 걸쳐 반복하여 말한다"[64]고 강조한다.

루이스는 회심 이후 교만의 악에 빠지는 위험을 경계했다. 한 편지에서 그는 이렇게 쓰고 있다. "나는 이제 쉰 살이 되었어. 요즘 글을 쓰고 싶은 열의에 빠졌네. 그런데 내가 원래 가졌던 재능이 무엇이든지 간에 그 재능은 점차로 줄어들고 나의 독자들을 예전처럼 즐겁게 하지도 못한다네. ……아마 내가 사악한 질병인 교만에 빠지지 않도록 명예와 재능 둘 다 잃어버리는 게 내 영혼을 위해 가장 유익한 일인가 싶네."[65] 말할 것도 없이 루이스는 그 후 12년간 최고로 인기 있는 책들을 많이 출간했다. 그는 명예도 재능도 잃지 않았다.

๛

이와 같이 염세주의와 야망과 교만에 관해 살펴보는 것은, 회심 후 루이스의 사고방식이 어떻게 변했는지를 이해하는 데 도움이 된다. 그러나 그의 **감정**, 기질, 기분은 어떠한가? 세계관의 변화가 정서를 변화시키는 데도 도움이 되는가? 만일 그렇다면 우울증에 시달리는 사람도 이에 해당하는가?

일류 의학지에 실린 최근의 많은 논문은 세계관이 우울증에 걸린 환자에게 미치는 영향을 연구했다. 그 논문들은 영적 세계관을 가진 환자들이 세속적 세계관을 가진 환자들보다 더 신속하게 치료에 반응한다는 사실을 보여 준다. 또한 영적 확신이 강하면 강할수록 치료에 대한 반응이 더욱더 신속했다는 사실을 보여 준다.[66] 루이스의 세계관을 비판적이고 객관적으로 볼 때, 새롭게 가지게 된 확신은 그의 우울증에 도움이 되었을까? 이 질문에 답하는 가장 효과적인 방법은, 루이스처럼 세계관의 극적 변화를 경험한 하버드 대학생들을 대상으로 이 주제에 관해 연구한 결과를 살펴보는 일일 것 같다.

이른 바 '종교적 회심'을 경험한 학생들을 통해, 나는 이 분야의 많은 사람들이 생각하듯이 이러한 변화가 심각한 내적 갈등을 해결하거나 현실을 도피하려는 덧없는 시도로서 병리학을 반영하는지 여부를 탐구하고 싶었다. 내가 연구한 학생들 중 많은 이들이, 오늘날 많은 사람들이 그렇듯이 우울증으로 고심했었다.

회심을 경험하기 전에 그들은 종종 공허하고 의기소침했다고 했고 그것을 실존적 좌절이라고도 불렀다. 이 울적한 기분은 부분적으로 그들의 사회적 양심과 개인적 도덕성—실제로 어떻게 살고 있는가—사이의 틈과 관련되어 있다. 그들의 젊은 나이로 볼 때 역설적이지만, 많은 학생들이 시간이 흘러감과 노화와 죽음에 대해 고심하는 듯했다. 나이 들어가는 느낌과 인생에서 성취한 것이 거의 없다는 점, 그리고 학생으로서 기생적인 존재로 사는 현실에 대해 체념한 투로 말했다. 그러나 그들이 회심한 후에는 용서의 느낌을 경험했다고 말했다. 이 용서의 느낌은 확실히 자신을 더욱 용납할 수 있게 해 주었으며, 자신이 누구인지에 대한 느낌과 어떠해야 하는지에 대한 생각 사이의 틈에 다리를 놓아 주었고, 앞으로 그러한 틈을 메우는 일을 더 희망적으로 만드는, 자신들 외부에서 공급해 준 자원이었다.

그들이 영적 경험을 했다고 해서 심한 감정 기복에서 완전히 벗어난 것은 아니지만, 이전에는 알지 못했던 '기쁨'을 느꼈고, 이전의 심한 절망 상태와 좌절감이 현저하게 줄어들었다고 말했다. 루이스가 자서전에서 "내 인생의 중심 이야기"였다고 쓴 '기쁨'은 단지 루이스만의 경험이 아니었던 것 같다. 이 학생들이 새롭게 발견한 신앙이, 자신이 무가치하다는 느낌과 관련해서는 도움을 주었는가?

회심 경험은 학생들이 자신을 어떻게 느끼는지 그 느낌까지도 변하게 했는데, 이 변화는 불신자들이 생각할 수 있는 방식인 것 같지는 않다. 새로이 자기 내면을 발견함으로써 그들은 신앙이 요구하는 온전함의 이상에서 자신이 얼마나 동떨어져 있는지를 더욱 예리하게 인식하게 되었다. 이 과정이 자신이 어떤 존재인가 하는 느낌과 어떤 존재여야 한다는 생각 사이의 틈을 넓혀서 회심 전에 겪은 좌절감을 증대시켰을 것이라고 예상하는 이도 있겠지만, 사실은 그 반대였다. 그들은 자신에게 힘을 주고 희망을 새롭게 하고 다른 이들에게 더 마음을 열고 더 관용적이며 더 사랑하게끔 북돋우는, 영적인 자원들에 대해 말했다.

프로이트는 인생에서 지속적인 행복을 발견하리라는 기대를 단념했다. 그는 미래에 낙관적인 사람들에 대해 비이성적이며 "진리와 상충된다"고 생각했다. 프로이트는 평생 '우울증 발병'으로 괴로워하다가 인생의 끝이 다가왔을 때 이런 질문을 던졌다. "인생이 힘들고 기쁨이 없다면, 게다가 너무나 비참하여 죽음만이 우리를 구해 주기를 바랄 수밖에 없다면 오래 산다는 게 뭐가 좋겠는가?"[67] 루이스는 회심 전에는 프로이트의 염세주의를 공유했으나 창조주와의 관계 속에서 근본적으로 새로운 행복을 경험했다. "이 모든 것은 사실이네. '보는 자'는 상상할 수 없는 기쁨과 행복 속으로 나아가는 반면, 세상의 우둔하고 어리석은 눈들은 단지 파괴와 죽음만을 본다네."[68] 《실낙원 서문》에서 루이스는 애디슨의 말을 인용하고 있다. "밀턴을 휘어잡은 위대한 도덕은 가장 보편적이고 가장 유용한 것으로, 하나님의 뜻에 대한 순종은 인간을 행복하게 만들고 불순종은 비참하게 만든다는 것이다."

프로이트의 삶과 회심 전후 루이스의 삶을 살펴볼 때, 우리는 인간의 세계관이 행복을 경험하는 능력에 얼마나 깊은 영향을 끼치는지를 깨닫게 된다. 루이스는 자신의 염세주의와 우울증이 무신론과 밀접하게 관련되어 있었다는 사실을 분명하게 밝혔다. 회심 경험으로 그의 염세주의와 우울과 절망은 기쁨으로 변했고 힘겨운 야망의 짐은 자유와 많은 만족스러운 관계로 바뀌었다.

6. 성(性)

쾌락의 추구가 우리의 유일한 목적인가?

　프로이트와 루이스는 성에 관해 광범위하게 저술하였다. 프로이트는, 사람들의 행동을 보노라면 인생의 목적은 행복이며 "성적(생식기의) 사랑이…… 모든 행복의 원형이다"라고 말했다. 루이스는 이를 강하게 부정했고 더욱 영구적인 행복의 원천은 다른 데 있다고 믿었다. 루이스는 성욕을 충족시키는 것은 식욕을 충족시키는 것처럼 하나님이 주신 많은 쾌락 중 하나에 불과하다고 보았다. 루이스는 프로이트가 성에 너무 집착했다고 생각했다. 프로이트와 루이스는 둘 다 인간의 성이 쾌락의 큰 원천이 될 수 있으며 가장 부드럽고 숭고한 감정을 표현하는 수단일 수 있으나, 동시에 고통과 죽음의 원천일 수도 있다는 점을 깨달았다. 우리는 아동 성추행, 강간과 살인, 성적 접촉으로 전염된 질병으로 인한 죽음에 관한 신문 기사를 빈번히 접하고 있다.

프로이트와 루이스 둘 다 이와 관련한 몇 가지 질문을 놓고 논증을 펼쳤다. 전통적인 도덕 기준은 우리의 정상적이고 자연적인 욕구를 좌절시키는가, 아니면 쾌락을 증가시키는가? 성은 '사랑' '행복'이라는 인간의 복잡한 경험과 어떻게 관련되는가?

성의 생리학·생화학·사회학 및 심리학에 관해 연구하면 할수록, 우리의 문화가 성이라는 강력하고 폭넓게 영향을 미치며 다소 당혹스러운 본능에 빠져 있으며 혼란스러워함을 알 수 있다. 프로이트와 루이스의 저술과 성에 관한 그들의 진술은 위 질문에 어떻게 답할 것인지를 조명해 준다.

✑

프로이트는 말년에 자신의 이론을 가장 잘 발전시킨 마지막 저서 《정신분석학 개요》에서, 성에 관해 발견한 주요 내용을 다음과 같이 요약하였다.[1]

1. 성생활은 사춘기에 시작되는 것이 아니라 출생과 더불어 시작된다.
2. '성'과 '성기'라는 개념은 명확하게 구별해야 한다. 성은 더 광범위한 개념이고 성기와 관련 없는 많은 활동을 포괄한다.
3. 성생활은, 결과적으로 재생산에 기여하는 신체 영역에서 쾌락을 얻는 기능을 포괄한다.

프로이트는 "대중적인 견해에 의하면, 성생활은 본질적으로 자신의 성기를 반대 성의 성기에 접촉하고자 하는 충동에 있다"라고 덧붙인다. 그는 자신의 연구 결과는 "이러한 견해와 모순"되었고 따라서 "경악과 거부를 불러일으켰다"라고 쓰고 있다.

《자서전적 연구》에서 프로이트는 자신의 이론의 발전 단계를 명백하게 제시하고 있다. 그는 '성적'이라는 용어를 애정과 즐거운 감정들을 포함하는, 인간의 거의 모든 상호작용에 적용했다. "먼저, 성은 성기와 그렇게 밀접한 관련성을 갖고 있지 않으며 더 포괄적인 신체의 기능을 가리킨다. 쾌락을 그 목적으로 하며, 재생산이라는 결과는 부수적으로 생겨나는 것이다. …… 성적 충동에는 순전히 애정과 친근함에서 나오는 모든 충동이 포함되는 것으로 여겨지기 때문에, 사람들은 성적 충동을 가리켜 너무도 애매한 표현인 '사랑'이라는 말을 사용한다."[2]

오늘날에도 프로이트가 말하는 넓은 의미의 성에 대한 정의를 이해하지 못함으로 인해, 프로이트의 이론을 격렬하게 반대하고 심각하게 오해하여 부정하는 이들이 많다. 만일 프로이트가 의도하는 바 광의의 기능을 묘사하기 위해 '성'이라는 말보다 덜 자극적인 표현을 사용했다면, 자신을 향한 공격을 피하고 정신분석 분야에서 불필요한 갈등과 긴장을 해소할 수 있었을지도 모른다. 심지어 동료들까지 포함하여 그렇게 많은 이들이 프로이트를 반대한 이유는, 프로이트가 유아기 발달 단계의 초기 경험들—유아가 어머니의 젖을 빠는 경험에서부터 네 살짜리 여아가 아버지를 사랑하는 데에 이르기까지—을 성적이라고 칭했기 때문이다.

그러나 사람들이 '성적'이라는 용어에 반대할수록 프로이트는 더욱더 이 용어 사용을 고집했다. "성이라는 말이 인간의 본성에 대해 굴욕감을 느끼게 하고 기분 상하게 한다고 생각하는 사람이 있다면 좀더 고상한 표현인 '에로스'와 '에로틱'이라는 단어를 사용해도 무방하다"면서, "내가 처음부터 이 표현을 썼더라면 지금과 같은 많은 반대에 부딪히지 않았을지도 모른다"[3]고 하였다.

왜 프로이트는 그렇게 많은 사람들이 다른 용어를 사용하라고 충고했음에도 '성'이라는 용어를 고집했을까? 그의 제자 카를 융이 그 용어 사용을 재고해 보라고 열심히 권했을 때, 프로이트는 '성'이라는 용어의 사용이 사람들에게 영향을 주는 데 더 효과적이라고 생각한다고 말했다. "우리는 어차피 반대를 피할 수 없네. 그렇다면 차라리 사람들을 자극하는 것이 어떻겠는가? 내 입장은 공격이 최상의 방어라는 것일세."[4]

프로이트의 세 가지 주된 연구 결과 중 첫 번째는, 당시의 지배적인 견해인 "성은 사춘기에 시작된다"는 주장과 달리 "성은 출생 때부터 시작된다"고 강하게 주장한다. 프로이트는 "모든 유모들이 아는 바와 같이, 아이들이 성적 감정을 가지고 있다는 사실과 밤에 꾸는 꿈은 백일몽만큼이나 소망 충족에 가깝다는 사실을 발견한 것은 내 운명인 듯하다"[5]고 말한 바 있다. 유모들은 아이들이 성적 감정을 소유하고 있다는 것을 알고 있었을지는 모르나 그 당시 의학에 종사하는 전문인들은 그렇게 생각하지 않았다. 그들은 프로이트의 말에 충격과 혐오감을 드러냈다.

하지만 프로이트가 아이들이 성적 감정을 소유하고 있다고 발표했을 때, 두 살 혹은 세 살짜리 아이가 성에 대해 성인과 같은 개념을 갖고 있다는 의미는 아니었다. 그것은 단지 여러 발달 단계에서 아이들이 신체의 다양한 부분에서 오는 감각적 즐거움을 경험한다는 의미였다. 그는 이러한 단계를 각각 '구순기' '항문기' '남근기'라고 불렀다. 예를 들면, 프로이트는 출생 이후의 발달 단계 동안 유아의 "모든 정신 활동은 입을 통해 몸과 마음의 필요를 충족하는 과제에 집중되어 있다"[6]는 사실을 관찰했다. "출생에 이어 몸의 성감(性感) 발생 부위로 떠오르는 최초의 기관은 입이다. 모든 신체 활동은 무엇보다도 그 부위의 필요를 충족시키는 일에 집중되어 있다." 프로이트는 유아가 식욕이 충족된 뒤에도 빨기를 계속하는 점에 주목했다. 이는 쾌락에 대한 입의 심리적 요구가 존재함을 보여주는 것이었다. 이를 두고 프로이트는 다음과 같이 기술했다. "생리학과 심리학을 혼동해서는 안 된다. 유아가 끈질기게 지속적으로 빠는 것은 유아 발달 초기에 만족에 대한 욕구가 있음을 증명한다. 이는 원래 영양을 섭취하고자 하는 욕구로부터 나왔지만 영양과는 무관하게 쾌락을 얻으려고 애쓰며 그러한 이유로 '성적'이라고 부를 수 있고 또 그래야 한다."[7]

이처럼 프로이트가 볼 때, 입은 최초의 '성감 발생 부위'가 된다. 구순기는 "일반적인 성생활이 우리에게 익숙해지기 전의 오랜 복잡한 과정" 중 첫 번째 단계이다. 이 구순기는, "공격과 배설 기능에서 충족감을 찾기 때문에 항문 사디즘기라고도 일컫는 두 번째 단계"보다 앞선다. 프로이트는 세 번째 단계를 "성생활에 의해 충족되는 최종 단계보다 앞서며 이와 이미 상당히 닮아 있는 단계로서 남근기"[8]라고 불렀다.

이러한 성 발달 단계들을 지나면서 겪는 어려움은, 인성 발달에 영향을 끼칠 수 있으며 그 결과 특정한 성격상의 특성을 띠게 될 수 있다는 점이다. 프로이트는 성격적 특성 가운데 강박적인 질서정연함, 인색함, 완고함을 항문기와 연결지었다. 그 결과 많은 정신분석학의 개념 중 하나가 일상 언어에 침투하게 되었는데, 이러한 특성을 가진 사람을 언급할 때 종종 '항문기 성격'이라고 한다.

프로이트는 41세 때 자기 분석을 하던 중 자신이 어머니를 사랑했으며 아버지를 질투해 왔다는 사실, 즉 오이디푸스 콤플렉스를 발견했다. 그는 한 친구에게 보낸 편지에서 이렇게 말했다. "우리는 오이디푸스 왕의 매력적인 힘을 이해할 수 있네. ……그리스의 오이디푸스 신화는, 누구나 자기 안에 내재해 있으므로 인정하지 않을 수 없는 강박 충동을 포착하고 있네. 이 이야기를 듣는 사람 누구나가 한 번은 환상 속에서 오이디푸스 왕이 되었으나, 현실에서 이러한 환상이 성취될 때는 두려움에 떨며 움찔한다네……."[9]

임상 작업의 초기에 프로이트는, 신경증 환자들 중에 신경증 증세와 관련되어 있는 것으로 여겨지는 어린 시절의 성적 경험을 회상하는 사람들이 많다는 사실을 관찰하게 되었다. 이러한 경험 중에는 종종 나이가 더 많은 아이나 성인에게 성적으로 유혹당한 경험이 포함되어 있었다. 프로이트가 결과적으로 깨닫게 된 것은, 이러한 경험 중에 실제로 겪은 사례가 있다 할지라도—환자들 중에는 실제로 어린 시절에 성추행 당한 경험이 있었다—많은 경험들은 단지 어린 시절의 환상에 불과했다는 사실이다. 이러한 환상을 탐구하여 프로이트는 자기 분석이 옳다는 것을 확인하게 되었다. 즉, 어린아이들은 부모 중 반대편 성을 선호하고 같은 성에 대해서는 양가감정을 경험하는 성 발달 단계를 지나게 된다. 이제 오이디푸스 콤플렉스라는 말은 일상 언어의 일부가 되었다.

프로이트의 이론은 육체적 필요나 긴장을 만들어 내는 두 가지 근본적인 본능이 우리에게 있다는 개념을 포함하고 있다. 그는 "**에로스와 파괴적 본능**이라는 두 원초적 본능의 존재만"을 가정했다.

에로스의 심리적 에너지를 "이제부터 '리비도'라고 부를 것이다."
리비도라고 불리는 이 에너지가 인간의 상호작용에 동기를 부여한
다고 가정하고 있기 때문에 프로이트는 이러한 상호작용을 '성적'
이라고 부른다.[10]

프로이트가 자신의 이론을 발표했을 때, 특히 성이 유아기에 시
작된다는 연구 결과를 발표했을 때 의학계는 격분했다. 의사들은
이 이론이 전적으로 불합리하며 외설적이라고 생각했다. 프로이트
는 자서전에서 이렇게 말했다. "정신분석의 발견들 중에…… 성적
기능이 인생 초기에 시작된다는 주장같이 강한 분노를 분출시킨 경
우는 거의 없었다." 독일에서 개최된 신경과 의사들과 정신과 의사
들의 회의에서 한 교수는, 그러한 주장이 경찰이 과학자 회의에 적
합하지 않은 것만큼이나 부적합한 주제라고 선언했다. 프로이트는
"상스럽다"고 비난받았으며 그의 정신분석 방법은 이치에 맞지 않
고 쓸모없다고 평가받았다. 오늘날에는 안 그렇지만 그 당시에는
어린아이 성추행이라는 말을 들어 본 사람이 거의 없었다. 또한 그
당시 의사들은 성이 사춘기에 시작되기 때문에 어린아이들은 성적
감정과 완전히 무관하다고 믿었다. 성이 출생과 더불어 시작되므로
어린아이들에게도 명백히 존재한다는 주장은 전혀 용인될 수 없었
다. 프로이트는, 대부분의 전문가들은 이러한 주장을 "어린아이의
순진무구함을 모독"하는 것으로 생각했다고 말했다.[11]

비평가들은 프로이트가 자유사상가이며 정신분석을 이용하여 전
통적인 도덕을 철폐하려 한다고 비난했다. 그러나 그의 저술을 주
의 깊게 읽어 본다면 그러한 결론을 지지하지 않는다는 사실을 알
게 된다. 오히려 정반대다. 프로이트는 성에 대해 **말하는** 자유를 믿

은 것이지 **행동하는** 자유를 믿은 것이 아니었다. 그러나 프로이트 비평가들은 그러한 담론조차 부적절하다고 생각했다. 프로이트는 동료들에게 저항이 있을 것이니 이에 맞서라고 격려했다. 그는 성에 대한 광의의 정의를 사용해야 한다고 강조했으며 성에 대해 말할 자유를 주장했다. 그의 친구이자 동료인 어니스트 존스에게 보낸 편지에서 프로이트는 이렇게 설명했다. "성에 대해 말할 자유가 자명한 것처럼 행동하고 불가피한 저항을 조용히 대면하는 일이 내게는 최선인 것 같았네."[12]

프로이트의 입장을 옹호하기 위해서는, 그가 아동에게 높은 도덕 기준을 가르치는 일과, 공격적이고 성적인 충동을 조절하기 위해 사회적으로 그러한 기준을 강화하는 일이 얼마나 중요한지를 거듭 강조했다는 점을 역설해야 한다. 프로이트는 《문명과 불만》에서 아동의 성적 행동을 금지하는 일이 "어떤 사회에서 당연하게 여겨지는 이유는, 어린아이 때에 그러한 금지를 위한 근거가 마련되지 않으면 성인이 되었을 때 강한 성적 욕구를 다스릴 수 있는 가망이 없기 때문이다"[13]라고 쓰고 있다.

프로이트는 아동의 성적 행동에 금지 조항을 촉구하면서도, 또한 아동의 성을 주제로 삼을 때 편견을 제거하는 것이 건강하다고 생각했다. 프로이트는 아이들에게 성을 가르치는 일과 관련하여 할 말이 많았다. 그는 "성생활을 자녀들이 이해할 수 없는 다른 어떤 문제들보다 더 비밀스러운 것으로 만들지 말고" 자녀들에게 알려주어야 하며, 성을 "알 가치가 있는 다른 것과 마찬가지로" 취급하라고 부모들에게 충고하였다. 성에 관한 사실을 아이들에게 알려주는 시기에 대해 프로이트는 "초등학교 끝무렵…… 만 열두 살이 되기 전에"라고 말하고 있다. 그러나 도덕적인 지침 없이 아이들에게 사실을 알려 주는 것은 부적절하다. 그는 성에 관한 "도덕적 의무는 신앙 확립의 시기"[14]에 주어져야 한다고 주장한다. (프로이트는 자신의 무신론적 입장이 널리 알려져 있지 않다는 사실을 인지하고 있었는지, 혹은 대다수 사람들의 삶에 나타나는 종교적인 신앙 규율에 관해 자신이 양가감정을 표명하고 있었는지에 대해서는 말하지 않았다.) 프로이트는 아주 많은 사람들이 자신의 개념을 왜곡하고 오해했다는 사실에 심란해했다.

그는 정신분석이 사람들을 부도덕하게 처신하게 한다고 말하는 것은 단지 무지와 어리석음 때문이라고 했다. "정신분석이 성의 자유를 허락함으로써 신경증적 장애에 관한 치료법을 찾고 있다고 믿는 것은 무지의 소치라는 것 외에는 달리 할 말이 없다. 오히려 반대로, 분석을 통해 억압된 성적 욕구를 의식함으로써 이전의 억압 상태에서는 불가능했던 성욕의 통제가 가능해진다. 정신분석이 신경증 환자를 성의 속박에서 자유롭게 해 준다고 말하는 것이 더 진실이다."[15]

프로이트는 정신분석가와 환자 사이의 여하한 신체적 접촉도 완강하게 반대하였으며, 성의 기준이 사라지면 "고대 문명의 쇠퇴기에" 그러했듯이 "사랑은 무가치해지며 삶은 공허해진다"고 경고했다.[16] 자신의 동료가 환자와 부적절하다고 여겨지는 행동을 했다고 들었을 때, 프로이트는 서슴없이 다음과 같이 썼다. "자네가 환자들에게 키스하고 환자들이 자네에게 키스한 사실을 자네는 비밀로 하지 않았더군. 내 환자에게서 그러한 사실을 전해 들었네. 이제 자네의 방법과 그 결과에 대해 전부 설명하려 한다면, 키스한 사실을 자네의 치료술과 관련짓든지 아니면 숨기든지 둘 중 하나를 선택해야 할 거야. 키스한 사실을 숨기는 것은 수치스러워서임을 자네도 잘 알고 있겠지. 결국, 두 경우 모두 마찬가지가 되는 거네. 자네 입으로 말하지 않았을지라도, 자네가 말하기도 전에 내가 알게 되었듯이 이 사실은 곧 알려지게 될 걸세."[17]

그러나 이러한 관계로 인해 사랑의 가치가 떨어질 수 있다는 점은 프로이트의 관심사가 아니었다. 그는 자신의 관심이 "얌전 빼는 것이나 부르주아적 관습을 고려하는 데" 있는 것이 아니라 장기간 **정신분석 치료술**에 미칠 영향에 있다고 동료에게 확신시켰다. 프로이트는 "자네의 치료술을 공개하면 어떤 결과가 일어날지 한번 그려보게. 아무리 혁명적인 것이라 하더라도, 더 급진적인 것에 의해 밀려나는 법이지. 치료술에 대해 자유롭게 생각하는 사람들은 '왜 키스에서 멈추는가?' 하고 생각할 수도 있다네"라고 경고했다. 프로이트는 "더 젊은 의사들은 아마도 자신이 원래 의도한 지점에서 멈추기가 힘들다는 사실을 깨닫게 될 것"이라고 경고하면서 그런 다음에는 무슨 일이 일어날지 생생한 그림을 그렸다.

최근의 조사 결과는, (다른 분야 의사들도 마찬가지지만) 정신과 의사들과 환자들 사이에 부적절한 성적 관계가 계속되고 있으며 이 문제를 일반 신문과 최근의 의학지에서 공개적으로 논의하고 있음을 보여 준다. 성에 대한 사회적 관습과 여러 문화적 관점의 변화가 이러한 논의에 기여해 왔음에도 불구하고, 히포크라테스 선서와 미국 정신의학회 윤리 규범은 환자와 성적 관계를 갖는 것을 금하고 있다. 정신분석 치료에 따르는 임상의와 환자 사이의 강렬한 정서적 상호작용 때문에, 임상의는 일반 의료 종사자보다 유혹에 더 취

약할 수 있다. 그렇지만 수백 명의 의사들을 대상으로 한 설문 조사에 의하면, "5-13퍼센트의 의사들이 환자들과 성교 내지는 기타 성적 행위에 연관되어 있으며" 정신과 의사는 "산부인과 의사 및 일반 의료 종사자들에 비하여 성적 행위에 가장 적게 관련"되어 있다고 한다.[18]

임상 경험 초기, 프로이트는 환자가 의사를 향해 낭만적이고 성적인 감정을 발전시키는 전이의 과정을 인식하게 되었다. 처음 신경증 환자들을 치료하기 시작했을 때, 프로이트는 그들의 무의식 속의 생각을 의식으로 끌어올리기 위하여 최면술을 사용했는데 곧 이 방법에 한계가 있다는 사실을 발견했다. 첫째, 모든 환자가 최면 상태에 이를 수 있는 것은 아니었다. 둘째, 그는 치료의 성패 여부가 상당 부분 의사에 대한 환자의 감정에 의존한다는 사실을 깨달았다. 그런데 환자가 최면 상태에 있을 경우 이러한 감정을 관찰하거나 통제할 수 없었다. 그는 "만일 환자와 나의 인격적인 관계가 방해받으면, 가장 탁월한 성과가 바로 물거품이 될 수 있다"는 사실을 알게 되었다.

마침내 예기치 않은 한 사건으로 인해 프로이트는 최면술을 포기하기에 이르렀다. "하루는 내가 오랫동안 예상해 온 일을 아주 생생하게 경험하게 되었다. 내 말을 잘 들어서 최면 요법에서 놀라운 성과를 얻은 여성 환자가 있었다. 나는 그녀를 고통스럽게 하는 근원까지 추적해 들어감으로써 괴로움을 해소해 주었다. 한번은 그녀가 최면에서 깨어나자 팔로 내 목을 감싸 안았다. 하인이 갑자기 들어오는 바람에 우리는 고통스러운 대화를 멈출 수 있었지만 그 후로 그녀와 나는 최면 요법을 그만두어야 한다는 암묵적 이해를 공유하게 되었다." 프로이트는 "나는 그 사건이 상대를 억제할 수 없게 만드는 나의 매력 때문이 아니었음을 알 만큼 제정신이었기에, 최면술 뒤에서 작용하는 신비한 요소의 본질을 이제 파악하게 되었다고 생각했다"[19]라고 덧붙였다. "치료술에 관한 추가 권고"라는 논문에서 프로이트는 이렇게 경고한다. "그러한 유혹을 일으키는 요인은 환자의 미숙한 감각적 욕망이 아니다. 그러한 욕망은 제지해야 마땅한 것이다. 그러한 욕망을 자연스런 현상으로 간주하는 것은 의사의 인내를 요구하는 일일 것이다. 의사가 자기 직무와 치료술을 잊어버릴 위험을 초래하는 요인은 오히려 여성 환자의 미묘하고 목표가 억압된 소망인 것 같다."[20] 그는 이렇게 덧붙인다. "의사가 윤리와 치료술이 규정한 한계를 지키는 것이 항상 쉬운 일이라고 말하려는 것은 아니다. 속박에 구애받지 않는 아직 젊은 사람들은 특히 그러한 한계를 지키는 일이 쉽지 않을 것이다." 그러나 윤리위원회의 조사 결과 환자들이 성적 행위에 대한 불만을 토로하는 것은 주로 나이 든 의사들에 대해서였다.

프로이트는 정신분석이 절대로 전통적인 성 규범을 깨라고 선동하지 않는다고 주장했다. 정신분석 과정에 성을 끌어들이는 것은, 자신을 사회의 도덕 구조를 파괴할 의도를 지닌 '방탕아'라고 부르며 정신분석이 부도덕한 행동을 고무한다고 비난하는 사람들에게 빌미를 제공하는 일임을 프로이트 자신도 잘 알고 있었다.

루이스는 정신분석이 도덕률과 결코 충돌하지 않는다는 점에 동의했다. 그는 "정신분석학자들이 실제로 사용하는 의학 이론 및 기술과, 프로이트를 비롯한 몇몇 사람들이 거기에 덧붙여 놓은 일반적인 철학적 관점"을 선명하게 구분해야 한다고 설명했다. 루이스는 성경적 세계관과 충돌하는 것은 다름 아닌 프로이트의 유물론 철학이라고 말했다. 그는 "그러나 프로이트와 다른 이들이 첨가한 철학적 요소들만 제외한다면, 정신분석학 그 자체는 적어도 기독교와 배치되지 않는다. ……모든 이들이 이 기술에 대해 좀 알아두는 것도 그리 나쁘지는 않다"[21]라고 썼다.

프로이트가 성인기의 삶을 시작한 때는 빅토리아 여왕이 통치할 때였다. 그는 당시의 위선과 점잖은 체하는 사회 분위기가 과도하게 억압을 증가시켰다고 생각했으며, 이러한 억압이 신경증 질환을 유발한다고 믿었다. 그는 성에 대해 침묵해야 할 이유가 없다고 보았다. 성을 금기로 여기거나 죄악시할 필요가 없으며 성에 대해 완전한 발언의 자유를 가져야 한다는 점에서 루이스는 프로이트의 생각에 동의했다.

루이스는 성경적 세계관, 특히 신약성경에 바탕을 둔 세계관은 "육체를 철저히 인정하고…… 결혼을 찬미하며…… 물질은 선한 것이고, 하나님 자신도 인간의 몸을 입으신 적이 있다는 것을 믿으며, 또한 우리는 천국에서 새로운 유형의 몸을 갖게 될 텐데 그 몸은 우리의 행복이나 아름다움이나 활력에 필수적인 요소라는 것을 믿는다"라고 덧붙인다. 그는 이러한 세계관을 받아들이는 사람들이 "세상에 있는 거의 모든 위대한 사랑의 시를 썼다"는 사실은 결코 우연이 아님을 시사했다.[22]

루이스는 프로이트가 지나친 억압이 신경증 증상을 일으킨다고 말할 때 그 의미하는 바가 무엇인지 이해해야 한다고 지적했다. 루이스는 오늘날 많은 사람들이 혼동하는 '억압'(repression)이라는 용어와 '억제'(suppression)라는 용어를 혼동해선 안 된다고 말한다. '억압'이란, 지나치게 되면 증상을 유발할 수 있는 무의식의 과정을 가리키는 전문 용어다. 루이스가 정확하게 지적하고 있듯이, 지나친 억압은 보통 인생의 초기에 일어나며 억압이 발생할 때 우리는 그것을 의식하지 못한다. "억압된 성적 욕망은 환자에게 결코 성적 욕망 그 자체로 나타나지 않는다."[23]

한편 '억제'는 충동을 의식적으로 조절하는 것이다. 둘을 혼동함으로써 많은 사람들이 성적 충동을 조절하는 것이 건강하지 않은 일이라고 단정했다. 루이스는, 이는 어리석은 생각이며 사실은 조절의 **결핍**이 건강하지 못한 것이라고 주장한다. 그는 다음과 같이 쓰고 있다. "모든 욕망을 무작정 따르다 보면 결국은 무력해지고 병들며 질투하고 거짓말하고 감추게 되는 등…… 건강함과는 완전히 거리가 멀어져 버리기 때문이다. 이 세상에서도 행복해지려면 상당히 많은 자제가 필요한 법이다……."

우리 문화에서 억압과 억제를 혼동하게 된 데는 매체들이 기여한 바가 크다. 루이스는 "수없이 쏟아져 나오는 영화와 포스터와 소설은, 성적 방종을 건강함이나 정상적인 것 · 젊음 · 솔직함 · 좋은 기분과 관련짓고 있다"는 점을 주목한다. 그는 이러한 관련짓기는 성에 대해 잘못된 상(像)을 갖게 하며, 그것은 결국 거짓이라고 단언한다. "잘 먹혀드는 거짓말이 다 그렇듯 이 거짓말도…… 성 그 자체는 '정상적'이고 '건강한' 것이라는…… 진실에 기초를 두고 있다. 그러나 당신이 지금 유혹받고 있는 성적 행위가 전부 건강하고 정상적이라는 말은 거짓말이다."[24] 루이스는 인간의 성은 중력이나 우주의 다른 측면처럼 그 자체로 도덕적이거나 비도덕적일 수 없다고 부언한다. 성은 우주의 다른 것들과 마찬가지로 하나님이 주셨고 그러므로 선한 것이다. 그러나 어떻게 표출하느냐에 따라 도덕적일 수도 있고 비도덕적일 수도 있다.

루이스는 프로이트의 논점에서 더 나아가 성적 충동을 조절하는 사람들은 못하는 사람들보다 더 많이 자신의 성을 이해한다고 논증한다. "덕은—심지어 덕을 추구하기만 해도—빛을 주지만, 방탕은 우리를 안개 속에 빠뜨린다."[25]

그러나 루이스는 성에 대해 말하기를 꺼렸기 때문에 성과 관련한 많은 어려움이 초래되었다는 프로이트의 견해에 동의하지 않는다. "사람들은, 성을 쉬쉬해야 할 것으로 여겼기 때문에 골칫거리가 되었다고 말한다. ……성에 대해 쉬쉬했던 옛 빅토리아 시대의 어리석은 사고방식을 버리기만 하면 모든 문제가 해결된다…… 이 말은 사실이 아니다." 루이스가 지적하는 바로는, 지난 수십 년간 "성에 대해 쉬쉬하지 않았다. 오히려 쉼 없이 떠들었다. ……나는 오히려 그 반대라고 생각한다. 즉 성에 대해 쉬쉬했기 때문에 성이 골칫거리가 된 것이 아니라, 성이 이런 골칫거리가 되었기 때문에 오히려 인류가 쉬쉬하게 되었다는 것이다."[26]

프로이트와 루이스가 오늘날 살아 있다면, 아마도 두 사람 모두 성에 대해 수없이 이야기한다고 해서 혼란이 줄어들지는 않는다는 점에 동의할 것이다. 왜냐하면 영화, 소설, 텔레비전 프로그램 등에서 밤낮으로 성에 대해 이야기해 왔기 때문이다. 그런데도, 둘에 하나는 이혼으로 끝나는 결혼, 수많은 혼전 임신, 성 접촉으로 전염되는 질병 등에서 보는 바와 같이 사랑과 성에 관한 고통과 혼란은 계속되고 있다. 그리고 성 추문은 미국이나 유럽 할 것 없이 정치인들에게서 떠난 적이 없다.

루이스와 프로이트는 또한 명확한 행동 기준이 필수적인지에 관해서도 의견이 달랐다. 유대교 경전과 신약성경에 바탕을 둔 성 규범을 논하면서, 루이스는 이렇게 단언한다. "여기에는 피해 갈 수 있는 여지가 없다. ……규범은 '결혼해서 배우자에게 전적으로 충실하든지, 아니면 독신으로 완전히 금욕하라'는 것이다."[27] 프로이트는, 자신과 자기 가족이 지켰던 이러한 규범에 대해 정작 반대하는 것처럼 보인다. 이러한 엄격한 기준이 성으로 인한 혼란과 고통을 줄이고 더 많은 쾌락과 만족을 주는가?

루이스는 대부분의 사람들이 이러한 규칙을 지키기가 결코 용이하지 않다는 점에서는 프로이트와 같은 견해이다. 루이스는 "이것은 너무나 지키기 어렵고 우리의 본능에도 어긋나는 규범이기 때문에, 규범이 틀렸든지 우리의 성적 본능에 문제가 생겼든지 둘 중 하나임이 분명하다"[28]라고 기술하고 있다.

루이스는 성적 본능에 문제가 생겼다고 믿는다. 그는 성욕이 "그 기능에 비해 터무니없이 과도하게 넘쳐나게" 된 이유를 몇 가지 예를 들어 설명한다.[29] 그는 성욕을 식욕에 비교하여 이렇게 말한다. "무대 위에서 여자가 옷 벗는 것을 보여 주는 스트립쇼 공연에는 구경꾼들이 많이 몰려듭니다. 그런데 당신이 어떤 나라에 가 보니 덮개로 가린 접시를 무대에 들고 나타나 모든 사람이 볼 수 있도록 조명을 비추고 천천히 덮개를 들어올리며 양 갈비나 베이컨 조각을 보여 주는 쇼만으로도 극장이 꽉꽉 찬다면, 그 나라 사람들의 식욕에 무언가 문제가 있다고 생각지 않겠습니까? 그처럼 다른 세계에서 자란 누군가가 우리를 보면 우리의 성욕 상태를 이상하게 생각지 않을까요?"[30] 루이스는 우리에게 큰 즐거움을 주기 위해 창안된 성적 본능을 인간이 오용함으로 인해 본능만 강화하는 결과를 낳았다고 본다. 성적 본능을 조절하지 않기 때문에 많은 사람들에게 성은 즐거움보다는 고통의 근원이 된다.

모든 형태의 사랑을 성욕의 표현이라고 여긴 프로이트와는 달리, 루이스는 연인 사이의 낭만적 감정인 에로스와 성욕을 명확하게 구분하였다. 그는 육체적인 성 행위를 로마신화에 나오는 사랑의 여신의 이름을 따서 비너스라고 불렀다. 루이스는 《네 가지 사랑》에서 "물론 에로스는 우리가 '사랑에 빠졌다'고 부르는 상태를 뜻한다"[31]라고 썼다. 그는 **사랑에 빠진** 상태를 육체적 성 행위와 구분했다. "에로스에 내재한 육적이고 동물적인 성적 요소를 (옛 사람들의 어법을 좇아) 비너스라고 부르고자 한다. 그 비너스란 어떤 애매하고 희귀한 의미가 아닌 아주 분명한 의미에서 성적인 것을 의미한다. 다시 말하면 그것을 경험한 사람들에 의해 성적이라고 알려진 것, 즉 아주 단순한 관찰을 통해 성적이라고 증명될 수 있는 것을 의미한다."[32]

루이스는 사랑에 빠졌다는 이유만으로 부도덕한 성적 행위가 도덕적이 될 수 있다고 하는 통속적인 견해에 강하게 반대했다. 예를 들어, 만일 둘 사이의 성적 관계가 간통이라면 사랑을 느꼈다는 사실이 그 성적 관계를 덜 부도덕하게 해 주는 게 아니라는 것이다. "나는 에로스(사랑에 빠진 상태)의 유무에 따라 성적 행위가 '순수한' 것인지 '불순한' 것인지, 아름다운 것인지 타락한 것인지, 합법적인 것인지 불법적인 것인지를 결정해 준다는 통속적인 생각에 전혀 동의하지 않는다." 루이스는 독자들에게 과거 많은 성공적인 결혼의 경우에 배우자를 부모가 선택했고 사랑을 느끼지 않은 상태에서 부부간의 성 행위가 이루어졌다는 사실을 상기시킨다. "성 행위는, 다른 모든 행위들이 그렇듯이 느낌보다 훨씬 더 명시적이고 분명한 척도에 의해 그 정당성 여부가 결정된다. 즉, 약속을 지키는 행위인지 깨뜨리는 행위인지, 정의인지 불의인지, 자비인지 이기심인지, 순종인지 불순종인지 등에 의해 결정된다."[33]

성적인 매력이 항상 남녀를 연인으로 맺어 줌으로써, 그들이 서로를 알아감에 따라 결과적으로 '사랑에 빠지게' 하는가? 이에 대해 루이스는 남녀가 먼저 사랑에 빠지고 나서 나중에 서로 성적으로 이끌린다는 사실을 발견하게 되는 경우가 더 많다고 본다. "처음에는 어떤 여성에게 단지 성적 욕구만 느끼다가 나중에 '그녀와 사랑에 빠지는' 경우가 있을 수 있겠지만 흔한 일이라고는 생각하지 않는다."[34] 그는 《네 가지 사랑》에서 이렇게 말한다. "사랑에 빠지게 될 때, 처음 단계에는 단순히 사랑하는 사람이 마음을 차지하게 된다. 즉 그녀의 어느 특정 부분이 아니라 전체에 마음이 끌린다. 이 단계에 있는 남자는 사실상 성에 대해 생각할 틈이 없다. 그 여인 자체를 생각하느라 정신이 없기 때문이다." 사랑하고 있는 한 남자는 "그냥 여자가 아니라 한 특정한 여성"을 원하며 "신비하나 아주 분명하게, 사랑하는 여자가 가져다주는 쾌락이 아닌 그녀 자신을 갈망한다." 루이스는 다음과 같이 요약하고 있다. "성적 욕구는 **성 그 자체**를 원하나 에로스(사랑에 빠진 상태)는 사랑하는 사람을 원한다."[35]

루이스는 사랑에 빠진 사람은 상대방이 충족시켜 줄 수 있는 어떠한 필요—성적 만족이라는 필요조차—도 도외시하며 상대방 자체를 갈망하게 된다고 쓰고 있다. 성적 욕구는 우리 자신에 관한 측면으로 나 자신에게 초점을 두는 반면, 사랑에 빠지는 것은 다른 사람에 관한 측면으로 사랑하는 사람에게 초점을 둔다. "왜냐하면 에로스가 처음에 하는 일은 주는 것과 받는 것 사이의 구별을 없애는 것이기 때문이다."[36] 이러한 일이 일어나는 이유는 사랑에 빠진 연인은 하나가 되었다고 느끼기 때문인 것 같다. 루이스는 동료인 찰스 윌리엄스의 말을 인용한다. "당신을 사랑하느냐고요? 내가 당신인데요!"[37]

프로이트는 같은 현상에 대해 이렇게 말한다. "사랑에 빠진 상태가 고조되면 자아와 대상 간의 경계가 녹아 없어질 위험이 있다. 사랑에 빠진 사람은 자신의 모든 감각이 증명하는 것과는 반대로 '나'와 '너'는 하나라고 말하며 그것이 마치 사실인 양 행동할 준비가 되어 있다."[38]

루이스는 우리의 문화가 성에 대해 너무 진지한 경향이 있다는, 흥미 있는 소견을 밝힌다. 이는 언뜻 듣기에는 현재의 성적 경향이 성에 대한 많은 토론과 열중에도 불구하고 '골칫거리'라는, 앞에서 한 말과 상충하는 것처럼 보일 수 있다. 그러나 루이스가 여기서 말하는 것은 태도의 문제다. "상업 광고들은 성을 황홀하고 강렬하고 넋을 빼앗는 관능적인 것으로만 묘사할 뿐 유쾌한 것으로는 좀처럼 묘사하지 않는다. …… 지금 우리에게 무엇보다 절실히 필요한 것은 성에 대한 옛날식의 유쾌한 웃음이다."[39]

루이스는 왜 프로이트가 성에 관해 그렇게 진지하게 몰두했는지 의아해한다. "나는 때로 프로이트주의가 얌전 빼는 위선적인 학파가 아닌지 의아하게 생각한다. 그의 해석에 '충격을 받았다'거나 혐오감이 우리가 반대하는 이유라는 식의 말은 내게는 허튼 소리로 들린다. 물론 나는 나 자신의 성과 내 주변 사람들에 관해서만 말할 수 있으며, 프로이트와 상담하기 위해 그를 찾아간 빈의 숙녀들이 우리보다 더 정숙하거나 아니면 더 어리석을 수 있다는 점을 기꺼이 인정한다. 그러나 나나 내가 지금껏 만난 어느 누구도, 프로이트의 이론이 전제하듯이 성적 현상 앞에서 혐오감으로 움츠러들고 괴로워하지는 않는다고 자신 있게 단언할 수 있다."[40]

루이스는 성이 우리 삶에서 진지하게 여겨져야 할 측면—부모가 되는 것에 포함된 의무들, 영적인 의미 등—이 있다는 점에 동의한다. 그러나 우리가 성의 익살스럽고 희극적인 면을 잊는 경향이 있다고 말한다. 루이스는 그리스신화의 사랑의 여신인 아프로디테가 항상 웃고 있다는 점을 상기시킨다. 그는 로마신화의 사랑의 여신 비너스가 "장난기 심한 짓궂은 영이며…… 우리를 가지고 논다"[41]고 기술하고 있다.

루이스는 외적 상황이 사랑을 나누기에 완전한 때에 성적 욕구가 갑자기 한 사람 혹은 양쪽 모두에게서 떠날 수 있다는 점을 연인들에게 상기시킨다. 반면 "기차나, 상점…… 혹은 파티에서, 드러나게 표현하거나 눈짓조차 주고 받기 어려운 때에는, 언제나 그녀(비너스)는 온 힘을 다해 그들을 공격할 것이다……." 루이스는 이로 인해 좌절감에 이를지라도 "재치 있는 연인들은 웃는다"고 말한다. 루이스는 "날씨나 건강, 음식물, 혈액 순환, 소화 등과 같은 평범한 요소들"에 의해 영향을 받는 우리의 성적 욕구에 담긴 유머를 본다. 따라서 희극이 연출되지 않을 수 없는 것이다. "세상의 언어나 문학이 모두 성에 관한 재담으로 가득 차 있는 것은 이유가 있다." 그러한 재담 중에는 "재미 없거나 혐오스러운" 것들이 많이 있을지라도, 사람들이 성을 너무 진지하게 받아들여서 신격화하는 경향을 막는 역할을 한다고 그는 말한다. 또한 루이스는 다음과 같이 경고하고 있다. "사랑의 침실에서 유희와 웃음을 추방해 버린다면 당신은 거짓 여신을 끌어들이게 될지도 모른다."[42]

성과 사랑을 이해하는 데 루이스가 가장 크게 공헌한 점은, 사랑에 빠진 상태와 깊고 성숙한 사랑을 분명하게 구별한 점일 것이다. 나는 항상 하버드 학생들에게 이러한 구별을 명확하게 이해하는 법만 배워도 일생 동안 불필요한 스트레스를 받지 않게 될 것이라고 말한다.

50퍼센트의 결혼이 이혼으로 끝난다. 이혼 가정 출신의 젊은 성인들에 관한 수년간의 임상 경험과 연구를 통해, 나는 우리 사회의 상당히 많은 불행은 사랑에 빠진 것(에로스)과 그보다 더 깊은 의미의 사랑(아가페)을 구별하는 데 실패한 결과라고 분명하게 말할 수 있다. 이혼하려고 내 사무실을 찾아오는 부부의 상당수는 둘 중 한 사람이 다른 누군가와 사랑에 빠졌기 때문에 온다. 그 사람은 자신이 더 이상 배우자를 사랑하지 않는다고 말한다. 남편(혹은 아내)은 직장에서 누군가를 만나서 예전에 자기 배우자에게 느꼈던 황홀한 감정을 느끼게 되었다는 것이다. 그는 사랑을 느끼는 감정을 관계의 유일한 기초이자 참된 행복의 원천으로 잘못 이해하여 더 이상 결혼 관계를 유지할 이유가 없다고 생각한다. 그는, 새로운 관계에서 생겨난 사랑에 빠진 느낌도 어쩔 수 없이 변한다는 사실을 깨닫지 못하고 있는 것이다. 그는 또다른 사람에게 사랑을 느끼는 자신을 발견하게 될 수도 있다. 두 번째 결혼이 다시 이혼으로 끝나는 경우는 높은 비율을 차지한다.

루이스는 이혼이란 팔다리를 자르는 일과 같은 것이어서, 목숨을 건지기 위해 시도하는 최후 수단이라고 본다. 그러나 더 이상 사랑하지 않으면서도 두 사람이 함께 머물러야 하는가? 루이스는 그래야만 할 "여러 가지 건전한 사회적 이유들"을 제시한다.

첫째로, "자녀에게 가정을 제공하기 위해서", 둘째로, "남자가 싫증 날 때마다 여자를 버리는 행태로부터 여자를 보호하기 위해서"이다.

루이스가 제시하는 세 번째 이유는 나의 임상 경험에 비추어 보아 여러 이유 중 가장 통찰력 있고 도움이 되는 것이다. 사랑을 느끼는 상태는 소중하고 놀라운 경험이다. 루이스는 이러한 "황홀한 상태는…… 우리를 너그럽고 용감하게 해 주며, 연인의 아름다움뿐 아니라 세상의 모든 아름다움에 눈뜨게 해 주고…… 정욕을 이기는 위대한 정복자이다"라고 말한다. 그는 그러나 사랑을 느끼는 상태는 오래 가지 않으며 오래 가게 되어 있지도 않다는 놀라운 진술을 하고 있다. "사랑을 느끼는 것은 좋은 일이며…… 고귀한 감정이긴 하지만, 아직 감정에 불과하며…… 어떤 감정도 언제까지나 강렬할 수는 없다. ……감정은 찾아왔다가 곧 사라지는 것이다."[43]

그는 "사랑에 빠진 상태"는 격정과 흥분을 포함하고 있어서 그러한 감정이 지속된다면 일도 못하고 잠도 못 자고 먹지도 못할 것이라고 설명한다. 사랑에 빠진 격렬한 감정은 감정뿐 아니라 의지에 뿌리내린 더 깊고 안락하며 성숙한 형태의 사랑으로 바뀌어야 하는 것이다. 루이스는 다음과 같이 설명한다. "사랑을 느끼지 않게 되었다는 것이 꼭 사랑하지 않게 되었다는 뜻은 아니다. …… '사랑의 느낌'과 구별되는, 두 번째 의미의 사랑은 단순한 감정이 아니다. 그것은 의지로 유지되며 의도적인 습관으로 강해지는 깊은 연합이다……" 그 결과 부부는 "배우자가 아닌 다른 사람에게 쉽게 '사랑을 느낄' 수 있는 상황에서도 이 사랑을 계속 지킬" 수 있다고 그는 말하고 있다. 루이스는 '사랑을 느끼는' 감정이 두 사람을 함께 하게 하고 정절을 약속하게 만들지만, 그 약속을 지킬 수 있게 해주는 것은 그보다 차분하고 깊은 사랑이라고 말한다.

프로이트와 루이스는 모두 개인과 사회의 행복을 위해서 성적 충동이 조절되어야 한다는 점에 동의한다. 그러나 그 이유는 상당히 다르다. 프로이트는 문명이 개인에게 사회적 질서를 지키도록 제한을 가한다고 주장한다. 이러한 제한은 결국 개인이 만족 못하고 덜 행복하게 되는 결과를 초래한다는 것이다. 루이스는 우리를 사랑하고 우리의 행복을 바라는 창조주에게서 도덕규범이 유래했다고 주장한다. 루이스는 우리가 이 도덕률을 따를 때 더욱 효과적으로 사랑할 수 있고 따라서 더욱 행복해질 수 있을 것이라고 한다. 여기서, 프로이트와 루이스가 결혼 전후로 자신의 성적 충동을 어떻게 조절했는지를 살펴보면 양자의 논변이 더 잘 이해될 것이다.

프로이트의 성생활

프로이트의 전기 작가들은 그가 "결혼한 사람은 완전한 정절과 절제로 성생활을 영위해야 한다"는 전통적인 결혼 규범을 엄격하게 준수하는 성생활을 했다는 데 대부분 동의한다. 프로이트는 성 표현의 자유를 위해 싸웠지만 정작 실제 삶에서는 우리가 아는 한 전통적 규범을 엄격하게 고수했다. 프로이트는 보스턴의 퍼트남 박사에게 쓴 편지에서, "나 자신은 별로 누리지 못했지만, 비할 데 없이 자유로운 성생활을 지지합니다"[44]라고 말했다.

16세 이전의 프로이트의 낭만적 백일몽이나 성적 감정에 대해 우리는 거의 아는 바가 없다. 당시 프로이트는 자신의 '첫사랑'을 진전시켰다. 프로이트는 가족이 빈으로 이사하기 전까지 살았던 프라이베르크를 방문하던 중에, 친구의 누이동생이자 자기보다 한 살 어린 기젤라 플루스라는 소녀를 만났다. 프로이트는 처음에 소녀의 어머니인 플루스 부인에게 빠져서 그녀의 지성과 매력에 대해 그리고 그녀가 자신에게 얼마나 잘해 주었는지에 대해 장황하게 썼다. 그러다 나중에는 기젤라에게 사랑을 느꼈다. 프로이트는 소심하고 숫기가 없었기 때문에 그녀와의 관계는 단지 그의 마음속에서만 진전되었을 뿐이었다. 그는 그녀에게 말조차 걸어 보지 못했음이 분명하다. 며칠 후 그녀는 학교로 돌아가 버리고 말았다. 프로이트는 계속 그녀에 대한 백일몽을 꾸었고, 친구인 실버스타인에게 보낸 편지에서 그녀와 그녀의 어머니에 대해 언급했다. 그는 그녀의 어머니에 대한 감정이 그녀에게 전이된 것이 아닐까 궁금해했다. 이것은 그가 나중에 발전시킨 이론들을 예고하는 것일 수 있다.

프로이트는 10년쯤 뒤에 자신의 약혼녀에게도 과거 기젤라에게 몰두했다는 사실을 언급했다. "내가 겨우 열여섯 살이었을 때 기젤라가 나의 첫사랑이었다는 것을 당신에게 말한 적이 있던가요?"라고 약혼녀인 마르타에게 고백하면서 이렇게 말했다. "말한 적이 없다고요? 그렇다면 나의 여성 취향에 대해 그리고 그 아이에게 상냥한 말은커녕 의미 있는 말 한 마디 못했다는 이유로 나를 실컷 비웃어도 좋아요. 이제 돌이켜 보니 그 당시에 옛 고향을 다시 방문하게 되어 감상에 빠졌던 것 같아요."[45]

프로이트가 자신의 어린 시절에 대한 얘기를 별로 하지 않았기 때문에 그의 어린 시절 성에 대한 생각과 경험에 대해 거의 알 수 없다. 알려진 바는, 프로이트가 소심하고 숫기가 없었기 때문에 그의 성적 경험은 임상 관찰과 환상에 제한되었다는 사실이다. 19세 때 프로이트는 트리에스테에 간 적이 있는데 길에서 본 매력적인 젊은 여성들을 많이 의식했다. 프로이트는 친구 실버스타인에게 이렇게 편지를 썼다. "그 도시에는 이탈리아의 여신들만 살고 있는 것 같아 심히 불안하더군." 같은 편지에서 그는 자신이 금발을 선호한다고 말했다. "그렇지만 무기아(Muggia)에서는, 내가 말했듯이 여자들이 더욱 매력적이고 이상하게도 대부분이 이탈리아계나 유대계 여자들에게는 어울리지 않는 금발이더라……."[46]

역설적이게도, 세계적으로 잘 알려진 심리 탐험가인 프로이트는 여성의 마음을 이해하지 못했음을 인정했다. 편지를 보아서는 그가 여성을 남성보다 더 고귀하고 윤리적이라고 생각했으나, 결혼과 실제 삶에서 여성의 역할에 관한 그의 생각은—그가 살던 시기에조차—사람들의 기대와는 많이 동떨어져 있다. 프로이트는 그가 좋아하고 찬탄해 마지 않던 많은 전문직 여성들과 좋은 관계를 유지했지만, 여성이 있어야 하는 자리는 집이라고 생각했다.

J. S. 밀이 쓴 여성에 관한 수필(혹자는 밀의 부인이 썼다고 주장한다)에 대한 반응으로, 프로이트는 밀이 여성들은 직업을 가져야 하며 "결혼한 여성은 남성만큼 많이 벌 수 있다"고 주장한 대목을 특별히 언급한다. 약혼녀에게 보낸 편지에서 프로이트는 "가사가 단

순해짐에 따라 주부가 청소하고 요리하는 일의 부담을 덜고 있지만, 가사 일과 아이들을 돌보고 양육하는 일은 한 사람의 전부를 요구하기 때문에 다른 직업을 갖기란 불가능하다는 사실을 우리는 분명히 인정하고 있습니다. 그런데 밀은, 남성과 여성의 관계에 관해서는 늘 그렇지만, 이런 측면을 완전히 잊고 있군요"라고 쓰고 있다.

프로이트는, 여성에 대한 억압은 흑인에 대한 억압과 유사하다는 밀의 선언을 강하게 부정한다. 그는 "어떤 여자라도…… 그녀의 손에 키스하며 사랑을 얻기 위해 무엇이든 무릎쓸 준비가 되어 있는 남자를 좌지우지할 수 있지 않은가?"라고 쓰고 있다. 프로이트는 여성의 근본적인 역할은 결코 변하지 않을 것이라고 예견하면서, 마르타에게 보내는 장문의 편지를 이렇게 결론짓고 있다. "자연은 아름다움과 매력과 달콤함을 통해 여성의 운명을 결정지었지요. 법과 관습은 그동안 유보된 많은 것들을 여성에게 줄 수 있지만 여성의 위치는 현재 상태에서 변하지 않을 것이 확실합니다. 젊어서는 숭배를 받는 사랑스러운 사람이고 나이가 들어서는 사랑받는 아내인 것이지요."[47]

수십 년 후 프로이트는 그의 동료이자 친구인 마리 보나파르트에게 "30년간 여성의 마음에 대해 연구해 왔지만 결코 답을 들어본 적이 없고 나 역시 대답할 수 없는 질문은 '여성은 무엇을 원하는가?'입니다"[48]라고 말했다. 오늘날 대다수 여성들은 아마도 프로이트가 여성을 이해하지 못했다는 점에 쉽게 동의할 것이다.

이십대 초반에 프로이트는 공부에 몰두하였으며 1882년 4월 운명의 날이 이르기까지 낭만적인 연애를 한 적이 없었다. 그날 마르타 베르나이스는 프로이트의 누이 중 하나를 만나기 위해 프로이트의 집을 방문했다. 프로이트는 즉시 사랑에 빠져 날마다 마르타에게 라틴어, 스페인어, 영어 혹은 독일어로 쓴 카드와 함께 장미 한 송이를 보내기 시작했다. 한 카드에서 프로이트는 그녀를 가리켜 그 입술에서 장미와 진주가 흘러내리는 아름다운 공주라고 표현했다. 그때 이후로 그가 가장 부르기 좋아하는 애정 표현이 '공주'가 된 것 같다.

그들은 처음 만난 지 두 달 후에 약혼했다. 그러나 그들의 앞길은 순탄하지 않았다. 마르타의 어머니는 프로이트에 대해서도, 둘의 관계에 대해서도 못미더워했다. 마르타의 가족이 반대하는 주된 이유는 프로이트가 무신론자라는 점이었다. 그녀의 가족들은 그를 이교도로 생각했다.[49] 프로이트는 그들이 자기를 좋아하지 않는다는 사실을 알고 마르타에게 이런 편지를 썼다. "그들은 당신이 늙은 랍비와 결혼하기를 더 바라는 것 같군요. ……당신의 가족이 나를 좋아하지 않기 때문에 내가 얻는 유익은 딸린 식구 없이 당신을 얻게 되는 것이고, 그것은 나도 정말 바라던 바지요."

마르타의 집안은 사회적 명성은 있었으나 돈이 없었고, 프로이트도 가난한 집안 출신이었다. 프로이트의 아버지도 경제적 도움을 필요로 하는 처지에 있었기 때문에 프로이트가 교육을 받는 동안 경제적인 도움을 주지 못했다. (프로이트는 그의 조언자이며 의사인 브로이어와 몇몇 친구에게서 경제적인 도움을 받았다.) 프로이트는 아내와 가족을 부양할 돈이 부족했을 뿐 아니라 의사 수련을 마치는 데 걸린 수년간 수입이 없었을 것이다. 이 때문에 약혼 기간이 4년이나 되었다. 상황을 더 나쁘게 한 것은 마르타의 어머니가 딸이 자기와 함께 독일 함부르크에서 살아야 한다고 고집한 것이었다. 그 이유는 약혼 기간이 길어져야 한다면 떨어져 사는 게 최선이라고 생각했기 때문이다. 예비 장모에 대한 프로이트의 감정은 별로 좋지 않았고 이 문제로 약혼녀와 계속 부딪쳤다.

마르타를 방문할 돈이 없었기 때문에, 4년의 약혼 기간은 프로이트에게 좌절감을 안겼다. 그는 거의 매일 한 통씩 900통이 넘는 편지를 썼다. 그의 편지들을 보면 그가 열정적이고 질투심 강한 애인이었음이 잘 드러난다.

마르타와 가까운 친구 중에 남자가 있었는데, 프로이트는 그가 그녀에게 열렬한 사랑의 감정을 갖고 있다고 믿었다. 언젠가 그 남자와 프로이트가 만났을 때, 그들은 격렬하게 언쟁했다. 그 남자는, 마르타에게 잘해 주지 않으면 프로이트를 쏘아 죽이고 자기도 자살하겠다고 위협했다. 언쟁이 너무 격했기 때문에 둘 다 눈물을 흘리고 말았다. 그 일이 있은 뒤, 프로이트는 마르타에게 이렇게 썼다. "내 눈에 눈물을 흘리게 한 그 자는 용서받으려면 큰 대가를 치러야 할 겁니다. 그는 더 이상 친구가 아녜요. 내 적이 된다면 그에게 재앙이 따를 겁니다. 내가 그보다 더 강하기 때문에 서로 겨루게 된다면 내 적수가 아니라는 걸 알게 되겠지요. …… 나는 무자비할 수도 있습니다."[50]

프로이트의 여러 편지를 보면 강렬한 애정과 함께 부드러움도 나타난다. 서두는 모두 "나의 사랑스럽고 소중한 사람" 혹은 "공주님, 나의 귀여운 공주님"이라는 말로 시작했다. 그러나 때로는 몰인정할 정도로 지나치게 솔직하기도 했다. 한 편지에서는 "나는 당신이 화가나 조각가의 눈에는 아름답지 않다는 사실을 알아요. 만일 당신이 단어를 아주 엄밀하게 사용하는 사람이라면, 당신이 아름답지 않다고 고백해야만 할 거요"라고 썼다. 다른 편지에서는 "'아름다움'은 단지 몇 년 머물 뿐이며 우리는 오랜 세월을 함께 살아야" 한다는 사실을 잊지 않도록 마르타에게 상기시켜 주었다. 또다른 편지에서는 "자연은 당신의 코와 입을 아름답다기보다는 독특하게 만들었어요. 처녀답지 않게 당신의 표정에는 거의 남성적인 과단성이 들어 있습니다"라고 썼다. 이는 솔직한 것일까, 아니면 잔인한 것일까? "……만일 당신의 작은 머리에 허영심이 조금이라도 남아 있다면, 당신이 아름답다고, 놀라우리만큼 아름답다고 말하는 사람들도 있다는 사실을 숨기지 않겠습니다. 이 점에 대해서는 이제 할 말이 없군요"[51]라고 아첨 섞인 말을 덧붙이기도 했다.

프로이트의 부모는 둘 다 친척 중에 랍비가 있는 독실한 유대인 가문 출신이었다. 그들의 관념적인 신앙은 남아 있었으나 성도덕은 무너졌다. 그런데 프로이트는 서른 살이 되기까지 결혼하지 않았으며 대부분의 전기 작가들은 그가 그 전까지 성 경험이 없었다는 점에 동의한다. 마르타 베르나이스는 율법을 엄격하게 준수하는 정통 유대인 집안에서 성장했다. 혼전 혹은 혼외 성관계는 금지되었다. 피터 게이는 "오랜 약혼 기간 동안 그녀는 순결한 채로 남아 있었으며" 그들은 신체적 접촉을 "껴안고 키스하는" 정도로 제한하였다[52]고 쓰고 있다. 그리고 프로이트의 공인된 전기 작가인 어니스트 존스는 프로이트가 결혼생활 내내 충실했다고 주장하면서 그를 "특히 일부일처주의적"이라고 묘사했다.[53]

1886년 부활주일에 프로이트는 '신경증'을 치료하는 개인 병원을 열었다. 그는 생계를 꾸려나갈 일을 걱정했으며, 왕진을 가야 할 때 택시를 탈 돈이 없었던 적도 있다고 고백했다.

그는 결혼식 비용을 마련하기 위해 친구에게서 돈을 빌리려고 애썼으며, 마르타의 어머니에게 편지를 써서 그녀의 부유한 언니에게서 돈을 빌려 보라고 간곡한 말로 부탁하였다. 마르타의 어머니는 프로이트의 요청을 거절하고 그에게 푸념 좀 그만 하고 어른답게 행동하라는, 다소 당황스러운 답장을 썼다. "수입이나 전망이 없는 남자가 가난한 여자와 약혼한다면, 이는 앞으로 여러 해 동안 무거운 짐을 어깨에 짊어진다는 것을 의미하네. 다른 누구에게도 그 짐을 지워서는 안 되지…… 아무런 수입 없이 가계를 꾸려 가야 한다는 것은 저주이기 때문이야. 내가 그러한 저주를 여러 해 견뎌 왔기 때문에 판단할 수 있네. 나는 자네가 그렇게 하지 않기를 애원하네. 안정된 생계 수단이 마련될 때까지 조용히 기다리도록 하게. …… 자네는 떼를 쓰면 모든 것을 얻을 수 있다고 믿기 때문에 자기 뜻대로 되지 않는다고 우는 버릇없는 아이 같네."[54]

그러나 프로이트는 저축을 많이 했다. 신부 가족이 준 결혼지참금과 부유한 친구들이 준 선물 덕택에 그는 1886년 9월 13일에 결혼할 수 있게 되었다.

결혼식은 독일 반츠베크에서 있었다. 프로이트는 종교적 결혼예식을 싫어했기 때문에 마르타에게 일반 결혼예식으로 치르자고 했다. 그러나 오스트리아 법은 종교 의식을 요구하고 있다는 사실을 알게 되어 결혼식 다음 날 몇몇 친구들 앞에서 두 번째 결혼식을 치렀다. 프로이트는 급히 외운 유대교식 결혼응답문을 마지못해 암송했다.

오랜 약혼 기간 동안 프로이트가 마르타에게 요구한 여러 가지 사항 중에는, 그녀의 집안과 논쟁이 생기면 항상 자기편을 들어서 그녀가 친정이 아니라 자기에게 속하였음을 인정할 것과 그녀의 '종교적 편견들'을 포기할 것 등이 있었다. 그는 결혼하자마자 자신의 권위를 주장했고 그녀가 안식일을 지키지 못하게 했다. 그녀는 "결혼 후 첫 금요일 밤에 안식일 등불을 켜지 못하게 한 것은 두고두고 정말 화나는 일이었어"라고 사촌에게 털어놓았다.

프로이트는 결혼 8년 만에 여섯 아이들의 아버지가 되어 있었다. 그러나 그의 성욕은 삼십대에도 이미 꽤 오랜 기간 동안 감퇴한 듯하다. 37세가 되던 해인 1893년에 프로이트는 친구 플리스에게 보낸 편지에서 "우리는 이제 금욕 생활을 하고 있네"라고 썼다.[55]

그리고 2년 후 막내 안나가 태어나자 프로이트는 아내와 더 이상 성관계를 갖지 않았다. 그 당시로서는 안심할 만한 피임법이 없었기 때문에, 아이를 더 갖지 않으려고 그렇게 했다고 말하는 학자들이 있다. 그들은 프로이트가 1916년에 강연 중 한 말을 지적한다. "성적인 활동이 재생산의 목적을 포기하고 오로지 쾌락만을 추구할 경우, 우리는 이를 일컬어 정도를 벗어났다고 말합니다." (어떻게 프로이트가 성적 자유의 국제적인 상징이 되었는지 때로 이해하기 어렵다.)

프로이트가 성생활을 끊은 때를 막내를 낳은 뒤가 아니라 그의 아버지가 작고한 뒤라고 주장하는 학자들도 있다. 그들은 프로이트가 아버지를 잃었을 때 보인 심각한 반응을 지적한다. 프로이트는 아버지의 죽음을 그의 인생에서 "가장 중요한 사건"이며 "나의 영혼에 혁명적인 변화를 일으킨" 사건이라고 묘사하였다. 그들은 또한 프로이트의 임상 사례 기록을 언급하는데, 이 기록에 의하면 한 환자가 자기 아버지의 죽음 후에 "죄책감으로 인해 여자와 갖는 모든 즐거움을 거부했다"[56]고 되어 있다. 프로이트도 같은 방식으로 고통스러워했으리라는 것이다.

자녀를 양육할 때 프로이트는 엄격하고 다소 과잉보호하는 아버지였다. 프로이트의 아들인 올리버와의 인터뷰에서 밝혀진 바에 의하면, 그는 아들들에게 자위행위의 '위험'을 경고하였다. 1912년 빈 정신분석학회에서 발표한 한 논문에서 그는 "나의 진료 경험에 비추어 볼 때, 자위행위의 결과 중 하나로 성 능력의 영구적인 감퇴를 배제할 수 없다"[57]고 말했다. 다른 논문에서 프로이트는 "성적 만족을 위한 그러한 대체 수단은 결코 해롭지 않은 게 아니다. 그것은 다양한 신경증과 정신병의 원인이 된다"[58]고 썼다.

빈 정신병 임상학회에서 한 다른 강연에서 프로이트는 이렇게 말했다. "여러분은 신경증 환자들이 자위행위에 병의 원인을 돌리는 것이 얼마나 심각한 일인지 알고 있습니다. 자신의 병증이 자위행위 때문이라고 생각하는 환자들에게 잘못 이해하고 있다는 사실을 설득하는 데 어려움이 많았습니다. 그렇지만 사실상 그들이 옳다는 것을 인정해야 합니다. 왜냐하면 자위행위가 유아기 성욕의 실행대리인이며 그들은 유아기 성욕의 잘못된 발달로 인해 고통을 겪고 있는 것이기 때문입니다."[59]

프로이트는 우울증과 불안 및 기타 복합적 증상을 일으키는 신경 쇠약이라 불리는 임상 증후군은 과도한 자위행위 때문에 생긴다고 생각했다.[60] "진짜 신경 쇠약은 자연적인 사정이나 자위행위를 통해 생겨나는 반면에, 불안신경증(노이로제)은 성적 자극을 참는 것—성 충동 억제, 금욕, 성교 중단 등—을 통해 생겨난다."[61] 다른 논문에서는 "여러 가지 강박관념에 사로잡힌 행동들이 금지된 자위행위를 대체하는 의미가 있다는 사실을 나는 명백히 알게 되

었다"라고 썼다.[62]

프로이트는 유달리 보수적으로 자녀들의 사회생활을 감독했다. 어니스트 존스가 프로이트의 딸인 안나와 데이트하고 싶어 했을 때, 프로이트는 그에게 편지를 써서 딸에게 접근하지 말라고 정중하게 말했다. 1914년에 프로이트는 "나의 어린 딸에게 친절하게 대해 주어 정말 고맙네만, 아마도 우리 딸을 아직 잘 알지 못하는 것 같네"라고 썼다. 프로이트는 그 딸이 자식들 중 가장 재능 있고 뛰어나다고 덧붙인 뒤, 성적 갈망이 출생 시에 시작된다고 주장하는 사람치고는 이상한 말을 했다. "내 딸아이는 자신이 여자 취급 받기를 원치 않으며, 아직은 성적인 갈망이 전혀 없다네. ……나와 딸아이는 그 애가 두세 살 더 나이를 먹기 전에는 결혼이나 약혼을 생각해선 안 된다는 점을 당연시하고 있으며 그 애가 약속을 깨리라고 생각하지 않네."[63] 안나는 당시 19세였다.

결국 안나 프로이트는 아무하고도 결혼하지 않았다. 나는 종종 왜 그녀가 결혼하지 않았을까 궁금했다. 내가 만난 그녀는 매우 총명할 뿐 아니라 마음이 따스하고 품위가 있었다. 런던에 있는 안나의 클리닉을 방문했을 때, 그녀의 비서인 지나 본과 함께 가끔 점심을 먹었다. 한 번은 프로이트 양이 왜 결혼을 하지 않는지 물어 보았다. 본 양은 식사를 멈추고 잠시 나를 쳐다보더니 "그런 질문은 다신 하지 마세요"라고 말했다.

루이스의 성생활

루이스가 자신의 성을 어떻게 표현했는지는, 그가 아홉 살 소년이었을 때 할아버지와 큰아버지 그리고 어머니를 잃은 충격적인 사건에 비추어 보아서만 이해할 수 있다고 생각한다. 어머니를 여읜 뒤, 아버지가 그를 기숙학교로 보냈을 때 그의 상실감은 더욱 복잡해졌다. 아마도 또다른 상실을 겪게 되면 어릴 때 겪은 압도적인 충격이 되살아날까 두려워서, 그는 결혼할 여성을 만날 때까지는 여하한 친밀한 관계도 맺지 못하게 된 것 같다.

그러나 그에게 성적 욕구가 결핍되어 있었던 것은 아니다. 루이스는 자서전에서 "나는 격렬한 성적 유혹에 시달렸고, 거의 매번 그 유혹에 넘어갔다"고 쓰면서 열네 살 사춘기 소년으로서 강한 성충동에 눈뜬 경험을 생생하게 묘사하고 있다. 그는 이 시기 전에도 "생식에 관한 단순한 사실들은 다른 아이들에게" 들어 알고 있었다고 말했다. 그러나 그때는 "너무 어려서 과학적인 호기심 이상을 경험하지 못했다"고 한다.

그 후에 그는 댄스장에서 아름다운 여선생의 몸짓을 보는 동안 처음으로 강렬한 욕구를 경험하게 된다. "그녀는 내가 처음으로 '육체적으로 갈망한' 여인이었다. ……사소한 어조 하나, 몸짓 하나…… 나는 완전히 넘어가고 말았다." 그는 이 젊은 여성에게서 느낀 것이 '낭만적인 열정'이 아님을 깨달았다. "내가 댄스 선생님에게 느낀 것은 순전한 욕망, 즉 시적인 정욕이 아니라 평범한 정욕이었다."[64] 그는 자신이 가학-피학성 변태 성욕과 자위 충동 그리고 더 커서는 강렬한 죄의식을 포함하는 성적 환상들을 억제하기 위해 몸부림쳤다고 고백한다. 이러한 몸부림은 회심 때까지 계속되었고 회심 후에야 비로소 이러한 성향들을 제어하게 되었다.

16세 때 루이스는 제1차 세계대전 중에 가족과 함께 영국으로 피난 온 어린 벨기에 소녀에게 열중했다. 루이스는 친구인 그리브즈에게 이렇게 편지했다. "내 인생에서 무엇엔가 그처럼 기뻐해 본 적이 없어. 그 애는 정말로 마음에 들었어." 두 주 후 다른 편지에서 그녀와의 관계에 대해 자세하게 쓰고 다음과 같이 글을 맺었다. "어쨌든 지금은 불가능하게 되었어. 그 애가 한 주 동안 어머니와 함께 버밍햄에 사는 벨기에 사람들을 방문하러 가 버렸거든. 이제 내 '연애 사건'에 대해 듣기도 지겹겠다."[65] 그렇지만 이 '연애 사건'은 프로이트와 기젤라 플루스의 관계처럼 단지 환상으로만 끝났다.

그로부터 16년 뒤 그리브즈에게 쓴 편지에서 루이스는 이와 같은 어린 시절의 편지들을 편집하는 문제를 상의하면서 몇몇 편지는 감추기로 결정했는데, 그 편지는 그들이 '그것'이라고 지칭한 자위행위와, 벨기에 소녀와의 '연애 사건'에 대해 나눈 이야기였다. "나는 벨기에 소녀와 밀회를 나눈 것처럼 꾸며 쓴 편지들은 전부 없애고 있다."[66] 루이스는 "그처럼 어리석었던 일"에 대해 부끄러워했으며 "그 편지들을 후손들이 볼 수 있도록 인쇄해 두는" 처벌을 받아야 하는 것은 아닌지 걱정했다. 그러고 나서 "이제는 완전히 그만둔 오래된 죄의 경우에는 정말로 그렇게 할 필요는 없겠지"[67]라고 덧붙여 말했다.

루이스는 청소년 시절에는 성적 상상과 자위의 경험에 대해 전혀 죄의식을 느끼지 않았다고 말했다. "내게는 그런 죄의식이…… 그 당시 거의 없었다는 점을 밝히는 편이 좋겠다. 남들이 금기를 제거하는 데 오랜 시간이 걸리는 것처럼, 나는 금기를 습득하는 데 오랜 시간이 걸렸다."[68] 루이스는 18세 때 옥스퍼드 대학교에 입학했다. 그가 살면서 성을 억제했다면 그것은 그의 양심에서 비롯된 게 아니었다. 나중에 루이스는 대학 시절 초기에 관해 다음과 같이 썼다. "대학교에 갓 입학했을 당시 나는 또래 중에서도 특히 더 도덕의식이 없는 학생이었다."[69]

군대에 있을 때 루이스는 친구 그리브즈에게 다음과 같이 편지를 썼다. "나는 이교도들처럼 창녀나 레스토랑이나 양복점 따위에 돈을 낭비하지 않았어. …… 현재 내가 육체적인 모든 욕구에 대해 거의 수도사처럼 되어 가고 있다는 얘기를 들으면 너는 놀라거나 아예 듣고 싶어 하지 않을 거야."[70] 그러나 그는 도덕적이고 영적인 이유로 그러한 행동을 자제하는 것은 아니라는 점 또한 명백히 밝혔다. 몇 주 뒤에는 "나는 신을 믿지 않아. '육체적인 욕망' 때문에 처벌하는 그런 신은 더욱더 믿지 않아"[71]라고 썼다.

그러면 그 당시에 루이스가 '육체적인 욕망'을 피한 이유는 무엇이었을까? 그는 신체적으로나 정서적으로 병들게 되지 않을까 두려워했다. 루이스가 이러한 편지를 쓴 1918년은 이미 프로이트의 저술들이 널리 알려져 있을 때였다. 여러 해 동안 루이스를 알아 온 조지 세이어는 루이스에 관한 전기에서 이렇게 썼다. "자위행위가 여러 가지 육체적 질병을 일으킬 뿐 아니라 정신병에 이르게 할 수 있다고 말하는 의사들이 있었다. 자위행위 습관은 그의 인생 초기에 다른 어떤 것보다도 더 그에게 비참함을 느끼게 했다."[72]

회심하기 전 루이스의 성생활에 관한 자세한 기록은 없지만, 성적 욕구가 강했으며 성욕에 대한 도덕적 억제력을 전혀 느끼지 않았다는 사실은 알려져 있다. 회심 전에 그가 숭배하던 사람들이 높은 도덕적 수준에 따라 사는 듯이 보였기에 그들을 모방하려고도 했으나 실패했다. 특히 그는 '성적 욕망과 분노'의 영역에서 자신이 실패했음을 인정한다. 루이스는 자신의 기질을 스스로 조절하기 어렵다는 사실을 깨닫게 되었다. 그가 처음으로 자신을 진지하게 살피기 시작했을 때, "나를 경악하게 한 것은…… (나 자신이) 정욕의 우리"라는 사실을 발견하게 된 것이다. 자기 외부의 방편 없이는 자기 안의 충동을 조절하기 위해 할 수 있는 방안이 거의 없었다.

옥스퍼드 대학 교수 시절, 잘생긴 외모와 좋은 목소리에 뛰어난 지성을 갖춘 그가 하는 강의는 빈자리가 없어서 서서 들어야 할 정도로 인기가 많았다. 개별 지도 교수가 여학생과 관계를 갖는 일이 드물지 않은 때였지만, 그는 로맨틱한 관계에 들어가지 않으려고 애썼다. 아버지에게 쓴 편지에 나타나 있듯이, 그는 매력적인 여학생들에게 빠지지 않기 위해 어떤 방어기제를 사용하는 경향이 있었다. 그렇지만 그러한 방어기제가 항상 성공적이지는 않았다. 그의 가까운 친구인 한 전기 작가는, 루이스가 어느 여학생을 가르치는 일을 포기한 적이 있는데 그 이유는 그 여학생이 너무 아름다워서 "그녀 앞에서는 말문이 막혀 버렸기" 때문이라고 했다.

한 전기 작가는 여성 방문객들이 캠퍼스에 나타나면 루이스가 연구실 문을 잠그고 있었다고 주장했으나 루이스는 이를 부인했다. 분명한 사실은, 그가 어떠한 로맨틱한 관계에도 연루되는 일을 피했다는 것이다. 그는 자신이 버림받을 것에 대한 두려움—모든 아이들에게 존재하는 두려움—이 어머니가 돌아가신 후에 강화되어 이러한 행동에 일정 부분 영향을 끼쳤다는 사실을 인정했다.

회심 전부터 루이스를 알고 있던 사람들은 그에게 일어난 변화를 눈여겨보았다. 기숙학교 시절의 한 급우는, 루이스를 "굉장히 재미있는 무신론자였는데 자기 주장을 펼 때 입이 몹시 거칠었던 인물"

로 회상한다. 그는 여러 해가 지나 회심한 루이스를 만났을 때 루이스의 "성품이 완전히 변한 것"을 알게 되었고 "그가 《스크루테이프의 편지》의 저자라는 사실을 알고 깜짝 놀랐다."

루이스가 마침내 사랑에 빠지고 성을 온전히 표현하기를 즐기게 되었을 때, 그 강렬한 열정과 드라마틱한 이야기는 세상에 널리 알려지게 될 것이었다. 런던과 브로드웨이의 연극, 여러 책들, 텔레비전 연속극과 영화는 그의 범상치 않은 러브 스토리의 사랑과 기쁨과 애수를 다시 그려내고자 시도했다.

그간 줄곧 방어적인 태도를 취해 왔던 그가 어떻게 로맨틱한 관계에 빠지고 말았을까? 유대계 미국인인 조이 데이빗먼 그레셤이라는 작가는 루이스의 저서들을 읽고 루이스가 경험한 것과 비슷하게 무신론자의 세계관을 버리게 되었다.

조이 데이빗먼은 뉴욕에서 출생하여 헌터 대학을 다녔고 콜럼비아 대학교에서 대학원을 마쳤다. 그녀는 작가로 생활을 꾸려나갔다. 소설 두 권을 출간했으며, 《동지에게 보내는 편지》라는 운문집으로 1938년에 예일 시문학상을 받았다. 공산당 입당 후에는 영화 비평가요, 〈새로운 노동자 계급〉이라는 공산당 매체의 시 편집인으로 일했다. 엠지엠(MGM) 영화사의 시나리오 작가로 할리우드에서 일한 적도 있다. 그녀는, 공산당원이자 무신론자이며 재능 있는 소설가였던 윌리엄 그레셤을 만나 결혼하였다. 윌리엄은 이혼 경력이 있는 남자였다.

윌리엄은 심한 우울증, 자살 충동, 알코올 중독, 바람기로 괴로워하고 있었다. 정신과 치료를 받아 우울증에서는 벗어났지만 계속폭음을 하여 결혼생활이 힘들어졌다. 한 번은 그가 조이에게 전화를 걸어 집에 들어가지 않겠다고 했다. 그녀는 못 견디게 절망하여 울면서 하나님 앞에 무릎을 꿇었다. 자신의 회심 경험을 묘사한 글에서 조이는 "……하나님을 피해 숨었던 오만과 독선과 이기주의의 벽은 순식간에 허물어졌다. 그러자 하나님이 들어오셨다"[73]라고 썼다. 루이스의 책에 영향을 받은 그녀는 1950년에 그에게 편지를 쓰기로 결심한다. 루이스는 그녀가 편지를 상당히 잘 쓰며 재기 넘치는 사람임을 간파했다.

1952년 9월에 조이는 루이스를 만나기 위해 런던으로 여행하기로 과감한 결정을 내린다. 런던에서 조이는 루이스를 점심식사에 초대한다. 그에 대한 답례로 루이스는 그녀를 옥스퍼드 대학에서의 점심식사에 초대한다. 그 점심식사는 몇 년 후 축복받는 사랑의 관계로 발전하게 될 단초였다.

루이스는 조이가 매력적인 여성이라고 생각했으며, 대담하면서도 충돌을 일으키기 쉬운 그녀의 퉁명함에 당황하면서도 재미있어 했다. 그들은 흥미로운 것들과 좋아하는 것들, 싫어하는 것들을 함께 나누었고, 위대한 문학과 저작에 대한 깊은 관심을 나누었다. 둘 다 도시를 싫어했고 시골을 좋아했다. 그녀는 당시의 미국을 비판했다. 루이스도 프로이트처럼 미국과 미국인들에 대해 부정적인 견해를 품고 있었기 때문에 조이의 비판을 즐겨 들었다.

1952년 12월에 조이는 남편에게서 편지를 한 통 받는다. 그가 조이의 사촌인 르네 피어스와 사랑에 빠졌으므로 이혼을 원한다는 내용이었다. 집에 돌아왔을 때 조이는 그들이 함께 자고 있는 것을 보게 되었고 이혼에 동의했다. 이혼 후 1953년 여름, 그녀는 어린 두 아들을 데리고 런던으로 이주한다. 그 후 2년 동안 그녀가 루이스를 얼마나 많이 만났는지에 대한 기록은 없다. 조이와 두 아들은 루이스가 사는 곳에서 가까운 헤딩턴으로 이사했다. 그녀는 그의 저술 작업을 돕기 시작했고 자주 만났다.

그 무렵 영국 내무부는 조이의 영국 체류 허가를 갱신해 주지 않았는데, 이는 아마도 공산주의자였던 그녀의 이력 때문이었던 것 같다. 루이스는 그녀의 사정을 딱하게 여겨 단지 그녀를 영국에 머물 수 있게 할 목적으로 일반 혼인예식으로 결혼할 것을 제안했다. 그러나 몇 가지 이유에서, 그는 그 결혼을 완전하게 하기 위해 신방까지 꾸밀 계획은 없었다. 첫째, 그는 조이에 대해 어떤 로맨틱한 감정도 의식하지 못했고 그녀를 그저 좋은 친구로 여겼다. 둘째, 그는 이혼한 사람과의 결혼을 금지하는 교회법 때문에 교회 혼인예식이 불가능하다고 여겼다. 그는 그리브즈에게 쓴 편지에서 그녀와 진짜로 결혼한다면 "내 관점으로 볼 때 간통이므로 그런 일이 있어서는 안 되지"[74]라고 썼다. 결혼식은 1956년 4월 23일 은밀히 치러졌고, 조이와 아이들은 영국에 머물 수 있게 되었다.

그해 10월, 그들의 관계를 본질적이고도 극적으로 변화시키는 사건이 일어났다. 조이가 골수암에 걸렸는데, 유방에서 생긴 암이 퍼져서 뼈로 전이된 것이었다. 루이스는 "그녀는 몇 달 안에 죽을지도 모른다"고 친구 그리브즈에게 편지를 썼다. 그는 책임감을 느끼고 그녀와 아이들을 자기 집으로 데려다가 돌보았다. 루이스는 그들의 일반 결혼예식을 공표하였다. 영국의 유력 일간지 〈타임스〉 1956년 12월 24일치에는 이런 기사가 실렸다. "케임브리지 모들린 칼리지의 C. S. 루이스 교수와 옥스퍼드 소재 처칠 병원에 입원 중인 조이 그레셤 여사의 결혼식이 있었다. 축하 편지는 보내지 말아달라는 요청이 있었다."

조이를 잃게 될지도 모른다는 생각으로 인해, 루이스는 자신이 그녀를 사랑하고 있을 뿐 아니라 깊이 빠져 있으며 그녀를 진짜 아내로 원하고 있다는 사실을 깨닫게 되었다. 루이스가 어떻게 조이가 바라던 교회 혼인예식의 승인을 얻었는지는 복잡한 이야기인데, 그 자세한 내용은 알려진 바가 없다. 윌리엄 그레셤이 조이와 결혼하기 전에 결혼을 했고 그의 첫째 부인이 아직 살아 있기 때문에 윌리엄과 조이의 결혼은 참된 기독교 결혼이 아니었다고 루이스가 주장했다는 사실만 알려져 있다.

루이스의 제자였던 피터 바이드 목사가 주례를 맡아 주어 마침내 그들은 1957년 4월 21일 옥스퍼드의 처칠 병원에 입원 중이던 조이의 병상에서 결혼했다. 루이스의 형 워렌은 그 결혼식에 대해 일기에 이렇게 쓰고 있다. "가슴이 저미는 결혼식이었다. 조이처럼 대단히 용감한 사람에게는 동정심이 모욕이겠지만, 무엇보다 조이가 잭과 한 지붕 밑에서 자신의 죽음을 맞이하는 위로를 간절히 바란 것에 마음이 아팠다. …… 희망은 거의 남아 있지 않은 듯하지만, 종국에는 아무 고통도 없게 될 것이다."

조이는 루이스의 집인 킬른스로 이사했다. 그해 5월, 루이스는 이렇게 쓰고 있다. "조이가 집에 있다. ……병원이 그녀를 위해 더 이상 할 수 있는 일은 없다. ……완전히 누워 일어나지 못한다. 그러나 하나님께 감사하건대, 아무런 고통도 없었고…… 종종 생기마저 돌았다." 바이드 목사는 조이와 잭 루이스의 결혼 주례를 서기 전부터 조이의 회복을 위해 기도했으며, 잭도 계속 기도해 왔다. 그때 많은 사람이 기적이라고 생각하는 일이 일어났다. 조이가 회복되기 시작했고 걷기 시작했다. 6월에 조이는 친구에게 "지금 상황을 생각하면 잭과 나는 놀라울 정도로 행복하게 지내고 있어"라고 썼다.[75] 7월에 그들은 비행기를 타고 아일랜드로 늦은 신혼여행을 떠났다. 그들을 방문했던 친구에 의하면, 루이스는 아내와 "완전한 행복과 만족" 가운데 살았다. 한 번은 루이스가 친구에게 "이십대에 나를 스쳐 지나간 행복이 육십대에 찾아오리라고는 전혀 예기치 못했네"라고 말했다. 오래 전부터 조이는 그리스를 가 보고 싶어 했다. 1960년 4월에 다른 한 쌍의 부부와 함께 그들은 그리스에서 열흘 동안 휴가를 보냈다.

조이가 C. S. 루이스를 만나기를 기대하며 영국에 왔을 때, 그녀는 그를 만났고 그의 모든 방어벽을 깨뜨려 버렸으며 '제발 간섭하지 마시오'라는 표지판을 무시하고 들어갔다. 그들은 3년 4개월의 복된 기간을 즐겼다. 전기 작가들에 의하면, 조이가 쓴 편지들은 "행복으로 가득 차" 있다. 그녀는 "당신은 우리를 이십대 초반의 신혼여행 커플로 생각해야 할 거예요"라고 썼으며, 루이스의 성적 용감함에 대해 숨김없이 고백했다.[76] 《헤아려 본 슬픔》에서 루이스는 "지난 몇 년간 아내와 나는 사랑에 탐닉하였으며 그 갖가지 양식을 다 즐겼다. ……심신 어느 곳이고 충족되지 않은 바가 없었다"라고 썼다.

프로이트와 루이스가 각자의 성을 어떻게 표현했는지를 살펴볼 때, 루이스에 비해 프로이트는 훨씬 더 제한된 성생활을 했던 것 같다. 대다수의 전기 작가들은 프로이트가 결혼하기 전인 30세가 되기까지는 전혀 성 경험을 갖지 않았다고 말한다. 결혼 기간 중 그의 성생활은 불과 몇 년밖에 지속되지 않았던 것 같다. 새로운 성적 자유의 아버지가 자신의 성생활은 83년 인생 중 단지 10년으로 제한 했다는 게 가능한 일인가? 만일 그렇다면 왜 그랬을까? 프로이트가 (그의 치료를 받은 빈의 숙녀들처럼) 성을 충격적이고 메스꺼운 것으로 보았다는 루이스의 비난이 맞는가?

확실히 루이스는 프로이트에 비해 더 활발한 성생활을 했다. 그는 처음에는 친구였다가 나중에 연인이 된 여성과 늦은 나이에 성적 활력을 즐겼다. 회심한 뒤, 결혼하기 전 그리고 성 충동을 처음으로 조절할 수 있게 되었을 때, 루이스는 자기 자신에게 그리고 다른 사람과의 관계에 더 만족했던 것 같다. 그 이유는, 아마도 내가 연구했던 하버드 학생들이 단서를 줄 수 있을 것이다.

회심을 경험하기 전 학생들은 자신의 성적 관계에 대해 만족하지 못했고, 성적 관계에서 그들이 기대한 정서적 친밀감을 거의 느끼지 못했다고 설명했다. 그들은 깊은 외로움과 '어디에도 소속되지 못한 느낌'을 토로했다. 그들의 성적 행동은 대체로 이러한 외로움을 극복하기 위한 필사적인 시도인 것 같았다. 회심을 경험한 뒤 그들은 루이스처럼 순결과 결혼생활에서의 온전한 정절에 대해 엄격한 성경적 기준에 따라 살고자 했다. 이러한 엄격한 제한은 과거 그들의 행동과 현재의 사회적 관습 사이에 심한 갈등을 초래했다. 그러나 그들은 이처럼 경계선이 뚜렷한 것이 경계가 전혀 없는 것보다 덜 혼란스러우며, 이성을 "성적 대상이기보다는 인격체"[77]로 보고 관계를 맺는 데 도움이 된다는 것을 깨닫게 되었다.

프로이트는 자신의 임상 관찰을 기초로 이와 비슷한 확신에 이르렀는가? 단지 추측할 수 있을 뿐이다. 확실히 그는 자신이 택한 분명한 경계선을 세우고 자녀들을 양육했는데, 이는 그가 "비할 데

없이 자유분방한 성생활"을 공적으로 호소한 것과는 전혀 다른 삶
이다. 루이스가 그랬듯이, 프로이트도 암묵적으로는 "이 세상에서
도 행복해지려면 상당히 많은 자제가 필요한 법이다"[78]라고 결론지
었는지 모른다.

7. 사랑

모든 사랑은 승화된 성인가?

프로이트와 루이스는 모두 사랑에 관해 많은 글을 남겼다. 두 사람 모두 '사랑'이라는 단어가 부주의하게 쓰이며 많은 다른 의미를 가지고 있으므로 명확히 정의되어야 한다는 점을 분명히 인식하고 있었다. 우리는 조국, 개, 아이들, 친구, 부모 혹은 배우자에 대한 감정을 모두 '사랑'이라는 단어로 묘사하지만, 각각의 의미는 상당히 다르다.

프로이트는 모든 형태의 사랑을 두 가지 기본 범주로 나눈다. 즉 성적(생식기의) 사랑과, 성적 욕구가 무의식 속에 존재하는 사랑이다. 《문명과 불만》에서 그는 "언어에서 '사랑'이라는 단어가 부주의하게 사용되는 방식은 유전학적(발생론적)인 정당성을 가지고 있다"라고 한다. "남자와 여자는 생식기적 필요 때문에 가족을 이루게 되었는데 사람들은 그들의 관계에 '사랑'이라는 이름을 부여한다. 한편 사람들은 부모와 자식 사이, 형제와 자매 사이의 긍정적인 감정에 '사랑'이라는 이름을 부여하기도 한다."[1] 남편과 아내 사이의 사랑은 '생식기적 사랑'이며, 남매 사이 그리고 부모와 자식 사이의 사랑은 '목적이 억제된 사랑' 혹은 '애정'이다.

리비도—에로스의 심리적 에너지—는 성적 사랑의 관계에서 공공연히 표현되거나 아니면 승화되어 무의식 속에만 존재하는 것인지도 모른다. "억제된 목적을 가진 사랑은, 원래는 완전히 감각적 사랑이며 따라서 여전히 인간의 무의식에 남아 있다. 완전히 감각적 사랑과 목적이 억제된 사랑 모두 가족 외부로 확장되며, 이전에는 낯설었던 사람들과 새로운 결속을 만들어 낸다. 생식기적 사랑은 새 가족을 형성하는 데 이르게 되고, 목적이 억제된 사랑은 '우정'의 관계를 형성하는 데 이르게 된다."[2]

가족간의 사랑과 우정은 "직접적인 생식기적 목적을 포기한 것이 아니라 그 목적 성취를 내면에서 저항하기 때문에 억눌려 있는" 사랑의 형태이다. "그 사랑의 형태는 완전한 충족의 근사치에 만족한 채로 남아 있으며, 바로 그 때문에 인간들 사이의 특별히 확고하고 영원한 애착에 머물게 된다. 특히, 부모와 자식 간의 애정 관계, 우정, 그리고 성적 매력에 뿌리를 둔 결혼생활에서의 정서적 유대가 여기에 속한다."[3]

프로이트는 모든 형태의 '사랑'을 '성'이라는 꼬리표를 붙여서 분류하는 데 대해 사람들이 강하게 저항한다는 사실을 깨닫고 말머리를 돌리려고 했다. "우리가 사랑이라고 할 때 이것이 의미하는 바의 핵심은 본래 성적 결합을 목적으로 하는 성적 사랑에 있다(이것이 바로 시인들이 노래하는 바이다). 그러나 이러한 성적 사랑—어찌

되었건 '사랑'이라는 이름을 붙이는— 으로부터 한편으로는 자기애를, 다른 한편으로는 부모와 자식 간의 사랑(그리고 우정과 인류애)을 따로 분리하지 않는다."[4]

인류애, 부모와 자식 간의 사랑, 친구 사이의 우정을 '성적'이라고 이름 붙이는 분류는 경멸과 거부 반응을 불러일으켰다. 프로이트는 왜 그랬을까?《집단 심리학과 자아 분석》에서 그는 이렇게 설명한다. "우리의 정당성의 근거는, 이 모든 성향이 동일한 본능적 충동의 표현이라는 사실을 정신분석 연구가 보여 준다는 데 있다. 이성간의 관계에서 이러한 충동은 성적 결합을 향해 나아간다." 다른 형태의 사랑에 있어서 성적 충동은 "성적 결합이라는 목적을 벗어나" 있긴 하지만, 그럼에도 여전히 성적이다. "이러한 결론에 도달하기 전에는 마치 정신분석이 불온한 사상을 퍼뜨린 죄를 저질렀었다는 듯이 분노의 폭풍이 휘몰아쳤다. 그러나 사랑을 이와 같이 '넓은' 의미로 받아들이는 것이 사랑의 원래 개념에서 벗어난 것은 아니다. 사랑의 기원과 기능과 성적 사랑과의 관계에 철학자 플라톤의 '에로스'는 사랑의 힘인 정신분석학의 리비도와 정확하게 일치한다. ……바울 사도가 고린도 교회에 보낸 유명한 편지인 고린도전후서에서 다른 무엇보다 사랑을 드높이 찬미할 때, 그는 확실히 사랑을 '더 넓은' 의미로 이해하고 있다."[5]

프로이트는 고린도전서를 인용한다. "내가 인간의 여러 언어를 말하고 천사의 말까지 한다 하더라도 사랑이 없으면 나는 울리는 징과 요란한 꽹과리와 다를 것이 없습니다."(13:1·공동번역판) 프로이트는 "이 말은 인간이 위대한 사상가들을 찬양한다고 공언할 때조차 그들을 진지하게 받아들이지 않는다는 것을 보여 줄 뿐이다"[6]

라고 한탄한다. 여기서 프로이트가 플라톤을 지칭하는 것인지 아니면 바울 혹은 자기 자신을 지칭하는 것인지는 전혀 확실하지 않다.

프로이트는 다음과 같이 주장했다. "성을 부끄러워하는 것은 좋을 게 하나도 없다. 무례함을 완화하는 헬라어 '에로스'는, 결국 독일어인 '리베'(Liebe : 사랑)의 번역과 다를 바 없다."

그렇다면 사랑은 참으로 오직 성에 관한 것인가? 아니면 이는 유물론자의 극단적인 주장인가? 마땅히 공로를 인정한다면, 프로이트가 모든 관계의 복잡한 특성에 대해 놀라운 통찰을 제공한다는 점이다. 그는 가족, 클럽, 교회, 대학, 회사, 스포츠 팀, 병원 등의 모든 그룹에서 일차적인 문제는, 그 조직이 수행해야 하는 임무가 아니라 사람들 사이의 갈등이라는 점을 이해하기 쉽게 설명한다. 즉 그 갈등의 이유 중 하나는 우리 모두가 다른 사람들에 대해 부정적 감정을 품고 있기 때문이라는 것이다. 이러한 감정은 보통 억눌려 있어서 잘 인식하지 못하지만, 우리의 행동에 영향을 끼치며 관계에 갈등을 초래한다.

프로이트는 이렇게 쓰고 있다. "어느 정도 지속되어 온 거의 모든 친밀한 정서적 관계—결혼, 친구, 부모와 자식 관계—에는 억압으로 말미암아 지각할 수 없을 뿐이지 혐오와 적개심의 앙금이 내재해 있다."[7] 이러한 점은 "동업자들 사이의 흔한 말다툼"에서 명백히 볼 수 있다. 이렇듯 바탕에 깔려 있는 적대감과 다른 사람들을 낮추보는 경향은 큰 그룹에서도 나타난다. "두 가정이 결혼을 통해 연결될 때마다 각 가정은 서로 상대편보다 우월하거나 더 좋은 혈통을 갖고 있다고 생각한다. 이웃하고 있는 두 마을의 경우, 각각은 상대 마을을 가장 시샘하는 경쟁자가 된다. 모든 작은 주는 다른 주를 경멸감으로 낮추본다."

프로이트가 남긴 또 하나의 경구는 "사소한 차이의 나르시시즘"이다. 이에 관해 그는 지역간 · 민족간의 반감을 예로 든다. "남부 독일인들은 북부 독일인들을 견딜 수 없어 하고, 잉글랜드 사람들은 갖은 방법으로 스코틀랜드 사람들을 중상하며, 스페인인들은 포르투갈인들을 경멸한다." 그는 "프랑스인들이 독일인들에게 느끼는 것, 아리안 인종이 유대인들에게 느끼는 것, 백인이 유색인에게 느끼는 것과 같은 거의 극복하기 어려운 반감"에 대해 말한다.

프로이트는 왜 이러한 근원적인 적대감이 존재하는지를 우리는 완전히 이해하지 못하지만 "이와 같은 적대적인 관계의 증거로 나타나는 것이 증오와 공격성"이며 "그 근원은 알려져 있지 않지만, 이 증오와 공격성은 인간의 기초적 성격을 이룬다고 본다"[8]고 덧붙인다.

프로이트는 또한 우리가 사랑의 관계를 어떻게 선택하는지에 관해 통찰을 제공한다. 그는 어린 시절의 경험은 친구뿐 아니라 결혼 배우자 선택에도 강하게 영향을 끼친다고 주장한다. 1922년에 쓴 논문에서 프로이트는 이렇게 기술한다. "아이가 자신과 같은 성 또는 다른 성의 사람들과 형성하는 관계의 본질과 특성은 생후 첫 6년 안에 일찌감치 정해진다. 이후에 그 본질과 특성을 계발하고 변화시켜 나가지만, 아예 없애 버릴 수는 없다. 이런 방식으로 고착되어 있는 사람들은 그의 부모와 형제자매이다."[9]

그리고 나서 프로이트는 우리가 성인이 된 후 맺는 모든 관계는 어느 정도 어린 시절의 관계에 의해 결정된다는 놀라운 진술을 한다. "그가 나중에 알게 되는 모든 사람은 그의 감정의 첫 번째 대상들 대신 대체된 인물들이다. ……나중에 알게 되는 사람들은 이와 같은 일종의 정서적 유산을 넘겨받지 않을 수 없게 된다. 그들이 마주치게 되는 연민과 혐오는 그들이 만들어 낸 것이 아니다. 그가 나중에 선택하는 우정과 사랑은, 모두 이러한 최초의 원형에 의해 남겨진 기억의 흔적을 근거로 한다."

프로이트는 결국 전이(轉移) 이론을 개발했다. 전이 이론은 정서 장애를 치료하는 그의 치료법에 중요한 역할을 했을 것이며, 오늘날에도 여전히 우리가 친구와 결혼 상대를 선택하는 방식에 대해 통찰을 제공한다. 인간관계에서 감정은, 오늘날 우리가 이해하고 있듯이 이중의 궤도 위를 달린다. 즉 상대방에 대한 의식적인 경험을 바탕으로 반응하고 관계 맺을 뿐 아니라, 유아기와 어린 시절의 중요한 인물들—특히 부모와 다른 가족 구성원들—과의 관계에서 비롯된 무의식적인 경험에 따라 반응하고 관계를 맺기도 하는 것이다.

특히 과거의 어떤 인물과 유사한 특징을 가진 사람이 있을 경우, 우리는 그 과거의 인물을 대하던 감정과 태도를 현재의 인물에게로 옮겨놓는 경향이 있다. 그러므로 어떤 개인이 우리 안에 강렬한 감정—강한 매력이든 강한 혐오든—을 불러일으킬 수 있는데, 그 감정은 그 개인에 대한 우리의 지식이나 경험과는 전적으로 동떨어진 것일 수 있다. 이러한 과정은 정도 차이는 있으나 친구나 룸메이트, 배우자 혹은 고용주를 선택하는 데 영향을 끼칠 수 있다.[10]

우리 모두는 과거에 전혀 만난 적은 없지만 강한 감정을 불러일으키는 누군가를 본 경험이 있다. 전이 이론에 의하면, 이런 일은 그 사람의 어떤 특징—걸음걸이, 머리를 기울이는 습관, 웃음 혹은 그 밖의 특징—이 과거 어린 시절의 의미 있는 인물을 떠올리기 때문에 일어난다. 이 경우 때로 배우자나 직장 상사가 우리에게 납득할 수 없을 정도로 매우 강렬한 감정을 불러일으킬 것이다. 어떤 몸짓이나 어조와 억양이 어린 시절의 중요한 인물에 대해 경험한 부정적인 감정을 다시 일게 하는 것이다.

❧

전이 반응은 모든 인간관계에서 일어나지만, 특히 권위를 가진 인물과의 관계에서 가장 빈번하고 강렬하게 발생한다. 특히 의사와 환자 사이에서 자주 일어나는데 그 이유는 부분적으로 환자들이 의사를 권위 있는 인물로 보며 전에 자기 부모, 즉 자기 인생 최초의 권위에 대한 감정을 의사에게 대입하는 경향이 있기 때문이다. "환자는 의사를 통해 과거 유아기에서 온 어떤 중요한 인물의 회귀 곧 환생을 보며, 그 결과 의심의 여지 없이 처음의 원형에게 향했던 감정과 반응을 의사에게 전이한다. 이 전이는 전혀 예기치 못한 중요한 요인임이 곧 입증될 것이다."[11]

프로이트는 의사에 대한 환자의 긍정적인 감정('긍정적' 전이)이 환자의 증세를 회복하는 데 강한 동기를 부여하는 힘이 있다고 말한다. 그는 융에게 보낸 편지에서 정신분석 작업의 기초에 대해 토론하면서 "본질적으로 치료는 사랑에 의해 이루어진다"[12]고 썼다. 프로이트는 자신의 전이 개념을 발전시킴으로써 모든 인간관계에 대한 일반의 이해에 크게 기여했다.

그러나 C. S. 루이스는 사랑과 관계에 대한 프로이트의 이해가 불완전하다고 생각했다. 그는 위대한 문학 작품들을 사용하여 사랑에 대해 논했다. 루이스의 접근은 프로이트의 임상적 접근보다 더 상세한 것이었다. 그의 학문적 연구 중 상당 부분은 인간의 사랑에 초점을 두었다. 《사랑의 우화》와 《네 가지 사랑》은 사랑에 관한 고전으로 인정받는다.

루이스는 먼저 사랑을 폭넓게 두 가지 범주로 나눈다. 하나는 '필요에 기초를 둔 사랑'이며 다른 하나는 '필요와 무관한 사랑'이다. 그는 《네 가지 사랑》에서 다음과 같이 기술한다. "내가 처음 한 일은 '선물의 사랑'(Gift-love)과 '필요의 사랑'(Need-love)을 구별하는 것이었다. 선물의 사랑에서 전형적인 예는, 한 가정의 가장이 가족의 미래 행복을 함께 누리거나 보지 못하고 죽을 수도 있지만 가족의 행복을 위해 일하고 계획하고 저축하는 사랑일 것이다. 필요의 사랑에서 전형적인 예는, 외롭고 겁먹은 아이가 엄마의 품을 찾는 사랑일 것이다."[13] "필요의 사랑은 어떤 여자에 대해 '나는 그녀 없이는 못 산다'고 말하는 반면, 선물의 사랑은 그녀에게 행복과 위로와 보호—가능하다면 부유함까지도—를 주려 한다."[14]

프로이트처럼 루이스도 "하나님은 사랑이시다"라는 신약성경 구절을 인용하면서, 그 구절을 "사랑은 하나님이시다"라고 번역하지 않도록 주의해야 한다고 경고한다. 루이스는 모든 형태의 인간의 사랑은 우상이 될 수 있으며 사랑이라는 이름으로 사랑 없는 행동을 행할 수 있다는 흥미로운 주장을 펴고 있다. 그는 사랑은 "신이 되기 시작하는 순간, 악마가 되기 시작한다"라고 쓰고 있다. 사람들은, 사랑을 핑계 삼지 않으면 양심이 결코 허용하지 않을 행위들을 모두 사랑의 이름으로 행하는 경향이 있다. "모든 인간의 사랑은, 그 정점에서 스스로 신적 권위를 주장하는 경향이 있으며 마치 그것이 하나님의 뜻이었다는 듯 떠들어 대는 경향이 있다."

루이스는 《네 가지 사랑》에서 이렇게 쓰고 있다. "한 여인에 대한 사랑은 한 남자의 결혼 서약을 깨고 처자식을 소홀히 하게 할 수 있으며, 국가에 대한 사랑은 인간이 상상도 할 수 없는 잔혹한 행위를 저지르게 할 수 있으며, 교회에 대한 사랑은 사람들이 실제로 악한 일을 행하도록 부추길 수 있다." 또한 그는 특유의 솔직한 말로 이렇게 단언한다. "내가 쓸 생각은 없지만 꼭 써야 하는 책이 하나 있다면, 인류가 그동안 행한 모든 잔학하고 배신적인 행위 가운데 기독교 사회가 구체적으로 가담한 부분에 대한 기독교계의 전적인 고백이 담긴 책이다. ……우리는 그리스도의 이름을 외치면서도 실제로는 몰록(가나안 지방에서 산 아이를 제물로 바치며 섬겼던 신-옮긴이)을 섬기는 행위를 했다."[15]

루이스는 헬라어 전통을 따라 인간의 사랑을 좀더 구체적으로 네 가지 범주로 나눈다. 즉, 첫째는 스토르게(*Storge*)로 가족간의 애정, 둘째는 필리아(*Philia*)로 친구 사이의 우정, 셋째는 에로스(*Eros*)로 '사랑에 빠진' 사람들 사이의 낭만적인 사랑, 마지막 넷째는 아가페(*Agape*)로 하나님과 이웃을 향한 사랑이다.

한 친구에게 보낸 편지에서 루이스는 이러한 여러 형태의 사랑에 대해 자세히 정의한다. "'자비'는 사랑을 의미한다. 이것은 신약성경에서 아가페라고 불리는데 에로스(성적 사랑), 스토르게(가족의 애정), 필리아(우정)와 구별된다. ……네 가지 사랑이 적절한 상황에서는 모두가 선하지만, 그 중 아가페가 최고인 이유는 그것이 우리를 향한 하나님의 사랑이며 모든 상황에서 선하기 때문이다. 내가 에로스를 느껴서는 안 되는 사람들이 있고, 스토르게나 필리아를 느낄 수 없는 사람들도 있으나, 아가페는 하나님과 사람과 동물에게, 착한 사람과 나쁜 사람에게, 노인과 젊은이에게, 관계가 먼 사람과 가까운 사람 모두에게 행할 수 있다. 아가페는 받는 것이 아니라 모두 주는 것이다. ……돈을 주는 것은 자비를 보여 주는 단지 '한 가지' 방법일 뿐이다. 시간과 노고를 주는 것이 그보다 훨씬 좋은 일이며 그게 (우리들 대부분에게) 더 힘들다."[16]

스토르게는 이른바 '애정'(affection)이라고 불리는 사랑이다. 그리스인들은 이 용어를 처음부터 가족간의 애정을 지칭하기 위해 사용했다. 루이스는 "내 헬라어 사전에는 스토르게를 '애정 특히 자녀에 대한 부모의 애정으로, 부모에 대한 자식의 애정도 포함된다'라고 정의하고 있다. 분명 이것이 이 단어의 원형일 뿐 아니라 중심 의미라고 생각한다"[17]고 말한다. 물론 가족이 아닌 사람들에게도 마찬가지로 애정을 느낄 수 있다. 이러한 애정의 주된 특징은 편안한 친근감일 것이다. 우리는 아무 관계도 아닌 사람에게 애정을 느낄 수 있으며, 따라서 친구가 아닌 사람에게도 애정을 느낄 수 있다. 루이스는 우리가 누군가를 오랫동안 알아 왔으므로 친숙하며 함께 있으면 편안하다는 이유만으로 애정을 느낀다고 말한다. 그는 이 감정을 다음과 같이 묘사한다. "애정은 우리의 삶에 조용히 들어와 서서히 퍼진다. 애정은 소박하고 꾸밈없는 사적인 것들과 함께한다. 부드러운 실내화, 낡은 옷가지, 오래된 농담, 부엌 바닥에서 졸고 있는 개의 꼬리를 밟는 것, 재봉틀 소리……."[18]

루이스는 애정이 공공장소가 아닌 편안하고 사적이고 조용한 분위기에서 적절하게 표현된다는 점을 주목한다. 애정은 공적으로 표현되었을 때 다른 사람들을 불편하게 만들 수 있다. "요란하고 빈번하게 표현하는 애정은 애정이 아닐 것이다. 애정을 공중 앞에서 표현하는 것은 집 안에 있는 가구를 이사하기 위해 바깥에 내놓는 것과 같다. 가구는 있어야 할 장소에서는 잘 어울리지만 햇볕에 내놓으면 볼품없거나 싸구려처럼 보이거나 우스꽝스러워 보인다."[19]

또한 루이스는 애정을 겸손하다고 묘사한다. "사람들은 '사랑에 빠진' 상태나 우정 관계를 자랑스러워할 수 있다. 이에 비해 애정은 겸손하며 심지어 은밀하고 수줍기조차 하다. …… 오직 애정으로 맺어진 관계에서 상대방에 대한 칭찬은, 대개 그가 자리에 없을 때나 그의 사후에 이루어진다. 우리는 그들을 특별하지 않은 사람들로 여긴다. 이렇게 상대를 특별하지 않게 여기는 태도는, 에로스의 경우에는 모욕이 되겠지만 애정의 경우에는 어느 정도까지는 타당하고 적절하다. 그것은 애정이라는 감정의 편안하고 조용한 성격에 적합하기 때문이다."[20]

애정은 다른 형태의 사랑을 동반할 수 있다. 우리는 친구에게도 애정을 느낄 수 있다. "친구를 사귀는 일이 애정이 깊어 가는 것과 같지는 않다. …… 그러나 당신의 친구가 오랜 사이가 되었을 때, 원래 우정과는 전혀 관계 없던 그에 관한 모든 것들이 친근하고 소중해진다."

애정은 가족의 경계를 훨씬 넘어서 다른 형태의 사랑과 결합될 수 있다. 애정은 에로스의 한 부분이며, 또 한 부분이어야 한다. 애정 없는 성적 사랑은 냉랭하고 마음 내키지 않는 일일 것이다. 루이스는 사랑의 형태 중 애정이 가장 차별을 두지 않는다고 기술하고 있다. "못생긴 사람이든, 어리석은 사람이든, 화난 사람이든 관계없이 거의 누구라도 애정의 대상이 될 수 있다. …… 나는 부모뿐 아니라 형제들도 저능아에게 애정을 느끼는 것을 본 적이 있다…….종교의 장벽조차 무시된다. 개와 사람 사이뿐 아니라 더욱 놀랍게도 개와 고양이 사이에도 애정이 있다."[21]

루이스는 애정과 친밀함에 바탕을 둔 관계에 관하여 흥미 있는 경고를 한다. 애정과 친밀함은 버릇없이 행동하도록 만들 수 있는 위험을 초래할 수 있다. "애정은 낡은 옷같이 편하고 방심하는 순간처럼 자유로워서, 만일 낯선 사람들에게 애정을 보인다면 버릇없이 보일 수 있다." 그리고 이렇게 덧붙인다. "친밀해질수록 덜 형식적이 되나 그렇다고 해서 예의가 덜 중요한 것은 아니다. 반대로 애정은 공적인 관계에 비길 데 없이 더 미묘하고 민감하고 깊은 호의를 최선을 다해 베푸는 것이다."[22] "……당신은, '입 다물어. 책 좀 읽자'라고 말할 수 있다. 당신은 적당한 때에 적당한 어조로 상대방이 마음 상하지 않을 정도로 무엇이든 할 수 있다. 그리고 바람직한 애정일수록 이러한 표현을 더 정확히 이해한다(모든 사랑에는 나름의 '사랑의 기술'이 있다)."[23]

물론 가족들끼리는 예의를 지키지 못할 때가 잦다. "어떤 집에 저녁 식사 초대를 받아 갔는데 그 집의 아버지나 어머니가, 다른 젊은 이들에게 그랬다면 간단히 그 관계가 끝났을 법한 무례한 말로 다자란 자녀들을 대하는 광경을 보고 당황해 본 경험이 없는가? 그런 무례한 태도에는, 자녀들은 이해하고 어른들은 이해 못하는 문제에 관한 독단적인 주장, 무자비하게 말 막기, 딱 잘라 무시하기, 젊은 이들이 진지하게 여기는 것들을 조롱하는 태도 등이 있다."[24]

루이스는, 애정이라고 부르는 사랑이 세상에서 우리가 누리는 행복의 큰 부분을 차지한다고 믿는다. 만일 "애정이 상식을 지키고 서로 주고받으며 '예의'를 지킨다면…… 우리의 자연적인 삶 속에 있는 견고하고 영속적인 행복 가운데 십중팔구는 애정이 차지한다."[25]

루이스와 프로이트 둘 다, 모든 형태의 인간의 사랑은 "그 속에 증오의 씨앗을 잉태하고 있다"고 경고한다. 부모든 자녀든 상대가 자신을 필요로 하기를 바라는 욕구가 있지만, 그러한 욕구가 충족되지 않는 경우 더욱더 지나친 요구를 하게 되고 결국 좌절을 맛보면서 사랑이 미움으로 바뀔 수 있다. "로마의 시인이 '나는 사랑하는 동시에 미워한다'고 한 말은 성적 사랑에 대한 것이지만 다른 종류의 사랑도 똑같은 여지를 가지고 있다. 즉, 그 사랑 안에 증오의 씨앗이 들어 있는 것이다. 만일 애정이 삶의 절대 주권자가 되면 증오의 씨앗이 싹틀 것이다. 신이 되어 버린 사랑은, 악마가 된다."[26] 표면상 프로이트와 루이스는 생각이 같은 듯하지만, 루이스는 성이 스토르게(애정)의 중심에 있다거나 아니면 그 주변에 있다고조차 말하지 않는다.

ᘓᗢ

필리아(우정)에 대한 루이스의 생각은 프로이트와 더욱 현저하게 다르다. 루이스는, 우정을 억압된 성적 사랑의 한 형태로 간주하는 것은 아무런 근거가 없다고 본다. 프로이트는 우정을 '목적이 억제된' 사랑이라고 불렀지만, 루이스는 우정이 지닌 매우 다른 네 가지 특징을 다음과 같이 밝혔다.

첫째, 우정은 사랑의 형태 중 '필요'와 가장 무관하다. "에로스 없이 우리 중 누구도 태어나지 못했을 것이고 애정 없이 우리 중 누구도 양육되지 못했을 것이다. 그러나 우정 없이도 우리는 살 수 있고 번식할 수 있다. 생물학적으로 생각한다면, 인류는 우정을 필요로 하지 않는다."[27]

둘째, 우정은 다른 형태의 사랑과 비교하여 가장 덜 태생적이다. 우정은 "본능적인 면에서나 유기적·생물학적·집단적인 면에서 필요로 하는 것이 가장 적다. 우정은 우리의 신경과 거의 상관이 없다. 예를 들어, 목소리가 떨리거나 심장이 뛰거나 얼굴이 붉어지거나 창백해지는 일이 없다."

셋째, 우정은 현대 문화에서 가장 인정을 못 받고 있다. 우정은 "본질적으로 개인들 사이에 존재한다. 두 사람이 친구가 되는 순간 그들은 어느 정도 무리에서 떨어져 나온 것이다. ……무리—공동체—는 우정을 싫어하고 불신하기조차 한다." 모임이나 조직의 우두머리들은 "작은 무리의 부하들 사이에 긴밀하고 강한 우정이 생길 때 불편해한다. …… 개인보다 집단을 가치 있게 보는 견해는 필연적으로 우정을 경멸한다. 우정은 사람들의 개별성이 최고조에 이른 수준에서의 관계이기 때문이다."[28]

넷째, 우정은 에로스적 사랑과 다르지만 그것을 심화하고 강화할 수 있다. 루이스는 모든 사랑을 성적으로 보는 것은 어리석은 생각이라고 말한다.

루이스는 우정에 대한 프로이트의 정의를 언급하면서 이렇게 말한다. 우정을 "단지 위장된 에로스 혹은 정교하게 고안된 형태의 에로스로 보는 사람들은, 그들이 전혀 친구를 사귀지 않았다는 사실을 드러내는 것이다. ……동일인에게 우정과 에로스를 동시에 느낄 수 있지만…… 우정과 전혀 유사하지 않은 것이 에로스이다. ……연인들은 보통은 마주 보고 서로에게 몰입하는 반면, 친구들은 공통의 관심사에 나란히 몰입한다."[29] 그러나 연인이 친구가 될 수 있고 친구가 연인이 될 수도 있다.

두 사람의 이성이 만나서 공통의 관심사를 갖고 있다는 사실을 알게 될 때 "그들 사이에 일어난 우정은 매우 쉽게—만난 지 30분 만에—에로스로 나아갈 수 있다." 물론 반대의 경우도 생길 수 있다. 사랑에 빠져 성적으로 매혹당한 두 남녀가 내면 깊이 자리 잡은 공통의 관심사를 발견하게 될 수도 있다. 그러면 그들은 연인일 뿐 아니라 진정한 의미에서 친구가 될 수 있다. 두 관계의 차이는, 연인으로서는 단지 그들 자신에게만 초점을 두지만 친구로서는 그들을 함께 묶는 관심사를 다른 사람들과도 적극적으로 나눈다는 데 있다.

루이스는 에로스와 우정의 결합을 두고 "두 사랑의 차이를 망각하는 것이 아니라 오히려 그 차이를 분명하게 해 준다"고 말한다. 만일 누군가가 처음에는 진정한 의미에서 당신의 친구였다가 점차로 혹은 갑자기 연인이 될 경우, 당신은 분명 사랑하는 사람과의 사랑을 제삼자와 나누고 싶어 하지 않을 것이다. 그러나 우정을 다른 사람과 함께 나누는 데에는 전혀 질투심을 느끼지 않을 것이다. 사랑하는 사람이 당신의 친구들과 진실하고 자발적인 우정 관계를 깊이 맺는 만큼 그와의 사랑도 풍성해진다. 그것은 둘이 에로스적 사랑으로 연합되어 있을 뿐 아니라, 셋, 넷 혹은 다섯인 우리 모두가 같은 것을 추구하는 여행자로서 공통의 비전을 갖고 있다고 느끼기 때문이다."[30]

필리아(우정)에 대한 루이스의 견해를 통해, 친구들에 대한 그의 생각을 엿볼 수 있다. 친구들 모임에서 저마다 "내면 깊숙이 다른 친구들 앞에서 겸허해지는" 느낌을 갖는다고 루이스는 기술하고 있다. "문득문득 그는 자기보다 나은 사람들 속에 자신이 어떻게 끼게 되었는지 의아해한다. 그는 적막함을 넘어 그러한 친구들 속에 있게 된 것이 행운이라고 생각한다."

루이스는 정기적으로 만나서 함께 산책하며 활기차게 대화하는 가까운 친구들이 많이 있었다. 그는 "구성원 전체가 함께 모여 각자가 다른 이들 앞에서 최선을 다해 가장 현명하고 가장 재미있는 이야기를 꽃피울 때" 우정의 기쁨은 최고조에 이른다고 적고 있다. "네댓 명이 하루의 고된 일과를 마치고 우리의 거처로 모일 때, 실내화를 신고 벽난로 불꽃을 향해 다리를 뻗은 채 마실 것을 팔꿈치에 놓아 두고 있을 때, 이야기를 나누는 중에 전 세계와 그 세계 너머에 있는 그 무엇이 우리 마음에 밝히 드러날 때, 어느 누구도 상대에 대한 요구나 의무를 갖지 않으며 마치 한 시간 전에 처음 만난 사람들처럼 모두가 자유롭고 동등할 때, 그러면서도 동시에 수년 동안 원숙해진 애정이 우리를 감싸고 있을 때, 이러한 순간들이야말로 황금 같은 시간이다. 삶—자연적인 삶—에서 이 이상 좋은 선물은 없다. 과연 어느 누가 자격이 있어서 이런 선물을 받는다고 할 수 있겠는가?"[31]

루이스는 우정이 어떤 위험을 지니고 있다고 생각했다. 때로 우리는 마음속 깊은 관심을 사람들과 공유하기 때문이 아니라, 그들을 '모임 내부'의 일부로 보기 때문에 그 모임 안에 포함되기를 바란다. 만일 어떤 모임이 참된 우정으로 공통의 관심사 위에 존재하는 것이 아니라 "자부심과 우월감이라는 즐거움을 목적으로" 존재한다면, 그 모임은 "본래 우정이 자칫하면 빠지기 쉬운 위험인 교만"에 빠지게 된다.

그러한 모임은 참된 우정의 기초를 이루는 공통의 관심사가 아닌, 다른 이유로 가입하는 사람들을 끌어들인다. "속물들은 어떤 그룹이 이미 '엘리트'로 여겨지기 때문에 자신도 거기 소속되기를 바란다. 그리고 이미 소속되어 있는 친구들은 스스로를 '엘리트'로 간주하는 위험에 처한다"[32]고 루이스는 지적한다. "교만은 궁극적인 악이다. ······ 본질적인 악이고······ 하나님에 대한 적대감이며······ 남들보다 우월하다는 데서 오는 즐거움으로······ 눈을 내리깔고 사람을 본다."[33]

집, 학교, 대학, 병원, 법률회사나 그 밖의 모든 집단에는, 루이스가 "내부 동맹"(the Inner Ring)이라고 부르는 조직이 존재한다.[34] 루이스는 어느 누구나 인생의 어느 시점에는 "지역 동맹의 내부에 들어가려는 욕구와 외부에 남겨져 있는 공포" 때문에 분투한다고 단언한다. 외부에 남겨져 있다는 두려움, 즉 중요한 집단의 일부가 아니라는 두려움은 상당한 압박감과 불행을 느끼게 한다. 중요하다고 생각하는 사람들에게 받아들여지고 내부 동맹의 일원이 되기 위해, 우리는 종종 좀더 나은 판단에 반하는 일을 하기도 한다.

이에 대해 루이스는 다음과 같이 기술한다. "프로이트는 분명 모든 것이 성적 충동 때문이라고 주장할 것이다. 이러한 주장이 신발을 짝짝이로 신은 경우가 아닌지 의심스럽다. 나는 성적으로 문란한 시대에 많은 여성들이 처녀성을 잃는 까닭은, 사랑에 빠져서

라기보다는 난혼(亂婚)의 풍조를 따르는 한 동아리에 소속되려는 욕구 때문이 아닐까 생각한다. 왜냐하면 난혼이 유행일 때 순결을 지키는 사람들은 당연히 다른 사람들이 아는 어떤 것을 모른다고 따돌림 당하기 때문이다. ……좀더 가벼운 문제를 들어 말하자면, 처음 담배를 피우거나 처음 술을 마시게 되는 많은 경우도 이와 비슷한 이유일 것이다."

루이스는 사람들이 살고 일하는 곳이면 어디에나 내부 동맹이 형성되며, 내부 동맹 그 자체가 악은 아니라는 점을 분명히 한다. 내부 동맹에 속하고자 하는 욕구만이 악하다는 것이다. 이와 관련해 그는 어떤 것이 그 자체로는 도덕적으로 중립이지만 그것의 성취를 위한 욕구는 부도덕한 예를 제시한다. "나이 많은 경건한 친척이 고통 없이 죽는 것은 악이 아니다. 그러나 그녀의 죽음을 간절히 바라는 것은 적절한 감정으로 간주되지 않으며, 그녀의 죽음을 앞당기려는 가장 무난한 시도도 법은 허용하지 않는다."[35]

우리가 내부 동맹을 갈망하도록 자극하는 요인은 무엇인가? 루이스는 "권력, 돈, 규칙을 어기는 자유, 일상적 의무의 회피"를 포함하여 일곱 가지를 들고 있는데, 무엇보다도 "비밀스러운 친밀감을 즐기는 것"을 그 주된 이유로 꼽는다. 그는 "모든 열정 가운데 내부 동맹을 갈망하는 열정이 한 사람을…… 매우 나쁜 짓 하게 만드는 데 가장 능하다"고 경고한다. 아울러 루이스는 소외에 대한 두려움이 크면 클수록 더욱더 소외자가 되기 쉽다고 말한다. "소외의 두려움을 정복할 때까지 당신은 소외자로 남아 있을 것이다." 그리고 덧붙인다. "내부 동맹을 추구하는 욕구를 깨뜨리지 않으면 당신의 마음이 깨질 것이다."

루이스는 어떤 내부 동맹에도 종속되지 않고도 일의 세계에서 인정받는 방법에 대한 통찰을 제공한다. "근무 시간에 당신이 일을 목적으로 삼는다면, 얼마 안 가서 당신의 직업 분야에서 유일한 서클 안에 당신이 자리잡고 있다는 사실을 부지중에 알게 될 것이다. 당신은 흠 없는 기술자가 될 것이며 다른 흠 없는 기술자들도 그 사실을 인정할 것이다."

이와 비슷하게 "만일 여가 시간에 당신이 좋아하는 사람들과 함께 허심탄회하게 교제한다면, 자신이 부지중에 진정한 내부에 도달했음을 발견할 것이다. 즉 정확히 내부 동맹처럼 보이는 모임의 중심에서 당신은 실제로 아늑하고 안전하다는 사실을 발견할 것이다." 그러나 여기에는 일반적인 내부 동맹과는 중요한 차이가 있다. "이런 교제의 비밀스러움은 우연적이며 배타성은 그 부산물이다. 그리고 아무도 비밀스러움의 유혹에 의해 그쪽으로 이끌리지 않았다. 왜냐하면 그 모임은 그들이 좋아하는 일을 하기 위해 만나는 단지 서로 좋아하는 네댓 명의 사람들이기 때문이다." 루이스는 이런 종류의 동맹을 '우정'이라고 부른다. 그는 우정이 "아마 세상에 있는 모든 행복의 원인 중 절반을 차지하며, 어떤 내부 동맹도 결코 그것을 소유할 수 없다"[36]고 결론짓는다.

루이스는 에로스와 스토르게와 필리아가 서로 어떻게 중복되고 결합될 수 있는지 논증하기 위해 키스를 예로 든다. "키스는 대부분의 시대와 장소에서 이 세 가지 사랑의 공통적인 표현 방식이다. 오늘날 영국에서는 키스를 우정의 표현 방식으로는 더 이상 사용하지 않지만, 스토르게와 에로스의 경우에는 사용한다." 루이스는 키스가 사랑의 형태 중 어느 것의 표현 방식으로서 처음 시작되었는지 모른다고 말하면서 이렇게 덧붙인다. "틀림없이 당신은 스토르게의 키스는 에로스의 키스와 다르다고 말할 것이다. 당신 말이 맞다. 그러나 연인 사이에 이루어지는 키스가 모두 연인의 키스는 아니다."

❧

프로이트와 루이스 둘 다 사랑의 한 가지 양상에 대해 전심전력하여 쓰고 있다. 유대교 경전과 신약성경 모두에서 말하는 이 사랑에는, 프로이트가 공격하는 영적 세계관의 근본적인 교훈인 "네 이웃을 네 몸과 같이 사랑하라"는 교훈이 들어 있다.

프로이트는 자신의 분류에 잘 맞지 않는 사랑의 형태가 존재한다는 사실을 깨달았다. 명백한 이기적인 동기 없이 다른 사람들을 섬기는 데 전 생애를 바치는 사람들이 있다. 프로이트는 그들이 이기심이 없는 이유는 스스로를 보호하고자 하는 욕구 때문이라고 결론짓는다.

특정한 '사랑의 대상'에 감정을 투자하는 것은 위험이 따르기 때문에 "단 하나의 대상이 아니라 모든 사람들에게 사랑을 바침으로써 사랑의 대상을 잃어버릴 위험으로부터 자신을 보호하는" 능력을 지닌 사람들이 있다고 프로이트는 믿었다. "그러한 사랑은 인류에 대한 보편적 사랑이다. ⋯⋯이런 방식으로 그들 안에는 공평하고 확고한 애정이 존재하는데, 이는 외견상 생식기적 사랑과 거의 닮지 않았음에도 그 유래는 생식기적 사랑에 있다. 내적 행복감을 위하여 이와 같은 사랑을 가장 깊이 추구한 사람은 아마도 아시시의 성 프란체스코일 것이다." 프로이트는 이러한 종류의 "보편적 사랑"의 문제점은, "모든 사람이 사랑받을 가치가 있는 것은 아니라는 사실"[37]에 있다고 주장한다.

프로이트가 볼 때, 사실상 "네 이웃을 네 몸과 같이 사랑하라"는 위대한 계명은 사리에 맞지 않는다. 프로이트는 종교에 대해 공격할 때 '기적'과 '교리'뿐 아니라 이 가르침에 대해서도 강한 공격을 퍼부었다. 프로이트는 "세계 도처에 알려져 있으며 기독교에서는 가장 자랑스럽게 여기는 이 가르침은, 의심할 바 없이 기독교보다 더 오래되었다"고 말한다. (사실, 그것은 유대교 경전 레위기[19:18]에서 유래했다.)

프로이트는 이 계명은 "네 원수를 사랑하라"는 계명과 더불어 자기를 아주 당황스럽게 한다고 말한다. 그는 도저히 이해할 수 없다며 이렇게 반문한다. "왜 우리가 그 계명을 지켜야 하는가? 우리에게 무슨 유익이 있는가? 무엇보다도 우리가 그 계명을 어떻게 성취한단 말인가? 그것이 가능하기나 한 일인가? 사랑은 아무한테나 아무 생각 없이 주어서는 안 되는 매우 가치 있는 것이다. ……만일 내가 누군가를 사랑한다면 그는 어떤 점에서든 사랑받을 가치가 있어야 한다. ……만일 중요한 점에서 상대방이 나와 닮아서 그 속에 있는 나 자신을 사랑할 수 있다면, 그는 사랑받을 자격이 있다. 그리고 만일 그가 나보다 훨씬 더 완전하여 그에게 있는 내 자아의 이상형을 사랑할 수 있다면 그는 사랑받을 자격이 있다. ……그러나 만일 어떤 낯선 사람이 자기만의 고유한 가치로나 나의 정서 생활을 위해 그가 갖춘 어떤 중요한 것으로도 나를 매혹할 수 없다면, 내가 그를 사랑하기는 어려울 것이다. 사실 내가 그를 사랑한다면 이는 잘못일 것이다. 왜냐하면 나의 사랑은 내게 속한 사람들을 선호할 때 그들의 존중을 받게 되기에, 만일 내가 낯선 사람을 내게 속한 사람들과 동등하게 대우한다면 그들이 이를 부당하게 여길 것이기 때문이다."[38]

더 나아가 프로이트는, 자기 이웃은 자기를 사랑하지 않으며 종종 해를 입혔다면서 이렇게 주장한다. "그는 자신에게 이로운 경우 주저하지 않고 내게 해를 입힌다. ……나를 조롱하고 모욕하고 중상하며 자신의 우월한 힘을 과시하는 것을 아무렇지도 않게 생각한다. 그가 안전하게 느낄수록 나는 더욱 무력감을 느끼며, 더욱 분명하게 그가 내게 그런 행동을 할 것이라고 예상하게 된다." 그의 결론은 이렇다. "솔직히 나의 적대감과 증오의 책임은 나보다 내 이웃이 더 크다고 고백하지 않을 수 없다." 프로이트는 만일 계명이 "네 이웃이 너를 사랑하듯이 네 이웃을 사랑하라"고 한다면, 이는 이해할 수 있을 것이라고 말한다.[39]

프로이트는 사람들이 다음과 같은 사실을 잊는 경향이 있다고 경고한다. "사람은 사랑받기를 원하거나, 공격을 받아도 기껏해야 자신을 방어하기만 하는 점잖은 동물이 아니다. 이와 반대로, 오히려 본능적으로 부여받은 공격성이 큰 부분을 차지하는 피조물이다."[40] 그러고는 "만일 계명을 성취하는 것이 합리적으로 이해하기 어렵다면 그렇게 장엄하게 선포된 그 계명의 핵심은 무엇인가?"라고 묻고는, "어느 것도 인간의 근원적 본성을 그 계명처럼 강하게 거스르는 것은 없다"[41]고 결론 내린다.

루이스는 이 계율이 인간의 근원적 본성을 거스른다는 점에서는 프로이트에 동의한다. 그러나 바로 그 때문에 우리는 새로운 성품이 필요하다고 말한다. 영적으로 다시 태어날 필요가 있으며, '개조'되어야 한다. "네 이웃을 네 몸과 같이 사랑하라"는 가르침을 이해하는 열쇠는 "네 몸과 같이"라는 구절에 있다고 루이스는 말한다. 그런데 우리 자신을 우리는 어떻게 사랑하는가? 자신을 좋아하지 않을 때조차 우리는 자신을 위해 최선의 것을 원하며 그에 따라 행동함으로써 자신을 사랑한다고 루이스는 말한다. 아침에 일어나서 밤에 잠자리에 들 때까지 먹고, 운동하고, 목욕하고, 일하는 모든 행위는 우리가 자신을 위해 최선의 것을 원하기 때문에 행하는 것이다. 그리고 좋든 싫든 간에 우리는 이러한 활동을 위해 의지를 사용한다.

루이스는 이렇게 말한다. "나는 나 자신에게 호감이나 애정을 가지고 있지 않으며, 나라는 사람은 내가 보기에도 늘상 어울리고 싶은 상대가 못 된다. '네 이웃을 사랑하라'는 계명 역시 '그에게 호감을 느껴라'는 뜻이 아니다. …… 내가 저지른 어떤 짓들은 그야말로 끔찍하고 혐오스럽게 보이기도 한다. 이와 마찬가지로 우리는 원수들이 저지른 어떤 짓들 또한 혐오하고 미워할 수 있다."[42] 그러고 나서 그는 스승들이 "악한 사람의 행위는 미워하되 그 사람 자체는 미워하지 말라"고 한 말이 얼마나 중요한지를 상기시킨다.

그는 항상 이런 구분이 어리석다고 생각했다. "어떻게 어떤 사람의 행위는 미워하면서 그 사람은 미워하지 않을 수 있다는 말인가?" 그러나 몇 년 후, 루이스는 자신이 평생 동안 그렇게 대해 온 사람이 바로 자기 자신이라는 사실을 깨달았다. 그는 "나는 나의 비겁함이나 탐욕은 그렇게 싫어하면서도 계속 나 자신을 사랑해 왔다"고 쓰고 있다. 즉 그는 계속 자신을 위해 최선의 것을 원하고 행해 왔다는 것이다.

일단 마음을 열고 영적 세계관을 탐구하기로 결정하자 루이스는 신약성경을 헬라어로 읽기 시작했다. 위대한 두 계명인 "네 마음을 다하여 주 너의 하나님을 사랑하라"와 "네 이웃을 네 몸과 같이 사랑하라"를 읽으면서, 그는 두 계명에서 말하는 사랑이 아가페라는 것을 깨달았다. 일차적으로 감정에 바탕을 두는 에로스·스토르게·필리아와는 달리, 아가페는 의지에 더 바탕을 둔다. 우리는 느낌을 제어하지는 않지만, 항상 우리의 의지를 제어하며 따라서 말과 행동을 제어한다. 우리가 어떻게 말하고 행하느냐에 따라 다른 사람들을 도울 수도 있고 해칠 수도 있다. 루이스는 아가페가 "우리가 자신에 대해 자연히 갖고 있고 다른 사람에 대해서도 마땅히 가져야 하는 의지의 상태"임을 계속해서 강조한다.

아가페는 인간관계의 근본적인 원리와 관련이 있다. 루이스는, 자신이 좋아하지 않는 사람일지라도 그를 위해 최선을 다해 행동할 때 그 사람을 좀 덜 싫어하고 좀더 많이 좋아하기 시작한다고 역설한다. 그러나 그 반대의 경우도 진실이다. "같은 정신의 법칙은 반대 방향으로도 소름끼치게 작용한다. ……우리가 잔인하면 잔인할수록 자신을 더욱 증오한다. 그리고 증오하면 증오할수록 우리는 더욱더 잔인해질 것이다. 이런 악순환은 영원히 계속된다."

임상적으로 이 원리는 거듭 확인되어 왔다. 우리가 좋아하지 않는 누군가를 아무 의도 없이 도울 때 그를 덜 싫어하게 되는 경향이 있다. 만일 우리가 사람들에게 해를 끼치면 우리는 그들을 더욱 싫어하게 된다. 아마도 그들이 우리에게 죄책감을 느끼게 만들기 때문일 것이다. 아가페가 일차적으로는 의지에 바탕을 두고 있긴 하지만, 아가페 사랑을 행하면 종종 부정적인 감정이 긍정적인 감정으로 바뀌는 식으로 우리의 감정에 영향을 끼친다.

임상의로서 나는 아가페가 모든 성공적 관계, 심지어는 모임과 조직 내 관계의 열쇠임을 깨달았다. 내가 관련했던 기관들 — 병원, 대학교, 회사 등 — 속에서 나는 그들이 부딪치는 진짜 문제들은 환자 간호나 학생 교육, 제품 생산, 혹은 서비스 제공과는 무관하다는 사실을 알게 되었다. 변함없이 그들은 사람들 사이의 경쟁심, 시기심, 증오심, 복수심, 변명 등 의지보다는 감정으로 말미암은 갈등과 문제로 괴로워한다. 만일 아가페가 우리와 다른 사람들의 관계를 결정한다면 우리는 우리 자신과 우리 이웃의 불필요한 고통을 많이 덜게 될 것이다. 루이스는 이 원리를 잘 파악하고 있었던 것 같다.

❧

지금까지 루이스와 프로이트의 이론에 관해서는 충분히 논의했다. 이론을 실천하는 방식은 그들의 차이를 더욱 선명하게 드러내 줄 것이다. 프로이트의 삶은 처음에는 아주 가까운 관계를 맺어나가다가 점점 심각하게 갈등이 증폭되고 결국 갑자기 그 관계를 끝내는 식이었다. 프로이트가 처음 개업했을 때 젊은 프로이트를 돕고 격려한 은사인 브로이어와의 관계에서도 그랬다. 그리고 그가 혼자서 일하기 시작한 초기에 가장 가까운 친구였던 빌헬름 플리스와의 관계에서도 마찬가지였다. 프로이트의 아파트에서 매주 수요일 저녁에 만난 토론 모임의 회원들과도 그랬고, 그의 추종자들 중 많은 사람과의 관계도 같은 식으로 끝났다.

프로이트가 비난과 욕설을 하면서 절교한 사람도 많다. 희생자들 중 비교적 잘 알려진 인물들을 거명한다면 빌헬름 슈테켈, 알프레드 아들러, 카를 융, 오토 랑크, 산도르 페렌치가 있다. 프로이트가 한때 동료였던 이들을 묘사한 표현에는 "참을 수 없는 인간" "돼지" "무뢰하고 수치를 모르는 거짓말쟁이" 등이 있다. 그는 아들러가 "편집증적인 망상"에 시달렸다고 말했다. 슈테켈, 폴 페더른, 빅터 타우스크 같은 몇몇 동료들은 자살했다. 이러한 깨어진 관계를 돌아보며 프로이트는 "시기심이거나 복수심, 아니면 다른 종류의 증오 등 개인적 차이"[43] 탓으로 돌렸다.

프로이트와 카를 융의 관계는 잘 알려진 예다. 프로이트는 절교 후 한 편지에 이렇게 썼다. "그가 나가도 상관 없네. 나는 그도, 그의 우정도 더 이상 필요치 않아."[44]

관계의 시작은 흠이 없었다. 블로일러(Eugen Bleuler) 박사 밑에서 일하던 스위스의 정신분석가인 융은 프로이트의 《꿈의 해석》을 읽고 쓴 두 편의 논문에서 프로이트의 개념을 언급했고 그 논문을 프로이트에게 보냈다. 이를 계기로 두 사람은 서신 왕래를 시작했고 친밀한 우정을 쌓게 되었다. 프로이트는 융을 좋아했고 그를 자신의 후계자로 생각했다. 프로이트는 융을 자신의 "아들이며 후계자"라고 자주 말했다.[45] 융은 매우 빨리 지도자 — 제1차 국제정신분석회의 의장과 〈정신분석 연감〉의 편집자 — 가 되었다. 이러한 가까운 관계는 여러 해 계속되었다.

프로이트는 스위스 정신분석가들과 자신의 관계를 좋게 평가했는데, 이유는 그들이 평판이 좋았던데다 유대인이 아니기 때문이다. 프로이트는 빈의 자기 추종자들 대부분이 유대인이었기 때문에 자신의 새로운 학문이 편견을 초래하지나 않을까 두려워했다. 1908년에 프로이트는 그의 동료 카를 아브라함에게 편지를 썼다. "유대인이 아닌 백인 동지들은 정말 우리에게 없어서는 안 될 사람들이네. 그들이 없었다면 정신분석은 반유대주의에 굴복했을지도 모르지."[46]

그런데 프로이트와 융 사이에 불화가 싹트기 시작했다. 그것은 아버지와 아들 간의 권력 투쟁이 되었다. 프로이트는 제임스 잭슨 퍼트남에게 설명했다. "여러 해 동안 나의 제자라고 자처하고 내 학문적 자극의 덕을 본 사람들로부터 나 자신을 보호해야겠습니다. 이제 나는 그들을 비난하고 거부해야겠습니다. 내가 다투기를 좋아하진 않지만 말입니다."[47] 그리고 어니스트 존스에게 보낸 편지에 이렇게 썼다. "나는 융과의 사적 관계를 포기하기로 결심했네. 그의 우정은 잉크만큼의 가치도 없네. …… 그가 자기 길을 가길 바라네. 그와의 교제는 이제 필요 없어."[48]

융을 향한 프로이트의 증오와 쓰라림과 배신감의 강도는 동료 페렌치에게 보낸 편지에 충분히 표현되어 있다. "그 자(융)는 완전히 짓뭉개졌고 부끄러워하며 모든 사실을 인정했네. 자기는 벌써 오래전부터 나를 포함한 여러 사람들과의 친밀함이 자신의 독립에 해가될까 봐 두려웠고 그런 이유로 탈퇴하기로 결정했다는 것이지. 또 융은 자신의 아버지 콤플렉스 이론으로 나를 분석한 게 사실이라고 했네. …… 자기가 의심이 많은 것은 분명히 잘못이라고 하더군. 자기가 콤플렉스에 미친 사람으로 비난받는 데에 마음이 상했다나. …… 나는 그에게 아무것도 주지 않았네. 나는 더 이상 그와의 우정을 유지할 수 없다고 했지. 그리고 그 자신이 만든 친밀한 관계를 스스로 잔인하게 깨버린 것이며, 그가 단지 나쁜 아니라 다른 사람과의 관계도 전혀 순조롭지 못했다는 사실을 그에게 조용히 말했네."

프로이트는 계속하여 이렇게 쓰고 있다. "그는 '난 조금도 술 취하지 않았어'라고 끊임없이 소리치는 술주정뱅이처럼 행동했고, 분명 신경증 반응을 보이고 있었네. 나는 한 가지 점에서 스스로 속았어. 그가 타고난 지도자이며 자신의 권위로 다른 사람들의 실수를 감싸 줄 인물이라고 생각했는데, 그게 아니었지. 그는 미성숙했고 누군가 감독했어야 했네. 그는 더 이상 내 말에 반박하지 못하고 모든 것을 인정했네. 그나마 그렇게 한 것이 그에게 유익한 일이지."[49] 프로이트는 도처에서 융을 "사악한 친구"라고 불렀으며 "거짓말쟁이에 잔혹하고 반유대주의적이며 생색내는 듯한 태도"[50]를 가졌다고 그를 비난했다.

오래 유지되다가 이제는 긴장된 관계가 마침내 쓰디 쓴 역습으로 끝났을 때, 프로이트는 아브라함에게 편지를 썼다. "이리하여 드디어 독실한 신자인 체하는 잔혹한 융과 그의 제자들이 우리에게서 제거되었네. ……일평생 나는 나를 이용하고 나서 배신하지 않을 친구들을 찾아다녔네."[51] 왜 그렇게 많은 사람들이 그의 정신분석 운동을 떠났느냐고 물었을 때, 프로이트는 "정확히 말해서 그들도 교황이기를 원했기 때문"[52]이라고 대답했다.

수년 후 자서전을 쓸 때, 프로이트는 사람들과 가깝고 지속적인 관계를 유지하는 데 어려움을 겪었다는 비난에 대해 자신을 방어할 필요를 느낀 게 분명했다. 그는 많은 동료들이 자기를 떠난 사실을 언급했다. 그러나 누군가가 그 사실이 "나의 불관용을 보여 주는 증거"라거나 "내가 지고 있는 운명"이라고 생각하지 않도록, 많은 동료들이 자기 곁에 남아 있다는 점을 지적했다. "융, 아들러, 슈테켈 및 다른 소수의 사람들과 달리 아브라함, 아이팅곤, 페렌치, 랑크, 존스, 브릴, 자크스, 피스터, 판 엠덴, 라이크 등등 많은 사람들은 거의 15년 동안 충성스럽게 협력하며 대부분 지속적인 우정으로 나와 함께 일해 왔다."

프로이트는 이렇게 결론짓는다. "나를 방어하여 말하자면, 자신의 무오류를 믿는 교만하고 관용적이지 않은 사람이, 특히 나처럼 남을 끄는 매력이라곤 별로 없는 사람이 그렇게 많은 지적인 사람들에게 지속적인 영향력을 행사하기란 불가능하다고 생각한다."[53] 만일 자녀 중 절반이 프로이트를 거부했다면, 그는 자신이 가족과 좋은 관계를 맺고 있음을 증명하기 위해 나머지 절반을 언급할 것인가?

무엇이 프로이트의 인생에서 그렇게 많은 관계를 파국으로 이끌었을까? 루이스가 지적한 바로는 우정은 공통의 관심사에 기초를 두는 것으로, 프로이트와 동료들은 많은 관심사를 공유했다. 초기 프로이트 추종자들은 모두 정신분석가였으며 그의 유물론적 세계관을 공유했다. 그런데 왜 갈등이 생겼을까?

프로이트가 사람들을 불신하고 낮게 평가한 것이 그러한 갈등에 이르게 했을지도 모른다. 프로이트는 59세 때 "인간들, 심지어 정신분석가들의 무가치함은 항상 내게 깊은 인상을 주었네"라고 보스턴에 있는 한 동료에게 편지로 말했다. 그리고 프로이트는 정신분석도 인간의 본성을 개선하기 어렵다고 선뜻 인정한다. 그는 오히려 반문한다. "그러나 왜 정신분석 치료를 받은 사람들이 다른 사람들보다 전체적으로 더 나아져야 하는가? 정신분석은 **조화**에 이바지하지만 반드시 **선**에 이바지하는 것은 아니다. 나는 우리의 모든 잘못이 혼동과 무지에서 생겨난다는 소크라테스와 퍼트남의 견해에 동의하지 않는다. 정신분석이 모든 고귀한 목표를 실현할 수 있어야 한다고 요청한다면, 정신분석에 너무 무거운 부담을 주는 일이라고 생각한다."[54]

스위스 목사인 오스카 피스터에게 보낸 다른 편지에도 이러한 태도가 드러나 있다. "나는 선악에 관해 불가능한 일을 시도하지 않지만, 대체로 인간에게 '선한 것'이 별로 없다는 사실을 알게 되었네. 내 경험으로 볼 때 인간이 공적으로 이런저런 도덕적 원리에 동의하든 아무것에도 동의하지 않든 간에 대부분의 인간은 무가치하다네."[55]

그리고 2년 후, 프로이트의 삶에서 유일하게 지속적인 즐거움은 그의 지적 작업뿐임을 사람들이 깨달았을 때, 그는 특별한 의미를 지닌 한 편지에서 다음과 같이 썼다. "내가 홀로 일했던 몇 해 동안 정신분석 분야에 이뤄 놓은 업적에서 개인적인 즐거움을 얻었지만, 다른 사람들이 내 연구에 동참한 뒤로 즐거움보다는 고통이 더 많았네. 사람들이 정신분석을 수용하거나 왜곡하는 것을 보며 사람들에 대한 내 견해가 틀리지 않았다는 생각이 들었지. ……나와 다른 사람들 사이에 치유될 수 없는 불화가 그 당시 싹트기 시작했음에 틀림없네."[56]

73세 때도 여전히 프로이트는, 인간과 그 본성에 대해 극단적으로 부정적인 인상을 지니고 있었다. 그는 "공격 성향은, 우리 자신에게서 발견할 수 있으며 마땅히 다른 사람들에게도 존재한다고 가정할 수 있는 것으로 이웃과의 관계를 저해하는 요인이다"[57]라고 쓰고 있다. 프로이트는 자기 이웃을 자신의 "자존심을 상하게 하고 고통을 주고 고문하고 살해하기 위해" 작정한 사람으로 간주한다. "호모 호미니 루푸스"(*Homo homini lupus*: 인간은 서로에게 늑대다)[58]라는 것이다. 그가 제시하는 유일한 해결책은, "젊은 시절에 동료 인간에게 품은 기대가 환상임을 깨달아 그 기대를 포기하고 그들의 악한 의지로 인해 인생에 얼마나 많은 고난과 고통이 뒤따랐는지 배워야 한다"는 것이다.

루이스와 프로이트를 비교할 때, 그 차이는 루이스의 회심 후 아주 두드러진다. 그렇지만 회심 전에는 루이스도, 다른 방식이긴 하지만 관계 문제로 고심했다. 루이스는 자서전 《예기치 못한 기쁨》에서 세계관이 바뀌기 전에는 내성적이었기 때문에 그의 인생에 단 몇 사람만 들어오도록 허용했다고 쓰고 있다. 아홉살 때 경험한 깊은 외상—어머니와 몇몇 가족의 죽음—으로 인해 루이스는 관계 맺기를 조심스러워했다. 그는 모든 가까운 관계, 특히 여성과의 친밀한 관계는 분리와 상실의 고통을 초래하며 어릴 때 겪은 모든 외상을 생생하게 되살리리라는 점을 거의 무의식적으로 깨달았던 것 같다.

60세가 다 되어 쓴 자서전에서 그는 어릴 때 한밤중에 깨어나 형의 숨소리에 귀를 기울인 일을 회상한다. 만일 숨소리를 듣지 못하면 루이스는 아버지와 형이 "내가 자고 있는 동안 몰래 일어나 미국으로 떠나가 버리고 나는 마침내 버려질 것"이라고 의심했던 것이다. 관계를 맺을 때 루이스가 택한 철학은 이것이다. "모든 인간은 결국 죽게 마련이다. 잃을지도 모를 어떤 것에 너의 행복을 의지하지 말라. 나는 안전제일주의자이다. 사랑을 반대하는 모든 주장들 중에 내 본성에 가장 크게 호소하는 것이 있다면 그것은 '조심하라! 그것은 너 자신을 고통에 빠뜨릴지 모른다'는 말이다."[59]

회심 전 다른 사람들을 향한 루이스의 태도는, 그의 자서전과 이십대 초반에 5년간 쓴 일기를 통해 좀더 잘 알 수 있다. 루이스는, 십대 시절의 사립학교 경험에 대해 말하면서 젊고 인기 있는 선생님의 영향으로 "지적으로 아는 척하는 사람 내지는 교양인(나쁜 의미에서) 행세를 했다"[60]라고 쓰고 있다. 그는 위대한 변화, 즉 회심 후 영국의 사립학교를 회상하며, 학생들이 거기에서 받은 가혹한 학대를 강하게 비판했다. "억압이 정신을 영구적으로 완전히 꺾지 못할 때, 바로 그 자리에 복수심 어린 자존심과 경멸이 고개를 쳐드는 것은 자연스러운 경향 아니겠는가? …… 지금 막 해방된 노예보다 더 오만한 인간은 없다." 한마디로 "사회적인 투쟁이 거의 전적으로 학교 생활을 좌우하고 있었다. 정상을 차지하는 것, 정상에 오르고 도달하는 것……."[61]

회심 전 루이스의 일기는 그가 비판적이고 교만하고 냉소적이고 무자비하고 오만했다는 충분한 증거를 제시한다. 루이스는 집안일을 도운 가정부들을 "게으르고 시끄럽고 무능하고 촌스런 여자들"[62]이라고 묘사했다. 그는 한 방문객을 "가짜 눈썹을 붙인 거짓말쟁이 여자"[63]라고 불렀고, 또 한 사람을 두고 "교육받았다고 젠 체하고 뽐내는 경박하고 참을 수 없는 자"[64]라고 했으며, 또다른 방문객에 대해 "그는 먹을 때 빨고 찍찍거리고 우두둑 씹는 소리를 낸다"[65]고 묘사했다. 가톨릭교회 미사 후 그는 "우리는 장엄하게 지루했으며…… 사제는 내가 이제껏 본 남자 중 가장 고역스러운 땅딸보였다"[66]라고 썼다. 루이스는 다른 사람들을 "개자식"[67] "바보"[68] "불쾌한 데이고우(스페인 · 이탈리아 · 포루투칼 사람을 멸시하는 말- 옮긴이)"[69] "유치하고 단순하며 고집 세고 매우 천박한"[70] 그리고 "뚱뚱하고 상냥한 못생긴 여자"[71]라는 표현으로 묘사하고 있다. 간단히 말해 회심 전의 루이스는 혼자 있기를 좋아했고, 영국 기숙학교 체제가 그에게 주입한 오만과 속물근성을 받아들였으며, 나중에 그가 다른 사람들과의 관계에서 보여 주었을 뿐 아니라 폭넓게 기술했던 그런 종류의 사랑이 전혀 없었다.

위대한 변화 후에 루이스는 외향적으로 변했다. 그는 더 이상 자신에게 몰입하여 많은 시간을 보내지 않았으며 일기를 쓰지도 않았다. 그는 확실히 내적인 자원을 획득했고, 이 자원은 친밀한 관계를 맺는 데 따르는 두려움과 어린 시절 겪었던 비참한 상실을 되풀이할 것에 대한 두려움을 극복하는 데 도움을 주었다. 사람들에 대한 그의 평가는 극적으로 바뀌었다.

루이스는 폭넓게 친구들을 만났다. 여러 옥스퍼드 명사들을 포함하여 많은 이들이 매주 목요일 저녁과 화요일 점심 전에 토론을 위해 루이스의 연구실에 모였다. 그들은 조그마한 레스토랑이나 '독수리와 아이'(Eagle and Child)라는 이름의 카페에서 점심을 먹기 위해 만났다. 루이스와 친구들의 이 모임은 잉클링즈('암시'라는 뜻-옮긴이)로 알려지게 되었다. 그들은 구상 중인 원고를 모임에서 읽었다. 《반지의 제왕》과 《스크루테이프의 편지》 등 몇몇 유명한 책들은 그러한 토론에서 나왔다. 그들은 재담을 나누었고 모임을 아주 흥겨워했다. 잉클링즈에는 약 18명의 정규 회원이 있었고 그 밖에도 많은 사람들이 직장 사정에 따라 오갔다. 가장 탁월한 루이스 전기인《회의자를 위한 사도》에서 조지 세이어는, 잉클링즈 모임은 루이스를 "아주 행복하게" 했다고 쓰고 있다.

잉클링즈 멤버는 공교롭게도 모두 남성이었다. 그러나 루이스가 높게 평가하며 가까운 만남을 유지했던 여성 친구들도 많았다. 회심 후 "평범한 사람은 아무도 없다"는 사실을 새롭게 확신하게 된 루이스는 수많은 사람들과 정기적인 서신 왕래를 했는데 대부분은 여성이었다. "엄청 많은 우편물을 주고 받으며 연락을 지속한 사람들은 주로 남자들이 아니라 여자들이라네"라고 루이스는 한 친구에게 보낸 편지에 쓰고 있다. "여성은 행복하든 불행하든, 마음이 맞든 맞지 않든 본래 남성보다 훨씬 더 **편지에 알맞은** 동물이네."[72] 루이스는 영국 작가 도로시 세이어즈, 시인 루스 피터, 소설가 로즈 매콜리 그리고 앵글로색슨 학자 도로시 휘틀락과 정기적으로 서신 왕래를 하였다.

루이스는 친구 패디 무어에게 그의 어머니와 누이를 돌보겠다고 한 약속을 지켰듯이 편지 쓰는 일에도 매우 열심이었고 성실했다. 중요한 지도자의 자리에 있는 사람들의 편지에서부터 모르는 아이나 과부의 편지에 이르기까지 받은 편지에 일일이 답장을 했다. 그는 매일 바쁜 일과를 시작하기 전에 답장을 썼다. 친구에게 보낸 편지에서 루이스는 이렇게 쓰고 있다. "편지는 내가 하루 일과를 시작하기 전 넘어야 할 커다란 장애물이라네. 때로는 오전 8시 반부터 11시까지 열심히 편지를 쓰고 나서야 내 일을 시작할 수 있었지. 주로 내가 만나 보지도 못한 사람들에게 말일세. 내가 보낸 답장이 대부분 그들에게 쓸모없다고 생각하지만, 때로 누군가의 편지에 큰 도움을 받았다고 생각하는 사람들이 있기 때문에 답장 쓰는 일을 멈추지 않는 사람이 있다네."[73]

루이스의 회심은 다른 사람들에 대한 그의 평가를 극적으로 바꾸어 놓았다. 그는 프로이트처럼 다른 사람들에 대해 몹시 비판적이고 불신하는 내성적인 사람이었는데, 회심 후에는 모든 사람들과 접촉하려 하고 그들을 소중히 대하려는 사람으로 변했다. 루이스는, 한 사람이 내리는 모든 결정은 그가 창조된 목적인 '창조자와의 관계'로 나아가게 하거나, 아니면 그 관계로부터 멀어지게 할 것이라고 역설한다. "하루 종일 우리 각자는 다른 사람이 이러한 목적에 이르도록 얼마간 돕고 있다."

루이스의 학생이었던, 전설적인 연극 비평가요 저술가인 케네스 타이난은 "루이스는 아주 친절하고 자비로운 분이었다"[74]고 썼다. 실의에 빠졌을 때 루이스를 만난 타이난은 나중에 이렇게 말하곤 했다. "그의 말을 들을 때면, 나의 문제들은 원래의 적절한 크기로 작아지기 시작했다. 그의 방에 들어갈 때는 자살하고 싶은 상태였으나 나올 때는 명랑해졌다." 타이난은 자신이 루이스의 영적 세계관 쪽으로 빠져 들어간 적이 있다면 "그것은 《기적》과 같은 책들에 표현된 루이스의 주장 때문이었을 것이다(그는 개인지도 시간에 결코 자신의 책을 읽으라고 강요하지 않았다)"라고 기술하고 있다.

슬프게도 프로이트는 자기 이웃을 자신의 "자존심을 상하게 하고 고통을 주는" 경향이 있는 사람들로 보았다. 프로이트에게 이웃은 그의 신뢰와 사랑을 얻어야만 하는 사람들이었다. 60세 때 프로이트는, 일생 동안 자신을 이용하거나 배신하지 않을 친구들을 찾아다녔다고 말했다.

회심 전의 루이스는 프로이트처럼 조심스럽고 방어적인 태도로 사람들에게 다가갔다. 그러나 회심 후에는 모든 개인을 영원히 사는 존재로 보았다. "당신은 단지 죽어야 할 운명을 가진 이에게 말하는 것이 결코 아니다."[75] 그리고 이렇게 덧붙였다. "국가, 문화, 예술, 문명 등은 언젠가는 사라질 것들이다."

다른 사람들에 대한 우리의 관계는 "경솔함이나 무례함이나 우월감을 갖지 않고, 죄가 무엇인지 깊이 알면서도 죄인을 사랑하는 참되고 희생적인 사랑"이 특징이 되어야 한다. 루이스의 사랑의 개념은 그의 인생을 풍요롭게 하였고 그를 매우 다른 사람—"새로운 피조물"—이 되게 하였다.

8. 고통

고통의 문제를 어떻게 해결할 수 있는가?

인생을 산다는 것은 고통을 겪는 것이다. 육체적이든 정서적이든 고통의 경험을 피해 가는 사람은 없다. 고통은 우리 존재의 본질적인 부분이다. 우리는 태어나는 순간부터 일생 동안 이런저런 형태로 고통을 주기도 하고 때로는 받기도 한다. 우리 중 많은 사람들은 고통 가운데 죽는다.

모든 피조물을 사랑하는 인자한 창조주 개념과 인간의 고통을 조화시키는 문제는, 프로이트뿐 아니라 회심 전과 회심 후의 짧은 기간 루이스에게도 영적 세계관을 받아들이는 과정의 가장 큰 장애물이었다. 사실상 고통의 문제, 그리고 이와 관련한 악의 문제는 역사상 모든 신자들에게 핵심적인 수수께끼가 되어 왔다.

프로이트와 루이스는 둘 다 동일한 질문을 던졌다. "만일 하나님이 주권자라면, 그가 정말로 우주를 책임지고 있고 정말로 나를 사랑한다면 어떻게 내가 그토록 고통당하도록 내버려둘 수 있을까? 그는 존재하지 않거나, 감독하고 있지 않거나 아니면 정말로 상관하지 않고 있는 것이다." 프로이트는 하나님이 존재하지 않는다고 결론을 내렸고 루이스는 다르게 결론지었다.

사람들이 내 사무실을 찾아오는 목적은 일차적으로 정서적 고통에서 벗어나는 방법을 찾기 위해서이다. 임상적으로 볼 때, 정서적 고통은 종종 육체적 고통보다 훨씬 더 견디기 힘들다. 육체적 고통으로부터는 긴 시간 휴식할 수도 있지만, 정서적 고통으로부터는 거의 잠시도 휴식을 누릴 수 없다. 불안이라는 고통스러운 상태와, 낙담하고 실의에 빠지는 더 고통스러운 상태 사이를 배회한다. 이처럼 편치 않은 마음 상태로부터 자유를 경험하기도 하지만 그 기간은 너무도 짧다. 더군다나 주위 사람들의 삶에서 일어나는 고통을 좀더 민감하게 인식할수록, 프로이트가 말한 "불안한 예측 상태" 속에서 살게 되기 십상이다.

결국, 죽음을 피할 길 없는 운명에 대한 자각은 고통을 낳는데, 이는 우리 내면 가장 깊이 자리 잡은 욕구가 영원을 향한 갈망이며 가장 널리 퍼져 있는 두려움이 사랑하는 사람들과의 분리이기 때문이다. 시편 기자는 우리가 앞으로 살아갈 날을 셈하는 것이 지혜라고 말하고 있다(시편 90:12). 그러나 그러한 인식을 갖게 된다고 해서 고통이 없어지는 것은 아니다.

큰 병원의 병동에서 외과 수련의로 일하고 있었을 때, 나는 루이스가 말한 '고통의 문제'와 프로이트가 말한 '죽음이라는 고통스러운 수수께끼'를 처음으로 대면하게 되었다. 어린아이가 죽어가는 모습을 지켜보면서, 가족이 비통함으로 우는 소리를 들으면서 견딜 수 없는 괴로움이 무엇인지 직접 눈으로 목격했다. 그리고 그 장면이 떠올라서 잠을 이루지 못했다. 이 땅 위, 아니면 하늘에 이러한 고통을 막을 수 있는 힘을 가진 누군가가 있다면 어째서 이를 막지 않는 걸까? 그때 우연히 병원 도서관 탁자 위에 놓인 C. S. 루이스의 《고통의 문제》라는 책을 보게 되었는데 읽으면서 내게 도움이 된다는 사실을 알았다. (당시는 그 책이 수년 뒤에 내가 가르치게 될 과목의 중요한 일부가 되리라고는 생각지 못했다.)

루이스는 매우 큰 고통을 겪었지만 결국엔 고통과 화해했다. 프로이트 역시 육체적으로도 정서적으로도 고통을 겪었다. 프로이트는 세 살 때 사랑하는 유모를 잃었다. 나중에는 딸과 사랑스런 손자를 포함하여 많은 사랑하는 이들과 사별했다. 이로 인한 상실감 탓에 프로이트는 평생 우울증에 시달렸다.

그렇지만 다른 어떤 경험도 그가 빈에서, 특히 빈 대학교 안에 널리 퍼져 있던 반유대주의로 인해 겪은 정서적 고통에 비할 수 없다. 아마도 편견과 편협함을 경험한 사람들만이, 그러한 경험이 아이나 성인 모두에게 얼마나 큰 정서적 고통을 안겨 주는지 이해할 수 있을 것이다.

나는 아이 때 경험한 편견은 평생 상처로 남게 된다는 사실을, 임상 경험뿐 아니라 친구들과 동료들을 통해서도 배웠다. 나와 가까운 유대인 친구 하나는 아직도 다른 아이들이 자기를 "그리스도 살해자"라고 불렀던 것을 생생하게 기억하고 있다. 미국 내 나의 흑인 동료들을 통해서는, 사람들이 그들을 참기는 하지만 환영하지는 않는다고 느끼게 만드는, 아주 미묘하면서도 명백한 인종차별적 표현을 어떻게 하는지 알게 되었다.

프로이트가 어릴 때부터 계속 반유대주의를 경험했다는 점은 분명하다. 《꿈의 해석》에서 프로이트는 자신이 학생 시절 겪은 일을 말한다. "나는 이방인에 속한다는 것이 무엇을 의미하는지 처음으로 이해하기 시작했다. 그리고 다른 아이들의 반유대주의적 감정을 경험하면서 나 자신이 확고한 지위를 차지해야겠다는 경각심을 갖게 되었다."

그의 아버지가 길에서 모욕당하면서도 유순하게 굴복했다고 들은 것은 그가 열 살 내지 열두 살 때였다. "이 사건은, 한 손으로 작은 소년인 나를 안을 수 있을 정도로 덩치가 크고 힘이 센 아버지로서 용감하지 못한 행동이었기 때문에 내게 충격이었다"라고 프로이트는 회상했다. 카르타고의 위대한 장군 한니발은 로마에 대한 복수를 아버지에게 맹세한 바 있다. "나의 어린 마음에는 한니발과 로마가, 각각 유대 민족의 강인성과 가톨릭교회 조직을 상징했다."[1] 빈은 그 당시 가톨릭이 강했기 때문에 프로이트는 가톨릭을 반유대주의와 관련지어 생각했다. 프로이트는 나머지 생애 동안 가톨릭교회를 적으로 여겼을 것이다.

프로이트는 17세에 빈 대학교에 입학하였다. 청년기는 또래들로부터 용납받고자 하는 욕구가 가장 큰 시기이다. 수십 년 후 프로이트는 대학생 때 겪은 거부감을 선명하게 회상한다. "1873년 대학에 입학했을 때, 나는 상당히 실망했다. 무엇보다도 다른 사람들이 내가 유대인이기 때문에 스스로 열등한 이방인으로 느끼기를 바란다는 사실을 알게 되었다."

그의 최초 반응은 한니발 식은 아니었으나 장기간에 걸친 결심은 그 위대한 전사의 결심과 유사한 것이었다. "나는 그다지 유감스러워하지 않고 대학 공동체의 따돌림을 견디어 냈다. ……그러나 대학에서 느낀 이러한 첫인상은 나중에 가서 중요한 결과를 낳았는데, 그것은 내가 반대파가 될 운명임과 '탄탄한 다수'의 압력과 거부를 당할 운명임을 이른 나이에 잘 알게 되었다는 것이다. 이러한 배경이 어느 정도 독자적인 판단을 가능하게 한 기초가 되었다."[2]

프로이트는 성인이 되고 난 이래, 반유대주의가 정신분석에 대한 숱한 저항과 적개심을 낳았다는 강한 확신에서 벗어난 적이 없었다. 그는 '아리아인' 문화와 '유대인' 문화의 차이를 인정했지만, "아리아인 과학이니 유대인 과학이니 하는 말이 있어서는 안 된다. 아리아인과 유대인의 표현 방식이 다를 수 있지만 과학의 결과는 동일해야 한다"[3]고 강조했다. 반면에 사람들 사이에서는 정신분석이 '빈 문화'(Viennese culture)에서 유래했다고 여기는 경향이 강했다.《정신분석 운동의 역사》에서 프로이트는 "우리 모두는 정신분석학을 빈 특유의 환경적 산물로 설명하려는 흥미 있는 시도에 대해 들었다. ……그들은 신경증이 성생활의 장애에서 온다는 주장과 정신분석학 자체도, 다른 도시들과는 달리 관능적이고 부도덕한 환경을 가진 빈 같은 도시에서나 생겨날 수 있었다고 말한다. 즉 빈 특유의 상황을 반영하여 이론으로 만든 것이 정신분석학이라는 것이다. 나는 어느 특정 지역에 애착을 갖고 있지는 않다. 그러나 정신분석학에 대한 이러한 주장은 정말로 몰상식하다고 생각한다. 너무나 몰상식한 주장이기 때문에 이 말은, 빈의 시민을 비난하는 것 같지만 사실은 어느 누구도 드러내 놓고 말하기 꺼리는 다른 무엇에 대한 비난을 완곡하게 대신한 데 불과하다는 생각이 든다."[4]

동료에게 보낸 한 편지에서 프로이트는 자신의 이론에 대한 거부의 배후에는 반유대주의가 도사리고 있다는 확신을 밝혔다. "나는 스위스 사람들의 억압된 반유대주의가 나의 경우에는 그냥 넘어가고 있지만 자네에게는 강화된 형태로 공격한다는 의구심을 품고 있네. 그럴지라도 유대인인 우리가 그들 틈에서 살아남으려면 부당함을 당해도 참아 내는 자기학대법을 배워야겠지. 그렇지 않으면 반유대주의와 어울려 지낼 방도가 없네. 만일 내 이름이 오베르후베르(스위스인의 성 – 옮긴이)였다면 내가 일으킨 혁신에 대한 저항은 분명히 훨씬 약했을 거라고 보네."[5]

일찍이 1912년에 프로이트는 정신분석학을 유대인 과학으로 여겨서는 안 된다고 확신시키려 했지만 그게 통하지 않아 참을 수 없이 힘들다고 했다. "심각한 사실은, 나는 유대인이든 아리아인이든 반유대주의자든 상관없이 정신분석학 연구에 동참하기를 원했으나 또다시 물과 기름처럼 분리되고 말았다는 것이네."[6]

독일 의사들과 과학자들로부터 거부와 조롱을 당한 프로이트는 쓰라린 좌절을 맛보았다. 그는 절망감을 극복하고 '반대파'의 일원으로서 자기 일을 계속하며 용감하게 분투했지만, 평생 거부당하여 괴로워했다. 거의 80세가 다 되었을 때, 그는 이렇게 쓰고 있다. "그들은 거만할 정도로…… 비도덕적인 논리를 펼쳤는데, 그들의 공격이 조잡하고 몰상식하다는 점에 대해서는 변명의 여지가 있을 수 없을 것이다. ……그럼에도 불구하고 나는 깊은 상처를 받았다."[7]

"5세 아동의 공포에 관한 분석"이라는 논문에서 프로이트는 반유대주의에 대한 정신분석학적 해석을 제시하고 있다. "반유대주의의 가장 깊은 무의식적인 뿌리는 거세 콤플렉스이다. 놀이방에서조차 어린 남자 아이들은 유대인이 성기를 베어 낸다는 얘기를 듣게 되면 자신이 유대인을 경멸할 자격이 있다고 생각하게 된다. 그리고 여성에 대한 우월감의 경우, 이보다 더 강한 무의식적인 뿌리는 없다."[8]

말년에 쓴 《모세와 유일신 사상》에서 프로이트는 반유대주의의 또다른 이유들이 있다고 하면서, "그토록 강렬하고 지속적인 현상"에는 분명 이유가 한둘이 아닐 거라고 생각하게 되었다고 말한다. 그러고는 그러한 이유 몇 가지를 분석하였다. 그는 유대인들이 "대부분 다른 민족들 사이에서 소수 인종으로 살고 있다"는 점을 언급하며, "공동체 의식은……이질적인 소수에 대한 적대감을 필요로 하며, 그들은 이 배제된 소수가 수적으로 열세이기 때문에 더욱 고무되어 억압한다"[9]고 지적한다.

게다가 "유대인들은 모든 압제를 무시한다. ……가장 잔인한 처형조차 그들을 말살하는 데 성공하지 못했으며 실제로는 말살은커녕 상술을 발휘하여 자기들의 것을 지키는 능력과, 허용된 곳에서는 모든 형태의 문화 활동에 가치 있는 기여를 하는 능력을 보여 주고 있다"는 점도 또다른 이유라는 것이다.

궁극적으로 그는 반유대주의에 대한 세 가지 '깊은 내면의 동기'를 다음과 같이 확정짓는다. 첫째, 사람들은 유대인이 선택된 민족이라는 점을 시기하고 있다. "다른 민족들은 하나님의 장자요 아버지 하나님이 가장 사랑하는 자녀라고 선포한 민족에 대한 시기심을 오늘날에도 극복하지 못했다. 이는 마치 그 선포를 진실이라고 인정하는 격이다." 둘째, 거세 공포이다. "유대인들이 다른 민족들과 자기 민족을 구별하는 관습 중에 할례의 관습은 불유쾌하고 무시무시한 인상을 주었는데, 이는 의심할 바 없이 두려운 거세를 떠올리기 때문이라고 설명할 수 있다."

셋째, 유대교에서 유래한 기독교가 다른 민족에게 전파될 당시 그들의 의지에 반하여 강요당한 경우가 많았기 때문에 반유대주의는 실제로는 기독교에 대한 적대감이다. "오늘날 유달리 유대인을 증오하는 민족은 근세사에서 유혈과 강요에 의해 기독교를 받아들인 경우가 많았다는 사실을 잊어서는 안 된다. 그들은 강요당한 새로운 종교에 대한 원한이 풀리지 않았다. 그들은 그 원한을 기독교 대신 기독교가 유래한 근원으로 돌렸다." 프로이트는 자신의 독자들에게 "복음서가 유대인 사회를 배경으로 거의 유대인만을 다룬 이야기를 하고 있기 때문에 그들은 기독교가 유대교나 마찬가지라고 생각한 것이다"라고 말한다. 결국 프로이트는 "유대인에 대한 증오의 뿌리는 기독교인에 대한 증오"라고 결론 내린다. 이 말을 증명하기 위해 그는 나치가 기독교인과 유대인 모두를 적대시했다는 사실을 지적한다.[10]

나치의 적개심은 프로이트가 몸소 체험하여 알고 있는 것이었다. 1980년 6월 23일 런던에 있는 안나 프로이트의 병원을 방문하는 동안, 나는 반세기 이상 프로이트 집안을 섬긴 하녀인 파울라 피히틀 양과 인터뷰를 했다. 피히틀 양은 나치가 빈을 점령한 기간 동안 살면서 겪은 공포의 순간들을 내게 이야기해 주었다. 그녀는 나치 비밀경찰이 집에 와서 프로이트 양을 심문하기 위해 끌고 간 일에 대해 말하면서, 프로이트 양이 떠나기 전에 그녀의 아버지는 나치가 고문을 결정하면 먹으로고 청산가리를 딸에게 주었다고 말했다.

그러나 프로이트가 독일인들과 오스트리아인들에게서만 반유대적 적개심을 경험한 것은 아니었다. 나치 점령하의 오스트리아를 떠나 영국으로 간 팔십대에 쓴 한 편지에서 프로이트는 영국인들에 대해 이렇게 말했다. "기본적으로 모두가 반유대주의자들이야. 반유대주의자들은 도처에 있네. 반유대주의는 숨어 있어 드러나지 않을 때가 많지만, 그렇다고 없는 게 아니지. 물론 예외도 있지만……대다수 영국민은 다른 모든 곳에서와 마찬가지로 여기서도 반유대적이라네."[11]

프로이트는 죽기 불과 열 달 전에 (자기 글을 인용한) 영국의 잡지 〈시대와 시류〉의 편집자에게 편지를 띄워 이렇게 물었다. "특집 기사인 '반유대주의에 관하여'에 나보다 개인적으로 덜 관련된 비유대인들의 칼럼을 확보해 두어야 한다고 생각지 않으시는지요?" 프로이트는 편집자가 관찰한 대로 "이 나라에서도 점증하고 있는 반유대주의"를, 비유대인들도 인식하고 이에 반대하는 목소리를 내야 한다고 강하게 느낀 것이다.

프로이트는 한 편지에서 자신의 고통스러운 경험을 이렇게 요약했다. "내가 모라비아에 있는 작은 마을에서 빈으로 이사 온 것은 네 살 때였네. 나는 78년간 부지런히 일했지만 내 고향을 떠나야 했고, 내가 창립한 과학협회(Scientific Society)가 해체되고 병원이 파괴되고, 출판사가 침략자들에게 빼앗기고, 내가 출판한 책들이 압류당하거나 휴지로 변하고, 나의 자식들이 직장에서 쫓겨나는 것을 보아야 했지."[12]

∾

프로이트의 불행을 모두 반유대주의 탓으로 돌리는 것은 공정하지 않을 것이다. 프로이트는 한동안 우울증, 공포감—특히 죽음의 공포—와 심신증(심리적인 스트레스가 하나의 계기가 되어 일어나는 신체 질환 – 옮긴이)에 시달렸다. 프로이트는 생애의 마지막 16년간 입천장 암으로 고통을 겪었다.

1923년 초, 67세 되던 해에 프로이트는 입천장에 하얗고 두터운 부분을 발견한다. 의사인 그는 이 하얀 부위가 종종 골초에게서 발견되는 백반증(白斑症)이라고 판단했다. 프로이트는 하루에도 여러 개의 시가를 피웠으며 니코틴에 심하게 중독되어 있었다. 그는 이 상처가 암으로 진전될 수 있다는 사실을 알고 있었지만 두 달이 지나서야 젊은 인턴인 펠릭스 도이치 박사와 상담하였다. 프로이트는 도이치 박사에게 만일 진단 결과가 그에게 고통 외에 아무것도 주지 못한다면 "이 세상에서 품위 있게 사라지도록" 도와 달라고 요청했다.

도이치 박사의 진단 결과는 암이었다. 프로이트가 자살하지나 않을까 두려워한 도이치 박사는, 진단 결과를 알리지 않고 그 부위를 수술하여 제거해야 하며 담배를 끊어야 한다고만 말했다. 그러나 프로이트도 사실을 감지했다.

1923년 4월에 프로이트는 동료인 어니스트 존스에게 편지를 썼다. "두 달 전에 내 턱과 입천장 오른쪽에 백반증성 종양이 발견되었다네. 그래서 20일에 제거 수술을 받았네. 나는 아직 일할 수 없고 삼킬 수도 없다네. …… 의사들은 잘 해결될 거라며 안심시키려 하더군. …… 나는 암이라고 진단했지만 받아들여지지 않았지. 이 종양의 원인은 담배 탓인 것 같아. 내 몸이 반란을 일으킨 거지."[13]

첫 번째 수술은 성공적이지 않았다. 수술에 참가한 한 의사는 나중에 그 수술을 "기괴한 악몽"이라고 묘사했다.[14] 프로이트는 개인적으로 알고 지내는 마르쿠스 하제크 박사를 집도의로 택했다. 하제크 박사는 프로이트에게 "아주 간단한 수술"이 될 것이고 그날 중으로 집에 돌아갈 수 있을 거라고 말했다. 프로이트는 가족이 걱정할까 봐 자신의 수술에 대해 알리지 않았다.

하제크 박사는 시설이 적절치 않은 학교 병원의 외래환자 클리닉에서 국소 마취를 하고 수술에 들어갔는데 합병증이 발생했다. 프로이트는 심하게 출혈하기 시작했다. 도이치 박사는 당시 상황에 대해 다음과 같이 기술했다. "우리는 수술 후 그가 집에 돌아갈 수 있으리라고 생각하며 그 병원으로 같이 갔다. 그러나 그는 예상보다 많은 피를 흘렸고 다른 환자와 함께 작은 방 간이침대에 응급환자로 누워 있었다. 비극적인 상황이지만 어찌 보면 코미디 같은 우연의 일치가 있었다. 다른 환자는 저능한 난쟁이였다."[15]

병원에서 프로이트의 수술 사실을 가족에게 전화로 알렸을 때 가족들은 매우 놀랐다. 아내와 딸 안나가 도착했을 때, 프로이트가 피에 뒤범벅이 되어 의자에 앉아 있는 것을 발견했다. 프로이트의 아내와 안나가 점심을 먹으러 나간 사이에 프로이트는 다시 피를 흘리기 시작했다. 그는 말로 도움을 요청할 수 없었으므로 벨을 울리려고 애썼으나 벨은 고장 나 있었다. 곤란에 처한 프로이트를 보고서 난쟁이가 도움을 요청하러 달려갔기 때문에 프로이트는 생명을 구할 수 있었다.

그 후 안나는 프로이트를 혼자 둔 채 떠나지 않았으며 그날 밤에 프로이트가 심한 출혈로 허약해지고 상당히 고통스러워하고 있음을 알아챘다. 안나와 간호사는 그의 상태에 놀라서 집에 돌아간 외과 의사를 불렀으나 그 의사는 잠자리에서 일어나기를 거부했다.

수년 후, 수술에 참여했던 의사 중 한 사람은 하제크 박사가 그와 같은 복잡한 수술을 할 "자격이 없는 사람이었다"고 분명히 기술했다. 도이치 박사는 나중에 프로이트를 저명한 구강외과 전문의인 피클러 박사의 손에 맡겼으며 그는 암 치료에 요구되는 좀더 철저한 수술을 했다.

생애의 나머지 기간 동안 프로이트는 30회 가량의 수술을 받았다. 수술은 모두 국소 마취를 한 상태에서 진행되었다. 외과 의사들은 프로이트의 입천장을 잘라낸 후 코와 입을 분리하기 위해 인공 보철물을 삽입했다. 숨쉬는 일과 먹는 일이 심히 어려워졌다. 수많은 방사선과 라듐 요법의 유독성으로 인해 프로이트는 생애의 마지막 16년 동안 더 많은 괴로움을 겪어야만 했다.

프로이트는 혼자만의 식사를 더 선호하게 되었다. 한 번은 프로이트와 딸 안나가 휴가 중에 만난 미국인 부부와 함께 기차에서 아침 식사를 하던 중 갑자기 프로이트의 입에서 피가 솟구쳐 나왔다. 빵의 딱딱한 부분이 상처를 찢은 것이었다.[16] 그럼에도 프로이트는 휴가 여행을 계속했고 고통을 태연하게 받아들였다. 그렇지만 때로는 화가 치밀어 올라 친구인 오스카 피스터에게 다음과 같은 편지를 띄우기도 했다. "이번 한 번만 내가 무례하도록 내버려 두게. 도대체 자네는 도덕적 질서가 있다는 자네의 가정과, 우리가 경험하는 이 모든 현실을 어떻게 조화시킬 수 있겠는가?"[17] 결국 프로이트는 "냉혹하고 사랑이 없으며 이해하기 어려운 힘들이 인간의 운명을 결정한다"[18]고 결론지었다.

C. S. 루이스도 정서적·육체적으로 엄청난 고통을 경험했다. 반유대주의가 프로이트의 삶에 가장 큰 고통을 야기했다면, 어린 시절 어머니를 잃은 경험과 수십 년 후 사랑하는 아내를 잃음으로써 다시 겪게 된 상실감은 루이스에게 더욱 오래 가는 극심한 고통을 주었다.

어머니의 죽음을 두고 루이스가 "아버지는 이 상실감에서 결코 완전하게 회복하지 못했다"고 썼을 때, 아마도 자신에 대해서도 같은 말을 할 수 있었으리라. 자서전에서 루이스는, 어머니가 돌아가실지도 모른다는 연락을 받았을 때 자신과 형이 느낀 공포를 회상하고 있다.

아이들은 고통스러운 경험을 억누르는 경향이 있어서, 어린 시절에 대한 회상은 두드러지게 긍정적인 기억으로 남아 있게 된다. 어른이 되면서 비로소 어두움에 대한 공포나 버림받을 것이라는 공포 같은, 모든 어린아이들이 갖고 있는 공포를 망각하는 경향이 있다. 그들은 어린 시절을 평화롭고 복된 시절로 기억한다.

그러나 루이스에게 어머니의 죽음에 대한 고통은 너무 압도적이어서, 거의 반세기가 지나 자서전을 쓰던 때에도 그 아픔을 생생하게 기억하고 있을 정도였다. "우리 형제는 어머니가 돌아가시기 전에 이미 진정한 사별을 경험했다. 어머니가 우리에게서 점점 멀어져 간호사와 광란과 모르핀의 세계로 들어가게 되면서, 우리의 존재 전체가 낯설고 위협적인 것으로 바뀌어 가면서 우리는 서서히 어머니를 잃어 갔다."[19]

루이스는 과거를 돌아보며, 아이들과 어른들은 큰 슬픔을 다른 방식으로 경험한다는 사실을 깨닫게 되었다. 큰 슬픔은 아이들에게 자신을 둘러싸고 있는 것들로부터 고립되고 소외된다고 느끼게 한다. "내 경험이 신뢰할 수 있는 것이라면, 어른들이 겪는 괴로움과 공포를 보면서 아이들의 마음은 더 얼어붙고 멀어진다." 어린 루이스와 그의 형은 아버지로부터 더 멀어지는 것을 느꼈기 때문에, 결과적으로 서로 "날이 갈수록 더 가까워졌고…… 우리는 황량한 세상에서 따뜻한 온기를 찾아 몰려다니는 두 마리 놀란 어린 짐승이었다." 그는 "어머니의 시신이 있는 방으로 이끌려 가는" 경험을 회상했다. 어머니의 주검을 보았을 때 "나는 무서워서 슬픔을 느낄 겨를이 없었다." 그는 "관이니, 꽃이니, 영구차니, 장례식이니 하는 절차들이 싫어서" 몸서리를 쳤다. 어머니의 죽음과 함께 모든 행복이 "내 삶에서 사라져 버렸다"[20]라고 루이스는 쓰고 있다.

루이스가 기숙학교에서 보낸 몇 해 동안 얼마나 힘들어했는지는 이미 앞서 살펴보았다. 그러나 그의 불행은 거기서 멈추지 않았다. 19세 때 루이스는 제1차 세계대전 중 전방에서 전쟁의 공포를 경험했으며 곁에 있던 전우들을 죽게 한 포탄을 맞고 부상당했다. 전쟁 경험에 대해 루이스는 "지난 전쟁에 대한 기억은 수년 동안 꿈속에 나타났네"[21]라고 말할 뿐 자세히 기술하지는 않았다.

루이스는 '참호열'에 걸렸기 때문에 전방 근처 병원에 3주 동안 입원했다. 그런 다음 "독일군의 대규모 공습"[22]에 맞추어 참호로 돌아갔다. "겨우내 우리의 주된 적은 피로와 물이었다. 나는 행군하다 잠이 들곤 했는데, 깨어 보면 계속 걷고 있었다. 우리는 허벅지까지 오는 긴 고무장화를 신고 무릎 위까지 물이 올라오는 참호를 걸어다녔다. 그러다가 물 속에 잠겨 있던 철조망을 밟았을 때 장화 안으로 차 오르던 얼음장 같은 물의 냉기를 기억하는 독자도 있을 것이다."[23]

루이스는 종종 전쟁에 대해 꿈을 꾸었지만, 전쟁 경험 중 가장 끔찍한 측면은 기억에서 희미해지는 경향이 있었다. "추위, 냄새…… 참혹하게 뭉개졌으면서도 짜부라진 딱정벌레처럼 움찔거리던 사람들, 앉아 있는 시체나 서 있는 시체, 풀 한 포기 없는 맨땅의 정경, 밤이고 낮이고 신고 있어 발의 일부가 되어 버린 군화—이 모든 것들은 이제 드문드문 흐릿하게 기억날 뿐이다."[24] 루이스는 총알 날아가는 소리를 처음 들었을 때를 이렇게 회상한다. "정확히 무서운 것도 아니고…… 그것은 떨리는 듯한 작은 신호였다. 그 신호는 이렇게 말하고 있었다. '이것이 전쟁이다. 이것이 호메로스가 말했던 그 전쟁이다.'"[25]

전기 작가 조지 세이어에 따르면, 런던 병원에서 몸이 회복되면서 루이스는 "외로움과 우울증으로 몹시 괴로워했다."[26] 전쟁에 관한 꿈으로 잠을 제대로 잘 수 없었다.

오늘날 루이스의 증상을 진단한다면 '외상 후 스트레스 장애'라고 할 수 있는데, 이러한 질환은 전장에서 부상당한 젊은이들에게 드물지 않은 병이었다. 루이스의 증상은 확실히 오늘날 정신과 의사들이 그 병을 진단하는 데 사용하는 진단 기준에 많이 맞아떨어진다. 예를 들면, 생명을 위협당한 경험이 있다든지, 심한 부상을 입은 적이 있다든지, 공포와 무기력감과 전율로 반응한다든지 하는 경우가 그렇다. 반복되는 악몽도 전형적인 증상이다.

교수 시절 루이스는 옥스퍼드 교수진의 배척으로 괴로워했는데,

그들은 아마도 그의 세계관을 공유하지 않았거나 그의 인기를 시기했기 때문에 그에게 학과장 자리를 맡기지 않았던 것 같다. 루이스가 오십대 중반에 이르렀을 때, 옥스퍼드가 아닌 케임브리지 대학교에서 그에게 중세와 르네상스 문학 교수로서 학과장직을 주었다.

루이스에게 최악의 상실이며 고통의 원인은 물론 62세 때 조이 데이빗먼과 사별한 일이었다. 루이스는 이러한 종류의 상실을 두려워하여 일생 동안 피하려고 애썼으나, 다시 한 번 어린 시절의 공포를 경험한 것이다. 루이스는 아마도 그가 인생 초기에 계발한 방법들로 감정을 조절하려고 필사적으로 애쓴 것 같다. 그는 자신의 복잡하고 강렬한 감정을 이해하고 그 감정에 압도당하지 않기 위해 자신의 예리한 지성을 사용했다. 그는 슬픔의 복잡한 과정을 이해하기 위해 자신의 모든 생각과 감정을 적었다. 《헤아려 본 슬픔》에서 루이스는 "슬픔이 마치 두려움과도 같은 느낌이라고 아무도 내게 말해 주지 않았다"라고 쓰고 있다. "무섭지는 않으나, 그 감정은 무서울 때와 흡사하다. 똑같이 속이 울렁거리고 안절부절못하며 입이 벌어진다. 나는 연신 침을 삼킨다."[27]

루이스는 슬픔이 때로는 술에 취한 것처럼, 아니면 머리를 한 방 얻어맞을 때처럼 멍하게 느껴졌다고 썼다. "……어떤 때는 은근히 취하거나 뇌진탕이 일어난 것 같은 느낌이 든다." 슬픔은 사람들과의 관계를 단절시켜서 교제하는 것을 어렵게 만들었다. "세상과 나 사이에는 뭔가 보이지 않는 장막이 드리워져 있다. 다른 사람이 뭐라 말하든 받아들이기 힘들다. ……만사가 너무 재미없다."[28] 하지만 그가 홀로 있기를 바랐던 것은 아니다. "다른 사람들이 곁에 있어 주기를 바란다. 집이 텅 빌 때가 무섭다. 사람들이 있어 주되 저

희들끼리만 이야기하고 나는 가만 내버려 두면 좋겠다."[29)]

루이스는 내가 임상적으로 관찰한 바와 같은 현상을 묘사하고 있다. 애도 중에 있는 사람은 다른 사람들과 대화하지는 않되 곁에 함께 있어 주기를 원한다. 가족과 친구들은 단지 함께 있어 주는 것만으로도 도움을 줄 수 있다.

루이스는 고통을 달래기 위해 자신은 강하다고, 억제할 수 있다고 자신에게 말하고 또 그렇게 느끼려고 애썼다. 그는 소위 풍부한 '자원'이 있으며 결혼 전에도 잘 지냈다고 스스로에게 상기시켰다. 그러나 곧이어 이렇게 쓴다. "무안해하면서도 이런 목소리에 귀를 기울이고, 잠시 동안은 제법 그럴듯하다고 생각하기도 한다. 그러다 갑자기 뜨겁고 얼얼한 기억이 덮쳐 오면 이 모든 '상식' 따위는 화로에 던져진 개미처럼 가뭇없어지고 만다."[30)]

루이스는 양아들이 둘 있었는데 그들이 어머니를 잃은 슬픔을 극복하려고 애쓰는 모습을 보고는, 자신이 어려서 어머니가 돌아가셨을 때의 기억이 떠올랐다. 그는 다음과 같이 기록했다. "그녀에 대해 아이들과 이야기할 수가 없다. 내가 무슨 말을 하려고 하면 아이들의 얼굴에는 슬픔도 사랑도 두려움도 연민도 아닌, 그 어느 것도 전혀 통하지 않는 최악의 표정인 계면쩍음이 떠오른다. 아이들은 마치 내가 추잡한 말이라도 하고 있는 듯이 바라본다. 그들은 내가 그만두기를 바라고 있는 것이다. 나 또한 어머니가 돌아가신 후 아버지가 어머니를 언급할 때마다 그와 같은 감정을 느꼈다. 아이들을 비난할 수는 없다. 소년들이란 다 그렇다."[31)]

루이스는 종이에 기록하여 자신의 감정을 자세히 성찰하는 것이 무슨 소용이 있는지 스스로에게 물었다. "단지 가없는 매일매일을 슬픔 속에 살아야 할 뿐 아니라, 날마다 슬픔 속에 살아야 한다는 사실을 생각하며 매일을 살아야 하는 것이다. 이렇게 끄적거리는 일이 그러한 측면을 단지 더 악화시키는 것일까? 한 가지 주제에 매달려 단조로이 쳇바퀴 돌 듯하는 마음을 그저 확인시켜 주는 것일 뿐일까?" 그는 이 방법밖에 없다고 자신을 변호했다. "그러면 대체 나더러 무엇을 하란 말이냐? 뭔가 약에 취해 있어야 하는데 독서는 지금 그 정도로 강한 약이 되지 못한다. 모든 것을 적어 내려가면서 (모든 것이라고? 아니다. 백 가지 생각 중 한 가지일 뿐) 비로소 나는 조금이나마 그 바깥으로 벗어난다고 믿는다. 그렇게 변명하는 것이다."[32]

루이스는 자신의 이 방법이 자기 연민에 빠지게 할지도 모른다고 염려했다. "……자기 연민에 푹 잠겨 그 속을 헤어나지 못하고 몸부림치며 뒹구는 데서 오는 느끼하고 끈적끈적한 쾌락이라니. 구역질이 난다." 그리고 그는 궁금해했다. "이 모든 기록이, 고통이란 겪는 수밖에 없다는 사실을 받아들이지 않으려는 자의 의미 없는 글쓰기에 불과한 것이 아닐까? 누가 있어 아직도 고통을 고통으로 느끼지 않게 하는 요술장치가 (찾을 수만 있다면) 존재하는 것이라 생각하는 겐가? 치과에서는 손으로 의자를 꽉 붙들고 있든, 손을 점잖게 무릎 위에 올려놓고 있든 별 문제가 되지 않는다. 드릴은 입속을 파고들어 오는 것이다."

슬픔을 견디어 감에 따라, 루이스는 어떻게 아내 조이가 전에는 결코 알 수 없었던 친밀감을 자신의 삶에 주었는지 깨닫게 되었다. "결혼이 내게 주었던 가장 소중한 선물은, 바로 이처럼 아주 가깝고 친밀하면서도 언제나 확실하게 '내가 아닌 남'이며 순종적이지 않은, 한마디로 '살아 있는' 어떤 것의 영향력을 계속 느끼게 해 주었다는 점이다." 그는 그녀가 돌아오기를 간절히 열망하며 부르짖었다. "아, 그대여, 사랑하는 그대여, 한순간만이라도 돌아와 주오."[33] 아내를 잃은 것은 자신의 일부를 잃은 격이었다. "현재 나는 목발 짚는 법을 배우고 있다. 아마도 곧 의족을 하게 될 것이다. 그러나 결코 두 다리로 서게 될 수는 없을 것이다."[34]

루이스는 육체적인 고통과 정서적 고통을 구별하고 있다. "슬픔이란 빙빙 도는 폭격기와 같아서 한 번 원을 그릴 때마다 폭탄을 떨어뜨린다. 그에 비해 육신의 고통이란 1차 대전 당시 참호에 퍼부어대던 끊임없는 연발 포화와 같아서, 한순간도 쉼 없이 몇 시간이고 계속되는 것이다. 생각은 결코 머물러 있지 않는다. 그러나 고통은 종종 몸 위에 그대로 머물러 있다."[35]

그러나 고통스러운 생각은 결코 끝나지 않을 것처럼 보였다. "얼마나 자주, 언제까지나 그럴 것인가?—얼마나 자주 그 광대한 공허감이 나를 새삼스레 덮쳐 오며 이렇게 말하게 할 것인가? '지금까지도 나는 내가 잃어버린 것이 무엇인지 깨닫지 못했다.' 같은 다리가 계속하여 잘리고 또 잘린다. 살 속을 쑤시고 들어오던 칼의 느낌이 느껴지고 또 느껴진다."[36]

궁극적으로 루이스는 고통 받는 자들이 주로 고민하는 가장 심원한 질문을 던진다. "하나님은 어디에 계시는가?" 그는 이렇게 쓰고 있다. "행복할 때는 행복에 겨워서 하나님이 필요하다는 생각조차 하지 않는다. 너무 행복해서 그분이 우리를 주장하시는 게 간섭으로 여겨지기조차 하는 그때, 우리가 스스로의 잘못을 깨닫고 그분께 감사와 찬양을 돌린다면 두 팔 벌려 환영받을 것이다."

그러나 정작 루이스가 하나님을 가장 필요로 했을 때 그는 계시지 않는 것 같았다. "다른 모든 도움이 헛되고 절박하여 하나님께 다가가면 무엇을 얻는가? 면전에서 쾅 하고 닫히는 문, 안에서 빗장을 지르고 또 지르는 소리. 그러고 나서는, 침묵. 돌아서는 게 더 낫다. 오래 기다릴수록 침묵만 뼈저리게 느낄 뿐. ……지금 그분의 부재는 무엇을 의미하는가? 왜 그분은 우리가 번성할 때는 사령관처럼 군림하시다가 환란의 때에는 이토록 도움 주시는 데 인색한 것인가?"[37] 한 친구는 루이스에게 나사렛 예수도 그렇게 어려울 때에 "나의 하나님, 나의 하나님, 어찌하여 나를 버리셨나이까?"라고 부르짖은 것을 상기시켰다. 그러자 루이스는 "그런데 그걸 안다고 해서 문제가 더 쉬워지는가?"라고 응답한다.

루이스는 가장 필요할 때에 하나님은 어디에 계신지, 그리고 이러한 모든 고통이 하나님에 관해 인간에게 무엇을 말해 주는지 궁금해했다. "하나님을 향한 믿음을 그만둘지도 모르는 위험에 빠져 있다는 뜻은 아니다(나는 그렇게 생각한다). 진짜 위험이란, 그분에 대해 이처럼 끔찍한 사실들을 믿게 된다는 점이다. 내가 무서워하는 결론은 '그러니 하나님이란 결국 없는 거야'가 아니라 '그러니 이것이 하나님의 실체인 거야. 더 이상 스스로를 속이지 마'인 것이다."

루이스는 인간을 사랑하는 전능한 존재가 어떻게 그러한 고통을 허용할 수 있는지 이해하려고 고심했다. 그는 하나님을 양심적이고 선한 외과의사로 생각해야 한다고 말했다. "그가 다정하고 양심적인 사람일수록, 더욱 무자비하게 썩은 살을 잘라 낼 것이다. 그가 우리의 애걸복걸에 꺾이고 만다면, 수술이 끝나기도 전에 그만둬

버린다면, 그때까지 겪은 고통은 아무 소용 없게 될 것이다."

그러면서도 루이스는 그러한 고통과 괴로움이 참으로 필요한지 궁금해했다. 그의 답변은 "스스로 선택할 일이다. 고통은 일어난다. 만약 그 고통이 불필요한 것이라면, 신이란 존재하지 않거나 악한 존재일 것이다. 만약 선한 신이 계시다면, 이러한 고통은 필요한 것이다. 적당히 선한 초월자라 하더라도, 고통이 필요 없을진대 그저 고통을 주거나 허용하지는 않을 것이기 때문이다." 루이스는 반문한다. "어떤 사람들은 '하나님은 선하신 분이니 나는 그분이 두렵지 않아'라고 말하는데, 이는 무슨 의미인가? 생전 치과에도 안 가 보았단 말인가?"[38]

꼬치꼬치 캐묻기 좋아하는 정신의 소유자인 루이스는 계속 의문을 퍼부었지만 결코 자기 신앙을 잃지는 않았다. 연극과 영화로 각색된 《섀도우랜드》는 그가 신앙을 잃은 것처럼 암시하고 있다. 그러나 그의 편지들과 그를 잘 알고 있던 많은 사람들에 의하면, 사실은 조이의 죽음 이후에 그의 신앙은 이전보다 더욱더 강해졌음이 분명하다. 그는 자신이 믿는 대상에 관해서만 끊임없는 질문을 던졌다.

루이스는 두드리면 열릴 것이라는 신약성경의 약속을 생각해 냈다. 그러나 그는 "그저 잠긴 문, 철의 장막, 텅 빈 허공, 절대적인 무의 세계만"[39]을 발견했다. 그리하여 절실한 그는 문을 걷어차 부수어 버리려고 애쓰고 있었다. "두드린다는 것이 미친 사람처럼 주먹으로 치고 발로 차는 것을 의미하는가?"라고 그는 묻는다.

마침내 루이스는 그가 필사적으로 도움을 움켜쥐려고 한 것이 도리어 도움을 받아들일 수 있는 능력을 막았을지도 모른다는 사실을 깨달았다. "'있는 자는 받을 것이요'라는 말씀도 있다. 결국, 받을 능력이 있어야 하는 것이다. 그렇지 않으면 전능하신 분조차 주실 수 없다. 아마도 우리의 격정이 받아들일 수 있는 능력을 일시적으로 파괴하는지도 모를 일이다."[40]

하나님의 현존은 더운 여름날의 새벽처럼 서서히 찾아왔다. "하나님을 바라볼 때, 내 마음은 더 이상 닫힌 문에 부딪치지 않는다. 조이를 바라볼 때, 이제 더 이상 공허한 진공을 만나게 되지 않는다. 마음속에 그려낸 조이의 이미지로 헛되이 안절부절하지도 않는다. 내가 끄적거린 것들은 그러한 과정 한 자락을 보여 주고 있으나, 기대한 만큼 많이 보여 주지는 못한다. 어쩌면 하나님과 조이를 향한 내 변모가 그다지 눈에 띌 정도가 아니라서 그런지도 모르겠다. 급작스럽고 두드러지며 감정적인 변화 따위는 없었다. 마치 방이 더워지거나 아침이 밝아 오는 것과 같다. 처음 그 기운을 알아차릴 때면 이미 한참 지난 후인 것이다."[41]

루이스가 모든 질문들에 대한 답을 얻은 것은 아니었다. 그러나 그의 말대로, 이른바 "다소 특별한 종류의 '묵묵부답'"을 받았다. "잠긴 문이 아니다. 외려 조용하고 분명 동정적인 시선 같은 것. 마치 그분이 거절의 뜻으로 머리를 가로저으시는 게 아니라, 질문을 유예하시는 것 같은. '아들아, 잠잠하거라, 너는 이해하지 못한다' 하시는 것 같은."[42]

비탄에 빠졌던 시간을 돌아보면서, 루이스는 자신이 하나님에게 초점을 맞추지 않았기 때문에 빠져나오는 과정이 더 힘들었다는 사실을 깨달았다. 그는 하나님이 "우리 믿음이나 사랑의 자질을 알아보시려고 시험을 하시는 게 아니다"[43]라는 사실을 깨달았다. "그분은 이미 알고 계시니까. 모르는 쪽은 오히려 나였다." 아마도 루이스는 자신이 20여 년 전에 《고통의 문제》라는 책에서 쓴 내용을 개인적인 경험을 통해 이해하기 시작했을 것이다. "……고난 그 자체는 좋은 것이 아니다. 고통스러운 경험의 유익은, 고난받는 당사자는 하나님의 뜻에 복종하게 되며 그의 고난을 목격한 사람들은 동정심을 품고 자비로운 행동을 하게 된다는 데 있다. 타락한 우주, 부분적으로만 구원받은 이 우주에서는 ①하나님으로부터 내려오는 순수한 선, ②반항하는 피조물들이 만들어 내는 순수한 악, ③하나님이 구원의 목적을 위해 그 악을 이용하시는 경우, ④그 결과 고난을 받아들이고 죄를 회개함으로써 증진될 수 있는 복합적인 선, 이 네 가지를 구분해서 생각할 수 있다. 하나님이 순수한 악으로부터 복합적인 선을 만들어 내실 수 있다고 해서, 순수한 악을 저지른 사람들의 책임이 면제—하나님의 자비로 구원받을 수는 있어도— 되는 것은 아니다."[44]

&

루이스가 마침내 자신의 고통과 신앙을 화해시켰다면, 프로이트는 그렇게 할 수 없었다. 프로이트는 자기 인생과 자신이 사랑하는 사람들의 삶에 깃든 고통으로 인해 만물을 사랑하시는 전능의 창조주라는 개념을 거부하였다. 실제로 고통의 문제는 창조주의 존재를 부정하는 프로이트의 주된 논증을 자극하였다.

"종교 경험"이라는 논문에서 프로이트는 "하나님은 참사가 일어나는 것을 허용한다"고 단언하면서, 그 책임은 하나님이 져야 할 것이라고 말한다. 보스턴의 퍼트남 박사에게 보낸 편지에서도 프로이트는 이와 유사한 분노와 도전적 태도를 드러내고 있다. "나는…… 전능자를 전혀 두려워하지 않습니다. 혹시라도 그를 만나게 된다면, 그가 나를 비난할 수 있는 것보다 더 많은 비난을 내가 그에게 퍼부을 수 있을 것입니다."[45] 많은 괴로움을 겪은 사람들은 아마도 프로이트의 분노를 이해할 수 있을 것이다. 그러나 무신론자인 그가 누구에게 화를 내는 것인가?

프로이트는 임상 치료를 통해 고통이 일반적인 현상임을 인식하게 되었다. 정서적으로 심하게 앓는, 심지어 정신병에 걸린 그의 환자들 중에는 참을 수 없는 고통스러운 현실로부터 도피하기 위해 그렇게 된 경우가 많다는 점을 발견했다. 내적 혹은 외적 현실이 너무 견디기 힘들어질 때, 환자는 자기만의 세계를 창조해 낸다. 프로이트는 《정신분석학 개요》에서 이렇게 말한다. "우리는 임상 경험으로부터 다음과 같은 사실을 배운다. …… 정신병 발병의 원인은 현실이 참을 수 없을 정도로 고통스럽거나 아니면 본능이 매우 강해졌다는 데 있다. 두 경우 모두 이드(id : 자아의 기저를 이루는 본능적 충동―옮긴이)와 외부 세계가 자아에 대해 서로 경쟁적으로 요구한다는 관점에서 볼 때 동일한 결과를 낳을 수밖에 없다."[46]

프로이트는 고통의 원천적인 근원을 확인하려고 애썼는데, 이는 아마도 자신의 고통을 이해하려는 노력의 일환이었을 것이다. 그는 《환상의 미래》에서 이렇게 말한다. "인간의 모든 지배를 비웃는 듯한 요소들이 있다. 흔들리고 갈라져 모든 인간의 생명과 노동을 삼켜 버리는 땅, 범람하여 모든 것을 혼란 속에 빠지게 하는 물, 최근에서야 다른 유기체를 공격하는 것으로 알려진 질병, 마지막으로 어떤 예방약도 발견되지 않았으며 아마 앞으로도 발견되지 않을 죽음이라는 고통스러운 수수께끼이다."[47]

몇 년 후, 《문명과 불만》에서 프로이트는 고통의 또다른 원인을 덧붙이고 있는데, 그것은 바로 다른 인간들이라는 것이다. "이 마지막 원천으로부터 유래하는 고통은 아마도 다른 어떤 원인보다 더 우리에게 고통스러운 것이라고 할 수 있다." 프로이트는 "인생은 견디기에 힘겨우며" 그 결과 "끊임없이 불안을 예감하는 상태"가 자주 찾아온다고 결론 내린다.[48]

프로이트는, 하나님이 고통의 문제를 통하여 자기 의지에 순종하는 자들에게 복 주신다는 전제를 공격하였다. 그는 악한 자들뿐 아니라 선한 자들도 고통을 겪는다는 사실을 생각해 보라고 쓰고 있다. "세계관에 대하여"라는 논문에서 프로이트는 이렇게 쓰고 있다. "……어떤 윤리적 과제들을 완수하는 조건으로 인간에게 보호와 행복을 약속하는 종교의 선언은…… 믿을 가치가 없다는 점을 스스로 보여 주고 있다. 마치 부모가 돌보아 주듯이, 개인의 행복을 지켜 주고 모든 일들이 좋은 결말에 이르도록 하는 힘이 이 세상에 존재한다는 말도 들어맞지 않는 것 같다. ……지진, 홍수, 대화재는 덕망 있고 경건한 사람이든 악한 사람이든, 믿는 사람이든 믿지 않는 사람이든 가리지 않는다."[49]

프로이트는 사람들 사이의 관계를 살펴볼 때, 선한 사람들은 종종 불리한 형편에 처한다고 말한다. "폭력적이거나 교활하거나 무자비한 사람이 세상이 부러워하는 좋은 것들을 차지하는 반면, 경건한 사람은 빈손으로 떠나는 일이 비일비재하다. 모호하고 냉혹하며 무자비한 힘들이 인간의 운명을 결정한다." 프로이트는 '우주

의 통치권'에 의해 선은 보상받고 악은 처벌받는다는 생각은 현실과 부합하지 않는다고 주장했다.[50]

이와 달리 루이스는 '우주의 통치권'이 일시적으로 적의 수중에 넘어가 있다는 의견을 제시한다. "처음으로 신약성경을 진지하게 읽었을 때 놀랐던 점 가운데 하나는, 우주 안에 존재하는 '어둠의 권세'─죽음과 질병과 죄의 배후 세력으로 간주되는 막강한 악의 영─에 관한 기록이 상당히 많다는 사실이었다. ……우리가 살고 있는 우주가 반역자들에게 일부 점령당했다고 생각한다. ……적들의 점령지, 이것이 현재 이 세상의 모습이다."[51]

이러한 주장에 관한 프로이트의 응답은 전형적이다. 그는 사람들이 자신의 고통을 사랑의 하나님이라는 개념과 조화시킬 수 없기 때문에, 비난을 돌릴 대상으로서 사탄을 마음으로 생각해 낸 것이라고 말한다. 그러나 이러한 사탄의 개념조차 하나님을 궁지에서 벗어나게 하지는 못한다고 말한다. 프로이트는, 결국 하나님이 사탄을 창조하지 않았느냐고 반문한다. 《문명과 불만》에서 그는 이렇게 역설한다. "사탄은 하나님에게 최선의 탈출구가 될 수 있을 것이다. ……그럴지라도 사탄의 존재뿐 아니라 사탄이 구현하는 사악함에 대해 하나님이 책임을 져야 한다고 할 수 있다."[52]

루이스는 사탄의 존재 또한 하나님의 피조물이라는 점에는 동의하지만, 그렇다고 해서 하나님이 악한 것은 아니라고 강조한다. 루이스는 "이 어둠의 세력은 하나님에 의해 창조되었으며, 창조 시에는 선하였으나 잘못을 저지르게 되었다"고 쓰고 있다. 그는 자유의지와 악의 가능성 간의 관계를 설명한다. "하나님은 자유의지를 가진 존재들을 창조하셨다. 자유의지를 가졌다는 것은 옳은 일을 할 수도 있고 그른 일을 할 수도 있다는 뜻이다. 자유의지를 가졌으면서도 그릇 행할 가능성은 전혀 없는 존재를 상상하는 이들도 있지만, 나로서는 그런 존재를 상상할 수가 없다. 선해질 수 있는 자유가 있다면 악해질 수 있는 자유도 있는 법이다. 악을 가능케 한 것은 바로 이 자유의지이다."

그렇다면 왜 애당초 자유의지를 주셨는가? 루이스는 이렇게 답변한다. "악을 가능케 하는 것도 자유의지지만, 사랑이나 선이나 기쁨에 가치를 부여하는 유일한 것 또한 자유의지이기 때문이다. 자동기계—기계적으로 움직이는 피조물들—의 세계는 창조할 가치가 없다."[53]

그러나 혹자는 이상하게 여긴다. 하나님은 결국 이 모든 악과 끔찍한 고통이 생기리라는 것을 알지 않았을까? 이에 대해 루이스는 이렇게 말한다. "물론 하나님은 인간이 자유의지를 잘못 사용할 때 어떤 일이 벌어질 것인지 잘 알고 있었다. 그러나 그는 그런 위험을 감수할 가치가 있다고 생각하신 게 분명하다."[54]

무신론자일 때 루이스는 자신이 하나님에게 화가 났다는 사실을 알았다. "하나님을 반대하는 나의 논거는 세상이 너무나 잔인하고 불의하다는 데 있었다. 그렇다면 나는 '정의'니 '불의'니 하는 개념을 어떻게 갖게 된 것일까? 만일 인간에게 직선의 개념이 없다면 굽은 선이라는 개념도 없을 것이다. ……이처럼 하나님이 존재하지 않는다는 것—달리 말하자면, 모든 실재의 무의미함—을 증명하려 하다 보면, 어쩔 수 없이 실재의 한 부분—즉 정의에 대한 나의 개념—만큼은 전적으로 의미 있다는 가정을 하지 않을 수 없다. 결과적으로 무신론은 너무나 단순한 것임이 드러났다……"[55]

루이스는 신약성경의 신앙에 대해 다음과 같은 점을 지적하고 있다. 신약의 신앙은 "고통이라는 거북한 사실을 끼워 맞춰야 하는 체계가 아니다. 오히려 기독교 자체가, 우리가 만들어 낸 어떤 체계에든 끼워 맞춰야 하는 거북한 사실 가운데 하나이다. 이런 의미에서 기독교는 고통의 문제를 푸는 것이 아니라 오히려 만들어 낸다고 할 수 있다. 즉 실제로는 날마다 고통스러운 세상을 경험하고 있음에도 불구하고 '궁극적인 실재는 우리를 사랑하시는 의로운 존재'라는 믿을 만한 보증을 받았다고 생각하는 그 사람들에게 고통이 문제 되는 것이다."[56]

전에 안나 프로이트와 이야기하면서 나는 그녀의 아버지가 고통의 문제를 매우 흥미 있어 한 것 같다고 말했다. 그녀는 이 말에 동의하고서 "당신은 어떻게 생각하세요? '너는 암에 걸려라, 너는 폐결핵에 걸려라' 하고 말하는 어떤 존재가 위에 있다고 생각하시나요?"라고 내게 물었다. 나는, 오스카 피스터는 아마도 이 세상의 어떤 고통을 악한 권세 탓으로 돌렸을 것이라고 대답했다. 그녀는 그러한 개념에 관심 있는 듯이 보였고 대화 중에 계속해서 그 문제로 돌아 왔다. 그 아버지에 그 딸이었다.

프로이트와 루이스는 둘 다 악마에 관해 광범위하게 기술하고 있다. 루이스의 상상력 넘치는 풍자문학인 《스크루테이프의 편지》는 두 악마 사이의 서신 왕래를 소개하고 있다. 둘 중에서 연장자인 스크루테이프는 그의 어린 조카에게 인간을 방황하게 만드는 가장 좋은 방법을 가르치기 위해 예리한 심리학적 통찰을 이용한다.

루이스는 이 책이 끼친 광범위한 영향력에 놀랐다. 초판 이후 거의 20년 뒤 출간된 개정판 서문에서 루이스는 "책의 판매 부수는 처음에는 (적어도 내 기준에 비추어) 놀라울 정도였고 그 후에도 꾸준히 판매되었다"고 언급하고 있다. 이 책의 성공 덕분에 루이스는 미국의 유력 언론인 〈타임〉의 표지 인물로 실리기까지 했다.

그런데 루이스가 실제로 악마의 존재를 믿었는가? 그는 이렇게 대답한다. "나는 믿는다. 다시 말하면, 나는 천사들의 존재를 믿으며 이들 중 몇은 그들의 자유의지를 남용하여 하나님의 적이 되었고, 필연적인 결과로 우리의 적이 된 것이라고 믿는다. 이들을 우리는 악마라고 부른다." 그는 "악마들의 지도자 혹은 절대 권력자"인 사탄은 타락한 천사이며, 따라서 사탄은 "하나님의 반대가 아니라 천사장인 미가엘의 반대"라는 것을 믿는다고 구체적으로 말한다.

《지그문트 프로이트의 심리학 전집 표준판》의 색인을 보면 악마에 관한 수많은 표제어들이 나온다. 학자들은 프로이트가 악마에 매혹되어 몰두했다는 사실에 주목한다. 예를 들면, 프로이트는 이십대에 구스타브 플로베르의 《성 안토니의 유혹》(이집트의 성인 안토니우스가 하룻밤 동안 악마의 유혹을 당하는 이야기를 그린 산문 작품 — 옮긴이)을 읽고 받은 깊은 감명을 상세하게 묘사했다.[57]

그가 가장 많이 언급한 문학 작품은 괴테의 《파우스트》였다. 프로이트가 안락사를 선택한 날 읽은 마지막 책은 발자크의 《파멸의 가죽》으로, 이 책에서도 주인공이 악마와 계약을 맺는다. 《파우스트》와 《파멸의 가죽》의 주인공은 둘 다 과학자로, 사람들의 인정을 받지 못하고 성공하지도 못한 탓에 우울증에 빠져 자살을 생각한다.

프로이트는 아마도 이러한 주인공들뿐 아니라 악마와도 자신을 동일시한 듯하다. 즉 악의 화신으로서가 아니라 하나님의 권위에 항복하기를 거부하는 궁극적인 반역자로서 악마와 자신을 동일시한 것이다. 프로이트가 대학생 때 자기 신념이 흔들리기 시작하여 친구에게, 자신이 이제 유물론자가 아니지만 아직은 유신론자도 아니라고 쓴 편지에서 "나는 항복할 의사는 없어"라고 약속하듯 말한 바 있다. 30세가 되었을 때 쓴 한 편지에서는 "나는 나의 선생들과 항상 격렬하게 맞서는 입장에 섰다"고 말했다. 그리고 약혼녀에게 쓴 편지에서 그는 미래에 관한 걱정을 드러내면서 자신이 좋아하는 문학 작품인 밀턴의 《실낙원》을 인용하는데, 그 인용 구절은 아담이나 이브 혹은 하나님의 말이 아니라 악마의 말이었다.

> 우리 상의해 보자
> 희망으로부터 어떤 격려를 얻을 수 있는지
> 아니면, 절망으로부터 무슨 해답을 얻을 수 있는지.[58]

저술 전반에 걸쳐 프로이트는 때로는 수사적인 표현을 쓸 때, 또 때로는 위대한 문학 작품을 인용할 때 자주 악마를 언급하고 있다. 예를 들면, 융에게 쓴 편지에서 프로이트는 정신분석 이론을 전파하는 데 "능력 있는 조력자의 도움이 얼마나 시급한지"를 강조하면서, "그녀를 악마가 가르쳤지만, 그 혼자서는 그 일을 할 수 없네"[59]라고 《파우스트》를 인용하고 있다.

어느 정도는 프로이트 자신도 악마와 계약을 맺었다고 느꼈던 것일까? 어떤 학자들은 이 질문에 그렇다고 답한다.[60] 물론, 프로이트로서는, 악마를 객관적으로 실재하는 존재로 대한다는 게 이치에 맞지 않을 것이다. 1923년에 쓴 논문에서 프로이트는, 악마와 계약을 맺은 어느 화가를 묘사하는 17세기의 작품을 분석하면서 자신의 견해를 설명하고 있다. 프로이트는 악마가 그 화가에게 제공해야 했던 것들을 나열한다. "불멸의 영혼을 받는 대가로 악마는 인간에게 줄 것을 많이 가지고 있다. 그것은 인간이 높은 가치를 부여하는 것들로, 곧 부, 위험으로부터의 안전, 인류와 자연의 힘을 지배하는 권능, 심지어는 마술 그리고 무엇보다도 향락 즉 아름다운 여인과 즐기는 쾌락 등이다."[61]

프로이트는 그 화가가 "우울한 상태를 벗어나기 위하여 악마와의 계약서에 사인을 했다"고 지적한다. 아버지가 죽고 화가가 "우울증에 빠지자 악마가 다가와서 왜 그렇게 처져서 슬퍼하는지 물으면서, '모든 방법으로 돕고 계속 후원해 주겠다'고 약속한다." 화가는 만일 죽은 아버지를 9년 동안 다시 살게 해 주면 자신의 영혼을 악마에게 주겠다는 계약을 맺는다.

프로이트는 악마의 존재에 대한 심리학적 설명을 내놓는데, 이 설명은 그의 오이디푸스 콤플렉스 이론을 근거로 하고 있다. "우선, 우리는 하나님이 아버지의 대체자라는 점을 알고 있다. 다시 말하면 하나님은 우리가 어린 시절 보았고 경험한 아버지의 모방이다." 프로이트는 아버지를 향한 양가감정을 지적한다. 그것은 "두 가지 정서적 충동으로…… 서로 반대된다. ……애정 있고 순종적인 충동일 뿐 아니라 적대적이고 거부하는 충동이다. 동일한 양가감정이 신적 존재와 인간의 관계를 지배한다는 것이 우리의 견해이다. ……아버지에 대한 갈망과, 아버지에 대한 두려움과 반항 간의 해결되지 않는 갈등은, 종교의 중요한 특성과 결정적인 변천에 대해 설명해 주고 있다."[62] 긍정적인 감정들은 하나님에 대한 개념으로 다시 나타나고, 부정적인 감정들은 악마에 대한 개념으로 다시 나타난다.

❧

루이스는 여러 저작에서 고통의 문제에 대한 응답을 전개하고 있다. 가장 유명한 두 작품은 고통의 문제에 관한 지적 측면을 다루는 사색적인 성찰인 《고통의 문제》와, 아내의 죽음에 대한 좀더 정서적이고 직감적인 반응인 《헤아려 본 슬픔》이다.

루이스는 복잡한 쟁점들을 다룰 때 가장 본질적인 핵심을 잡아내는 비상한 능력을 지니고 있었다. 그는 고통의 문제를 놀라울 정도로 명료하게 묘사했다. "하나님이 선하다면 자신이 만든 피조물에게 완벽한 행복을 주고 싶어 할 것이며, 하나님이 전능하다면 그 소원대로 할 수 있을 것이다. 그런데 지금 피조물은 행복하지 않다. 그러므로 하나님은 선하지 않은 존재이거나 능력이 없는 존재, 또는 선하지도 않고 능력도 없는 존재일 것이다."[63] 이것이 고통의 '문제'를 가장 단순하게 표현한 말이라고 루이스는 설명한다.

고통의 문제를 이해하기 위해 루이스는 우리가 쓰는 '행복하다' '선하다' '전능하다'라는 말이 무엇을 의미하는지 먼저 이해해야 한다고 주장한다. 널리 알려진 뜻만을 받아들인다면 "이 논증에 아무 대답도 할 수 없다"고 말한다. 예를 들어 '전능'이란 '모든 것을 할 수 있는 능력'이라는 뜻이다. 성경은 "하나님께는 불가능한 일이 없다"고 말한다(누가복음 1:37 · 표준새번역판). 그러나 루이스는 이 말이 하나님이 어떠한 일이든지 다 할 수 있다는 의미는 아니라고 진술하고 있다.

예를 들면, 하나님은 '파란 색에는 몇 미터가 있느냐'라는 식의 무의미한 질문에는 답할 수 없다. 마찬가지로 하나님은 상호 배타적이며 양립 불가능한 두 가지 일을 동시에 행할 수 없다. 예를 들어, 하나님은 자유의지를 가진 존재들을 창조하면서 동시에 그들에게서 자유의지를 억제할 수 없다. 루이스는 다음과 같이 쓰고 있다. "하나님이 전능하시다는 것은 내재적으로 가능한 일이라면 무엇이든 하실 수 있는 능력이 있다는 뜻이지, 내재적으로 불가능한 일도 하실 수 있다는 뜻은 아니다. 하나님은 기적을 행하시는 분이지 말이 안 되는 일을 하시는 분이 아니다."[64]

루이스는 만일 피조물에게 자유의지가 있다면, 마땅히 "선택할 대상들이 존재"하는 환경이 있어야 한다고 설명한다. 그러므로 어떤 선택은 옳고 어떤 것은 그르다. 도덕률을 거부하는 선택은 중력의 법칙을 거부하는 선택처럼 고통을 야기할 것이다. 루이스는 그것을 이렇게 설명한다. "물질이 중립적인 장(場)의 역할을 하려면 그 본질에 변함이 없어야 한다. ……물질이 변함없는 성질을 가지고 있고 일관된 법칙을 따르고 있다면, 물질의 모든 상태가 한 영혼의 요구에만 한결같이 잘 들어맞는 일은 일어날 수 없다……"[65] "따라서 자연질서 및 자유의지와 맞물려 있는 고통을 배제한다는 것은 삶 그 자체를 배제하는 것과 같다."[66]

루이스는 하나님의 선 또는 사랑을, 친절에 대한 우리의 개념과 혼동해선 안 된다고 경고한다. "사랑은 단순한 친절보다 더 단호하며 탁월한 것이다. ……사랑 안에 친절이 있다. 그러나 사랑과 친절이 동일선상에 있는 것은 아니며, 사랑의 다른 요소와 분리된 친절은 사랑의 대상에게는 근본적인 무관심이 될 수도 있고 그 대상을 경멸하는 결과가 될 수도 있다."[67] 루이스는 "사랑은 본질상 사랑의 대상을 완벽한 존재로 만들고자 한다. 이런 점에서 볼 때, 상대방이 고통당하는 경우만 빼고 무엇이든지 허용하려 드는 단순한 '친절'은 사랑과 상극이라고 할 수 있다"[68]고 지적한다.

친절은 종종 사랑과 충돌할 수 있다. 예를 들어, 친절은 자녀가 고통 받지 않게 하려고 치과의사에게 보내지 않는 반면, 사랑은 그 아이의 최선을 원하기에 나중에 더 많은 고통을 당하지 않게끔 지금 그 고통을 겪게 할 것이다. 루이스는 이렇게 역설한다. "하나님 자신을 사랑하게 하려고 우리를 지으신 것이 아니라(물론 이 목적도 있지만), 하나님이 우리를 사랑하시려고 창조하셨다. 우리가 그의 사랑이 '충만히' 머무는 대상이 되도록 창조하신 것이다." 그러한 상태에 이르기 위해 우리는 '개조'될 필요가 있다고 루이스는 말한다. "인간의 고통과 인간을 사랑하시는 하나님의 존재를 조화시키는 문제는, 우리가 '사랑'이라는 말에 하찮은 의미를 덧붙이는 한 결코 해결될 수 없다."[69]

또한 루이스는 행복에 대한 우리의 개념을 바꾸어야 한다고 강조한다. 그는 창조자가 모든 행복의 원천이며 수세기 동안 경험한 불행과 비참함의 대부분은 그 원천을 배제한 채 행복을 찾으려고 노력한 결과라고 본다. "바로 그러한 가망 없는 시도에서 우리가 인간의 역사라고 부르는 거의 모든 것—돈, 가난, 야망, 전쟁, 매춘, 계급, 제국, 노예제도 등 하나님 외에 무언가 다른 데서 행복을 찾고자 했던 인간들의 길고 무서운 이야기— 이 비롯되었다." 그는 "하나님은 하나님과 상관없는 행복이나 평화를 주실 수 없다. 그런 것은 세상에 없기 때문이다. 그런 행복이나 평화는 존재하지 않는다"고 결론 짓는다.

프로이트처럼 루이스 또한 고통의 원인 중 대부분이 다른 인간 존재로부터 비롯된다는 점에 동의한다. "영혼들이 악해질 때에는 틀림없이 이런 가능성을 이용하여 서로를 해치려 든다. 그리고 인간이 겪는 고통 중 오분의 사는 여기에 그 원인이 있다고 해야 할 것이다. 고문, 채찍, 감옥, 노예, 총, 총검, 폭탄을 만든 이는 하나님이 아니라 인간이다. 우리의 가난과 과로는 자연의 심술 때문에 생기는 것이 아니라 인간의 탐욕 내지는 어리석음 때문에 생기는 것이다."[70]

루이스는 구약과 신약을 계속해서 연구해 감에 따라 창조와 타락 그리고 그리스도의 속죄와 구속의 원리에 대해 새롭게 이해하게 되었다. 그는 이렇게 설명한다. "하나님은 선한 분이시며, 모든 것을 선하게 만드셨다. ……그가 만든 선한 것들 중 한 가지, 즉 이성적인 피조물의 자유의지에는 본질상 악의 가능성이 내포되어 있으며, 피조물은 그 가능성을 틈타 악해졌다. ……인간이 지금처럼 하나님과 인간 자신에게 끔찍한 피조물이 된 것은, 하나님이 처음부터 그렇게 만드셨기 때문이 아니라 인간이 자유의지를 오용하여 스스로 이런 결과를 초래했기 때문이다."[71]

창조주의 의지를 범하는 이러한 자유의지의 남용은 고통과 질병과 죽음의 근본적인 원인이다. 루이스는 50세 되던 해에 아서 그리브즈에게 쓴 편지에서 이렇게 말하고 있다. "나는 하나님이 우리에게 모든 선한 것들을 보내신다는 말과 같은 의미에서 질병이나 전쟁을 '보내신다'고 생각하지 않네. 누가복음 13장 16절에서 예수께서는 질병을 하나님의 행위가 아니라 사탄의 행위로 돌리셨지(누가복음 13장에는 18년간 병으로 고통 받으며 허리가 구부러진 여인이 나오는데, 예수는 이 여인의 병마를 두고 "사탄에게 매여 있었"〔표준새번역 성경〕다고 말한다 – 옮긴이). 나는 자네 생각이 꽤 타당하다고 보네. 모든 고통은 죄로부터 생겨난다네."[72]

루이스는 고통을 가리켜 악이라고 말한다. 하나님은 고통을 만들어 내는 것이 아니라 고통을 사용하여 선을 만들어 내고자 한다. 많은 사람들은 고통이나 더 큰 위험에 맞닥뜨리기 전까지는, 예를 들어 비행기가 난기류에 휩쓸리는 경우 같은 위험을 만나기 전까지는 하나님을 인정하지 않는다. 루이스는 이렇게 쓰고 있다. "……고통은 고집스럽게 우리의 주목을 요구한다. 하나님은 쾌락 속에서 우리에게 속삭이시고, 양심 속에서 말씀하시며, 고통 속에서 소리치신다. 고통은 귀먹은 세상을 불러 깨우는 하나님의 메가폰이다."[73]

그러나 그는 고통으로 인해 사람들이 하나님과 멀어질 수도 있다고 경고한다. "세상을 향한 하나님의 메가폰으로서 고통은 혹독한 도구이므로, 때로는 끝까지 회개하지 않는 반항으로 이어질 수도 있다." 하나님은 우리에게 자신이 필요하다는 것을 깨닫게 하기 위해 고통을 사용하지만, 때로 우리는 그에게로 돌아가기보다는 그를 등지는 쪽으로 반응한다고 루이스는 말한다. 나 또한 나의 동료 의대 교수가 "만일 하나님이 그런 끔찍한 일을 허용한다면, 나는 그와 상관하고 싶지 않네"라고 말하는 것을 들었다.

프로이트는 자신이 '체념'이라고 부르는 방법으로 인생의 고통에 맞섰다. 《환상의 미래》에서 프로이트는 사람들이 영적인 세계관을 거부할 때 삶이 어떠할지 묘사했는데, 마치 그 자신이 직접 경험한 바를 그리고 있는 것 같다. "그들은 자신이 얼마나 무력한지 스스로 인정해야 할 것이다. ……그들은 더 이상 창조의 중심일 수 없으며 더 이상 인정 많은 하나님 편에서 섬세하게 돌보아 주는 대상일 수 없다. ……그리고 맞서 봐야 소용없는 운명의 필연성 앞에서 체념으로 견디는 법을 배우게 될 것이다."[74]

다른 사람들의 고통을 위로하려고 했을 때, 프로이트는 체념으로 견디라는 충고 외에는 "아무런 위안의 말도" 할 수 없었다. 남편을 잃은, 친구의 아내에게 보낸 편지에서 프로이트는 이렇게 한탄했다. "우리는 체념으로 운명의 폭풍에 복종해야 한다는 점을 당신도 이미 아시겠지요. 제가 특히 그 친구의 죽음으로 고통스러워한다는 사실을 짐작하실 수 있을 겁니다. 왜냐하면 저 자신의 남은 인생보다(이기적인 노인의 마음에는 다소 짧게 느껴집니다만) 그가 더 오래 살 수 있을 거라고 생각했으니까요." 동료 어니스트 존스가 무남독녀를 잃었을 때 보낸 편지에서 프로이트는 "신을 믿지 않는 운명론자로서 나는 죽음의 공포 앞에서 체념할 수밖에 없네"[75]라고 말했다. 그는 손자 하이넬레가 죽었을 때 살 의욕을 완전히 상실해서 "더 이상 살기가 싫어졌다"[76]고 말한 사실을 존스에게 상기시켰다.

프로이트는 위기 때 끌어다 쓸 영적 자원이 자기에게 없다는 사실을 예민하게 인식하고 있는 듯했다. 딸 소피가 죽은 후 프로이트는 한 동료에게 이런 편지를 썼다. "더 이상 뭐라 말해야 할지 모르겠네. 신자가 아닌 사람에게는 아무런 뒷생각을 일으키지 않는, 그저 무기력하게 만드는 사건이지……." 프로이트는 "언제 내 차례가 될지" 알고 싶었으며 자기 인생이 곧 끝나기를 바랐다.[77]

C. S. 루이스도 세계관을 바꾸기 전에는 고통에 대해 프로이트와

비슷한 견해를 가지고 있었다. 《고통의 문제》 서론에서 루이스는 이렇게 설명하고 있다. "내가 무신론자였을 때 '왜 하나님을 믿지 않느냐?'는 질문을 받았다면, 대략 이런 식의 대답을 했을 것이다. '우리가 살고 있는 우주를 보세요. 그 대부분이 완전히 어두울 뿐 아니라 상상을 초월할 정도로 추운 빈 공간으로 이루어져 있습니다. …… 지구 외의 다른 행성에는 생명체가 살고 있을 것 같지 않습니다. 더구나 지구도 수백만 년간 생명체 없이 존재했고, 이 생명체들이 다 사라진 후에도 또 그렇게 수백만 년 이상 존재할 겁니다. 생명체가 있을 동안의 사정은 또 어떻습니까? 모든 형태의 생명체는 서로를 먹이로 삼아야만 살 수 있게 되어 있습니다. …… 생물들은 고통을 일으키며 태어나, 고통을 가하며 살다가, 대부분 고통 속에 죽습니다…….'"

인간은 이성을 부여받았기 때문에 '자신의 죽음' 뿐 아니라 '자신의 고통도 예견'할 수 있으며, '수많은 교묘한 책략들'을 만들어내어 다른 사람들에게 더 큰 고통을 가할 수도 있다. 따라서 인간의 역사는 "대부분 범죄와 전쟁과 질병과 테러의 기록으로서…… 모든 문명은 사라지게 마련이고, 지속되는 동안에도 인간이 늘상 겪는 고통을 가중시킵니다. …… 우주는 쇠락하고 있으며…… 인류의 운명은 정해져 있습니다"라고 루이스는 말한다. 그리하여 그는 이렇게 답한다. "만일 당신이 이런 우주를 자비롭고 전능한 영의 작품으로 믿으라고 한다면, 저는 모든 증거가 오히려 정반대의 결론을 가리키고 있다고 대답하겠습니다. 즉 우주의 배후에는 어떤 영도 존재하지 않거나, 선과 악에 무관심한 영이 존재하거나, 악한 영이 존재한다의 셋 중에 하나라는 것입니다."[78]

고통은 매일의 삶 속에서 일어난다. 우리가 고통에 어떻게 반응하는지는 고통이 우리 삶의 질에 미칠 영향을 결정한다. 만일 루이스처럼, 어떤 지고한 존재가 우리를 사랑하며 궁극적으로 우리의 운명을 좌우한다고 믿는다면 인내와 희망을 가지고 견딜 수 있을 것이다. 그러나 유물론적 세계관을 고수하고자 한다면, 우리가 부닥치는 혹독한 현실에 굴복하라는 프로이트의 훈계를 받아들이는 수밖에 없다. 프로이트의 결론은 이것이다. "신자가 하나님의 '섭리를 이해할 수 없다'고 말할 수밖에 없는 시점이 온다면, 이는 그가 자기 고통에 대한 위로와 위안을 얻기 위해 할 수 있는 일이 무조건적 굴복밖에 없음을 인정하는 것이다. 그리고 지금 그 준비가 되어 있다면 그는 아마도 길을 멀리 돌아가는 노력을 아낄 수 있을 것이다."[79]

9. 죽음

죽음이 우리의 유일한 운명인가?

이 세상에 태어나면 오래지 않아 우리 존재의 가장 근본적인 사실, 즉 우리가 이 세상에 아주 오래 머물지 못하리라는 사실을 인식하게 된다. 평균 수명은 3만 일을 넘지 않는다. 그 중 삼분의 일을 잠자는 데 보내므로 우리가 경험하는 날은 2만 일을 넘지 않는다. 아무리 부인하려 애써도 죽을 수밖에 없는 운명을 부인할 수는 없다. 우리가 그러한 존재라는 사실을 일깨우는 일이 계속 일어난다. 여름 방학이 끝났음에도 급우가 돌아오지 않거나, 아름다운 봄날 출근 길에 장례차를 앞세우고 전조등을 켜고 줄지어 가는 운구 행렬을 갑자기 만나기도 한다. 날마다 신문에는 수많은 사망자 명부가 실린다.

시편 기자는 우리의 남은 날들을 셈하여 이 세상이 우리의 영원한 집이 아니라는 것을 깨닫는 지혜를 알게 해 달라고 기도하지만,

그러한 사실을 의식하게 되는 과정은 참으로 고통스럽다. 우리는 우리 안에 깊이 자리 잡은 영속성에 대한 갈망에 비해 믿을 수 없을 정도로 인생이 짧다는 사실에 긴장하며, 또한 일생 동안 겪게 될 사랑하는 사람들과의 이별의 두려움, 즉 유아 때부터 노년에 이르기까지 겪게 될 두려움으로 긴장 속에 살아간다.

프로이트가 말한 "죽음이라는 고통스러운 수수께끼"를 어떻게 풀고 이해할 것인가? 소크라테스는 "참된 철학자는 언제나 죽음에 관한 문제와 실제로 죽는 문제를 생각한다"고 말했다. 프로이트와 루이스를 포함하여 대다수 위대한 작가들은 이 주제를 폭넓게 다루었다. 그들의 저술에서 이 주제에 대해 언급한 구절들은 특히 중요하다. 그들이 친구들과 가족의 죽음에 어떻게 반응했는지, 그리고 저마다 자신의 죽음을 어떻게 대면했는지를 살피면 그들 각자의 세계관이 이 '고통스러운 수수께끼'를 어떻게 다루었는지를 이해할 수 있을 것이다. 프로이트는 "죽음의 문제는 모든 철학의 출발점이다"[1]라는 쇼펜하우어의 말을 인용한다. 실제로 죽음의 문제는 프로이트와 루이스가 구체적인 인생철학을 선택하는 데 영향을 주었다.

《꿈의 해석》에서 프로이트는 자신이 죽음을 의식하게 된 것은 어린아이 때부터였다고 밝히고 있다. 그가 두 살쯤 되었을 때 동생 율리우스가 사망했다. 프로이트는 자기 분석을 통해 동생의 죽음에 대한 자신의 반응을 떠올렸는데, 동생을 시기했기 때문에 죄책감을 느꼈다고 밝혔다. "나는 적의 어린 소망과 진심 어린 아이의 시기심으로 한 살 어린 동생(태어난 지 몇 달 후에 죽은)을 맞이했다. 그리고…… 그의 죽음은 내 속에 자기 질책이라는 병균을 남겼다."[2]

또한 프로이트는 어머니와의 토론을 기억해 냈는데 그녀는 "우리는 모두 흙으로 만들어졌기 때문에 흙으로 돌아가야 한단다"라고 말했다. 어린 소년은 의아했다. 그러자 그녀는 자기 주장을 '증거'를 가지고 뒷받침했다. "어머니는 그때 마치 손바닥 사이에 반죽을 쥐고 만두를 빚을 때처럼 두 손바닥을 비볐다. 그러고는 마찰로 생긴 표피의 검은 껍질을 내게 보여 주며 그것이 우리가 흙으로 만들어진 증거라고 말했다. 눈앞에 펼쳐진 이러한 증거에 너무나 놀라서 '너도 죽으면 자연으로 돌아간다'라는 말을 마지못해 믿게 되었다."[3]

1914년에 쓴 한 편지에서 프로이트는 임상 작업에서 도출해 낸 전쟁에 관한 통찰을 나누었다. "정신분석의 결론은, 인류의 원초적이고 야만적이며 악한 충동이 비록 억압된 상태, 즉 무의식 가운데서도 어떤 개인에게서도 사라지지 않았으며 계속하여 존재해 왔다는 것이네……." 왜냐하면 이러한 충동은 표출될 "기회를 기다리고" 있으며 전쟁이 그 기회를 제공하기 때문에 역사 속에서 전쟁은 사라지지 않고 반복되며 지속되리라는 것이다. 인류가 더욱더 교육받고 지적으로 되어 감에 따라 전쟁이 줄어들기는커녕 더욱 빈번해지고 파괴적이 되어 왔다. 그 이유는 "우리의 지성이 약하고 독립적이지 못하여 충동과 감정의 유희물이자 도구가 되기 때문"[4]이다.

전쟁은 우리의 원초적 충동이 원시 시대 조상들의 충동에 비해 거의 달라지지 않았음을 증명한다. 우리가 반듯한 예의를 갖춘 이면에는 어느 시대 못지않게 야만적이고 잔인한 충동이 자리 잡고 있다. "원시인이 그랬듯 우리의 무의식이 우리 자신의 죽음이라는 개념에는 다가갈 수 없으며, 낯선 자에게는 살의를 품게 되고 사랑하는 사람들에게는 (양가감정으로) 나누어져 있다"[5]는 점을 전쟁은 보여 준다.

1914년에 쓴 "전쟁과 죽음의 시대에 대한 고찰"이라는 논문에서 프로이트는 우리의 무의식에는 죽음이 존재하지 않는다는 흥미로운 소견을 밝히고 있다. 프로이트는 마음이 영속성을 기대하게끔 만들어진 것 같다고 말한다. "그렇기 때문에 우리의 무의식은 자신의 죽음을 믿지 않으며, 마치 불멸할 것처럼 군다."[6] 우리는 "자신의 죽음을 상상할 수 없으며 상상하고자 시도할 때 사실상 우리가 여전히 구경꾼일 뿐임을 간파할 수 있다."[7] 프로이트는 이러한 도발적인 발언에 대한 철학적 해석을 피하고 있다. 루이스 같으면, 우리 마음이 죽음을 거부하는 이유는 죽음이 원래 '창조 계획'의 일부가 아니었기 때문이라고 말했을 것이다.

프로이트는 "당신이 인생을 견뎌 내고자 한다면 죽음을 준비하라"는 묘한 제안으로 전쟁과 죽음에 관한 글을 마무리한다. 프로이트는 정신의학계에서 많은 사람들이 오랫동안 관찰해 온 바를 분명히 파악하고 있었다. 완전하게 살기 위해 우리는 죽음의 문제를 해결해야 한다. 이 문제가 해결되지 않으면 인간은 죽음을 거부하기 위해 과도한 에너지를 소모하거나 죽음에 사로잡히게 된다. 프로이트는 자신이 죽음의 문제를 어떻게 다루었는지 의심의 여지를 남기지 않았다. 그는 죽음에 사로잡혀 죽음을 비정상적으로 두려워했고 죽음에 대해 미신적이 되었다. 프로이트는 계속하여 죽음에 관한 꿈을 꾸었다. 그의 주치의는 죽음에 대한 프로이트의 집착을 "미신적이고 강박적"이라고 묘사했다.

프로이트는 38세 때 한 편지에서 자신의 견해를 이렇게 밝혔다. "앞으로 4-5년 내지 8년까지는 좋은 일도 있고 나쁜 일도 있겠지.

다른 사람들로 인한 여러 가지 불만으로 고통을 겪다가, 40-50세 사이에 심장 파열로 갑자기 사라져 버리는 일이 40세에 일어나지 않는다면 그것도 그리 나쁘지는 않을 것 같네."[8]

프로이트는 53세에 처음이자 마지막으로 미국을 방문하게 되었다. 그는 미국의 유명한 철학자이며 심리학자인 윌리엄 제임스를 만났다. 제임스는 프로이트에게 "오랫동안 좋은 인상"을 남겼는데 특히 그가 자신의 죽음을 다루는 방식이 인상에 남았다. "우리가 함께 걸을 때 일어난 사건을 결코 잊을 수 없을 것이다. 그는 갑자기 발걸음을 멈추고는 들고 있던 가방을 내게 건네며 계속 걸으라고 하면서, 방금 시작된 후두염 발작이 끝나면 곧 나를 뒤따라 오겠다고 말했다. 그는 1년 후 그 병으로 사망했다. 나는 항상 그가 보여준 것처럼 다가오는 죽음에 직면하여 두려움이 없기를 원했다."[9]

54세가 되었을 때 프로이트는 한 편지에서 "학창 시절 우리는 처음으로 작은 일에도 함께 즐거워했는데 성장하여 나이가 들었고 이제는 생명이 끝나 가고 있네"[10]라고 썼다. 프로이트에게 생일은 기쁨과 축하의 시간이 아니라 절망의 시간이었다. "만일 내가 예순 번째 생일에 거의 즐거움을 느끼지 못할 것을 미리 알았더라면, 아마 내 첫 번째 생일도 그리 즐겁지 않았을 거네. 가장 좋은 순간조차도 단지 우울한 축하가 되었겠지."[11]

6년이 지난 후 프로이트는 계속 자신이 곧 죽을 것이라고 느꼈다. 그는 한 친구에게 이런 편지를 썼다. "이제 자네도 예순 번째 생일을 맞이하게 되었네만, 여섯 살 더 먹은 나는 인생의 마지막에 다가가고 있네. 얼마 안 있으면 다소 이해하기 어렵고도 계속 즐겁지만은 않은 희극의 5장 마지막을 보게 될지도 모르지."[12] 프로이트는 처음에는 자신이 41세에 죽을 것이라고 확신했으며, 그 다음에는 51세에, 그러고는 61세와 62세 사이에 죽을 것이라고 확신했고, 70세가 되었을 때는 80세에 죽을 것이라고 확신했다.

어떻게 그는 이렇게 구체적인 때를 정하게 되었을까? 카를 융에게 쓴 다음의 편지는 다소 이상하고 미신적인 그의 사고 과정을 보여 주고 있다. "몇 년 전 나는 61세와 62세 사이에 죽을 것이라는 확신이 들었네. ……그 후 동생과 그리스에 갔을 때 모든 종류의 숫자로 된 물건에 61과 62가 갑자기 얼마나 자주 나타나던지 정말로 무시무시했지. ……그래서 우울했는데 아테네에 있는 호텔에 도착하자 우리는 1층에 방 배정을 받았고, 61호실은 없을 것이기 때문에 안도의 숨을 쉬었네. 그런데 내 방이 (운명론자의 자유로운 발상에 따라 61 혹은 62의 반으로 여겨질 수도 있는) 31호실이었다네……." 그때 프로이트는 자신이 31이라는 숫자를 더 자주 마주치게 된 것을 알게 되었다.

그런데 그가 "61세와 62세 사이에 죽을 것이라는 확신"을 언제, 어떻게 처음 갖게 되었을까? 편지를 보면, 그는 1899년에 그런 생각에 사로잡히기 시작했다. "그 당시에 두 사건이 발생했지. 첫째는 《꿈의 해석》을 썼으며…… 둘째는 14362라는 새 전화번호를 받았다네. ……《꿈의 해석》을 저술했을 때 나는 43세였지." 숫자로 점을 치는 점술가처럼 그는 "나머지 숫자는 내 인생의 끝을 의미한다고 생각했기에 내가 61세와 62세 사이에 죽을 것이라는 가정은 그럴듯했다네"라고 결론짓는다. 프로이트는 "내가 61세와 62세 사이에 죽을 것이라는 미신적인 생각은, 《꿈의 해석》과 함께 나의 일을 완성했다는 확신과, 더 이상 할 일이 없고 그래서 누워 죽는 편이 나으리라는 확신이 서로 일치한다는 것을 증명한다네"라고 설명한다. 그러고는 아마도 스스로를 안심시킬 요량으로 그는 "이렇게 바꿔 말하면 더 이상 불합리하게 들리지 않는다는 점을 자네도 인정하겠지"[13]라고 덧붙였다.

8년 뒤인 1917년에도 프로이트는 계속 자신이 61세에 죽을 것이라고 믿었다. "나는 아주 열심히 일해 왔고 이제 탈진 상태다. 세상이 혐오스럽고 메스껍게 느껴진다. 내 인생이 1918년 2월에 끝날 것이라는 미신이 내겐 아주 친근하게 느껴진다……."[14]

특정 나이에 죽을 것이라는 프로이트의 '미신'은 80세에 이르기까지 계속되었고, 그에게 평안을 주지 못했다. 당시 자신이 곧 죽을지도 모른다고 확신한 이유는 아버지와 형이 도달한 인생의 한계에 자신이 도달했기 때문이다. "그때까지는 아직 한 해가 더 남아 있네. ……내가 아버지와 형의 나이 혹은 어머니의 나이에 이를 것인지 골똘히 생각하고 있네. 안식에 대한 욕구와 더불어 (생명의 연장이 의미하는) 되풀이되는 고통과, 내가 속한 모든 것과 분리되는 슬픔을 생각하면 갈등이 일고 고민이 되네."[15]

프로이트는 여러 편지에서 자신의 두려움을 공공연히 드러내고 있다. 아직 삼십대였을 때 프로이트는 친구 플리스에게 보낸 편지에서 "나는 편두통에 코 분비물에 죽음의 공포감까지 있네"[16]라고 쓰고 있다. 어니스트 존스는 이렇게 말한다. "내가 아는 프로이트는 어떤 위대한 인물보다 더 죽음에 대한 생각에 사로잡혀 있었던 것 같다. ……우리가 서로 알게 된 지 얼마 되지 않았을 때에도 그는 헤어질 때 '잘 가게. 날 다시 못 볼지도 모르네'라고 말해서 당황하곤 했다. ……그에게 이른 바 '죽음의 공포'의 발작이 반복적으로 일어났다. 그는 사십대 초반에도 나이 드는 것을 싫어했고 그럴수록 죽음에 대한 생각은 더 자주 일었다. 한 번은 그가 날마다 죽음에 대해 생각한다고 말한 적이 있는데, 이는 분명 비정상적이었다."[17]

프로이트는 인생 후반기에 불치병의 고통을 두려워했다. 그런데 그는 왜 그토록 젊어서부터 번민했는가? 그러한 두려움은 그의 무신론적 세계관과 관련이 있는 것인가?

《꿈의 해석》을 보면 그의 두려움에 대한 실마리를 얻을 수 있다. 그는 이 책에서 "내가 운 좋게도 발견한 사실 중에 가장 가치 있는 것"이 있다고 말한다. 프로이트는 어린아이들이 종종 경쟁 관계에 있는 형제나 자매가 죽는 꿈을 꾸는데, 그러한 꿈은 경쟁자가 사라져 버렸으면 하는 무의식적인 소망을 반영한다고 말한다.

어린아이들이 다른 아이의 죽음을 바랄 정도로 타락하지 않았을 것이라고 이의를 제기하는 사람들에게, 프로이트는 어린아이들이 어른처럼 죽음을 개념화하지도 두려워하지도 않는다는 점을 상기시킨다. 그런 다음 성인들이 죽음을 두려워할 때 떠올리게 되는 것을 나열한다. "썩어감에 대한 공포…… 얼음처럼 차가운 무덤 속에서 얼어붙는 것…… 영원한 무(無)에 대한 전율." 그러고는 "모든 내세에 대한 신화들도 증명하듯이"[18] 성인들은 이러한 것들을 못 견디게 두려워한다고 덧붙이고 있다.

프로이트는 사람들이 죽음의 공포와 영원에 대한 소망 때문에 종교적 세계관을 받아들인다고 생각했다. 그러나 그 자신이 대다수의 사람들보다 더 강하게 '영원한 무에 대한 전율'에 사로잡혔다. 그럼에도 그는 불신자로 남아 자신이 지닌 세계관의 냉혹한 현실을 감수했다.

루이스의 경우는 정반대이다. 회심 전의 루이스는 자신이 극단적으로 염세적이었으며 인생이 어떤 형식으로든 계속되기를 바라는 마음이 전혀 없었다고 쓰고 있다. "내가 실재라고 믿고 있던 것들은 거의 모두 음산하고 무의미하다고 생각했다. ……내가 소망하는 바가 실재한다고 믿지는 않았기 때문에, 참된 것들은 늘 내 소원과 반대된다고 생각했다."[19] 그러나 루이스는 한 가지 예외가 있다고 말했다. 즉 한 가지 소망이 존재함을 인정했다.

역설적이게도, 프로이트의 이론과는 정반대로 루이스는 자신이 무신론에 이끌렸기 때문에 "나의 소망을 기뻐하게 되었다"고 말한다. 그의 소망이란, 상황이 참을 수 없게 되었을 때 신속하고 쉬운 탈출구일 뿐 아니라 자기 인생을 간섭하는 어떤 신적 권위로부터도 자유로워지려는 강한 욕구였다. "유물론자들의 세계는…… 한없는 매력으로 다가왔다. ……죽으면 모든 것이 끝이기 때문이었다. ……또 유한한 재앙이 올 때에도 그것이 내 생각보다 견디기 힘들 때에는 언제든지 자살해 버리면 그만이었다. 기독교 세계가 주는 공포는 거기에 '출구'라고 쓰인 문이 없다는 데 있었다."

한편, 프로이트는 사랑하는 사람을 사별했을 때 완전히 절망했다. 존스에게 보낸 편지에 그는 이렇게 썼다. "아버지가 돌아가셨을 때 나는 자네의 나이(41세) 정도였지. 아버지의 죽음은 내 정신에 대변혁을 일으켰네. 자네는 이처럼 죽음에 대한 생각으로 가득 찬 시간을 떠올릴 수 있겠나?"《꿈의 해석》에는 아버지의 죽음과 관련한 이야기가 자주 등장한다. 프로이트는 제2판 서문에 "이 책은 내 개인적으로 훨씬 더 주관적인 의미가 있다. ……이 책에 나 자신의 자기 분석 일부, 즉 아버지의 죽음에 대한 나의 반응이 있음을 알게 되었다"라고 썼다.

1896년 아버지가 돌아가셨을 때 프로이트는 플리스에게 편지를 썼다. "어제 우리는 10월 23일 밤에 작고한 노인을 매장했네. 아버지는 이제껏 그래 왔듯이 매우 비범한 인물처럼 끝까지 용감하게 견뎌 내셨지. ……아버지는 뇌막의 출혈과 발작 때문에 열이 없을 때도 밤중에 자주 깨셨던 것 같네. ……마지막 발작이 일어난 후 폐부종이 나타나더니 편안하게 가셨어. ……그 일 때문에 정말 마음이 무겁게 가라앉았다네."[20]

일주일 후 프로이트는 한탄하며 이렇게 썼다. "나는 아직 노인네의 죽음으로 인한 충격에서 벗어나지 못하고 있네. 나는 아버지를 존경했고 정말 잘 이해했어. 깊은 지혜와 환상적인 쾌활함이 독특하게 결합된 아버지는 내 인생에 깊은 영향을 끼치셨네. 아버지의 인생은 죽음으로 끝나게 되었지만, 나의 내면에서는 모든 과거가 아버지의 죽음 때문에 다시 깨어났다네."[21]

64세 때 프로이트는 젊고 아름다운 딸을 잃었다. 프로이트는 세 아들과 세 딸을 두었으며, 그 중 소피를 세상 누구보다도 더 사랑했다. 1912년에 소피는 결혼했다. 소피가 갑자기 독감에 걸리게 되었을 때 그녀와 그녀의 남편은 함부르크에서 8년째 살고 있었다. "어제 아침 사랑스러운 우리 소피가 죽었습니다"[22]라고, 1920년 1월 26일 프로이트는 어머니에게 편지를 썼다. 그는 아내 마르타가 너무 혼란에 빠져서 "가 볼 수가 없었고, 설사 갔더라도 소피가 살아 있는 모습은 보지 못했을 것입니다. ……소피는 우리보다 먼저 떠난 최초의 아이입니다"라고 덧붙였다.

그 다음 달 스위스의 정신과 의사인 루드비히 빈스방거에게 쓴 편지에서 프로이트는 자신도 아내도 "부모보다 아이가 먼저 죽는 그런 끔찍한 사건에서 헤어나지"[23] 못했다고 말한다. 아마 프로이트는 결코 그 상실감에서 완전히 회복되지 못했을 것이다. 거의 10년 후 그는 빈스방거에게 보낸 편지 서두를 "오늘은 죽은 내 딸이 서른여섯 살 되는 날이라네"[24]라는 문장으로 시작한다. 다른 편지에서 "나는 마음속 깊이 무신론자이기에 내가 비난할 수 있는 이는 아무도 없네. 불평을 터뜨릴 곳이 아무 데도 없음을 나도 잘 알고 있지. 나는 가슴속 깊이, 치유될 수 없는 자기애적 상처의 감정을 더듬어 찾을 수 있다네"[25]라고 쓰고 있다.

3년 만에 프로이트는 또다른 가족을 잃었는데, 이번에는 소피가 죽었을 때 한 살이던 소피의 아들이었다. 이 아이의 죽음에 프로이트는 다른 어떤 상실보다도 더 강하게 반응했다. "우리는 소피의 다섯 살 된 아들인 하이넬레를 함부르크에서 이리로 데려왔네. 그 애는 정말로 사랑스러운 녀석이었어. 나 자신도 한 인간을, 특히 어린아이를 그처럼 사랑한 적이 없었던 것 같네"라고 그는 몇몇 친구들에게 보낸 편지에 쓰고 있다. 그는 그 아이가 함부르크에서 적절한 의료 혜택을 받지 못해서 프로이트 집안 사람들과 함께 살기 위해 빈에 와 있었다고 말하고 있다. "그 애는 두 주 전부터 다시 아프기 시작했었네. 체온은 38.9-40도 사이였고 두통을 앓았다네. 점점 확실하게 그 애가 폐결핵에 걸렸고 결국 그 애를 잃게 된다는 것을 알게 되었지. 그 애는 이제 마비되어 혼수상태에 들어갔어. ……의사들은 그런 상태가 일주일 혹은 그 이상 지속될 수 있으며 회복은 기대할 수 없다고 말했네……."

프로이트는 슬픔에 빠져 절규한다. "이렇게 슬픈 일을 경험한 적은 없는 것 같아. 아마 이런 충격은 내 병 탓이었는지도 모르지. 나는 단지 일해야 하니까 일하고 있네. 나는 모든 의미를 완전히 상실했어……."[26] "나는 인생에서 아무런 기쁨도 발견할 수 없다네."[27] 프로이트는 아이의 아버지에게 "나는 그 애를 잃은 슬픔으로 내 인생에서 가장 암울한 날들을 보냈어. 이제는…… 그 애에 대해 조용히, 눈물을 흘리지 않고도 생각할 수 있게 되었네"라고 썼다. 프로이트는 다시 한 번 자신이 위로받기 위해 의지할 수 있는 게 아무것도 없다는 사실을 인정한다. "설혹 그 애가 살아 있더라도 내가 그 애를 볼 수 있는 날이 많지 않은 나이라는 게 유일한 위로라네." 존스에 의하면, 이 일이 프로이트가 일생 중 눈물을 흘렸다고 기록한 유일한 경우이다.

7년 후 프로이트는 가족을 또 잃었다. 1930년 여름 프로이트는 74세였다. 어린 시절 아버지를 향해 프로이트가 가졌던 양면적인 감정들과 어머니와의 특별한 관계—그가 자기 분석에서 기억하고 자신의 오이디푸스 콤플렉스 이론에 반영한—때문에, 어머니를 사별한 일은 아버지를 잃은 경우보다 더 마음을 혼란케 했으리라고 짐작할 수 있을 것이다. 그러나 실제로는 정반대였던 것 같다. 존스에게 쓴 편지에서 프로이트는 이렇게 고백했다. "나는 이 일에 대한 내 반응이 흥미롭다는 사실을 감추지 않겠네. ……표면상 나는 단지 두 가지를 감지할 수 있네. 하나는 개인적인 자유의 증가인데 그 이유는 내가 죽었다는 소식을 듣고 어머니가 오실 생각만 해도 항상 두려웠기 때문이고, 다른 하나는 어머니가 그렇게 오랜 인생의 여정을 마치고 마침내 갈망해 오던 구원을 얻으셨다는 안도감이

네." 그러면 프로이트는 비통함이나 슬픔을 전혀 느끼지 않았는가? 그는 자기 동생은 슬퍼했으나 자신은 슬퍼하지 않았다는 사실을 인정했다. "아무런 고통도, 아무런 슬픔도 없었다네. 그것은 아마도 어머니가 장수하셨던데다 그녀의 무력함에 대해 느꼈던 연민이 끝났기 때문이라고 설명할 수 있겠지. 오히려 해방감, 즉 풀려나는 심정이었다네. 그 감정은 내가 이해할 수 있는 것이라네. 어머니가 살아 계신 한 나는 죽을 수 없었지만 이젠 죽을 수 있으니 말일세." 그러고는 놀랍게도 "나는 장례식에 참석하지 않았네"[28]라고 고백했다. 프로이트는 여전히 매우 활동적이고 생산적이었으며 돌아다닐 수 없는 상태가 아니었다. 그렇다면 도대체 그는 어떤 이유로 어머니 장례식에 참석하지 않았을까? 죽음이 너무나 두려워 참석할 수 없었던 것인가?

자신을 극히 혼란스럽게 한 아버지의 죽음에 대해 강렬히 반응한 경우와, 어머니의 죽음에 대해 "비통함이나 슬픔을 전혀" 경험하지 않은 경우는 종종 임상으로 관찰된 죽음에 대한 역설적인 반응을 예증한다. 죽은 가족 구성원, 특히 부모를 향한 부정적인 감정이 해결되지 않은 채로 남아 있을 경우, 상실감을 해소하는 데 더 큰 어려움을 겪는다는 사실이다.

෪

프로이트는 죽음을 두려워했고 자신이 죽을 날짜에 대해 강박관념을 가졌지만, 주치의에게 자기 생이 다하는 때를 알려 줘야 한다고 고집했다. 프로이트는 43세 때 한 편지에 이렇게 썼다. "내 시간이 다할 때 나를 정말로 존중하여 언제 준비해야 할지를 말해 줄 누군가를 찾고 싶네. 아버지는 죽음의 때를 충분히 의식하셨는데도 죽음에 대해 말이 없으셨으며 마지막까지 아름다운 평정을 유지하셨지."[29]

프로이트가 중병에 걸리자 담당 의사들이 이를 암으로 진단했을 때, 젊은 인턴인 펠릭스 도이치 박사는 외과의사와 함께 그 진단을 보류했다. 도이치 박사는, 프로이트가 자신이 만일 고통 중에 죽게 될 운명에 처하면 품위 있게 이 세상을 떠날 수 있게 도와 달라는 부탁을 했다고 말했다. 도이치가 말을 삼가게 된 것은 프로이트가 자살할까 두려웠기 때문이다.

나중에 자신의 병을 알게 되었을 때 프로이트는 배신감을 느꼈다. 도이치는 프로이트의 담당 의사를 그만두겠다고 했는데, 왜냐하면 프로이트가 의사와 환자 사이에 필요한 신뢰를 잃지나 않을까 걱정했기 때문이다. 프로이트가 이에 동의하여 직업적 관계는 끝났지만 둘은 친구로 남았다. (나중에 펠릭스 도이치는 정신분석가가 되었고 역시 정신분석가인 아내 헬렌과 함께 매사추세츠 주 케임브리지 시로 이사 갔다. 그는 내가 정신의학 수련을 받은 동안 나의 정신분석의였다.)

프로이트는 나치를 피해 런던으로 망명할 때, 가족 모두와 파울라 피히틀, 그리고 41세의 내과전문의인 주치의 막스 슈르의 비자를 받으려고 애썼다. 슈르는 병세 말기의 프로이트를 치료했다. 슈르가 프로이트의 마지막 수개월간과 임종시에 함께했기 때문에, 나는 프로이트가 자신의 죽음에 어떻게 맞섰고 반응했는지 슈르의 설명을 많이 참고하고자 한다.

프로이트와 그의 가족은 1938년 6월 6일 런던에 도착했고, 여행

중에 주치의가 프로이트에게 "경미한 심장병 증세"라고 말한 징후가 생겼다. 또한 그의 입천장에 새로운 상처들이 생기기 시작했는데 의사가 암일지도 모른다고 걱정했다. 그해 9월 외과의사의 집도로 수술을 받은 뒤 프로이트는 서서히 고통스럽게 회복하였다.

프로이트 가족은 1938년 9월 27일에 런던의 북서쪽에 있는 햄스테드의 마리즈필드 가든즈 20번지로 이사했다. 프로이트는 1년 뒤 1939년 9월 23일에 그 집에서 죽음을 맞았다.

슈르 박사의 말에 따르면 마지막 날들 동안 프로이트는 읽을 책을 "매우 신중하게" 골랐다. 죽기 몇 달 전에 그는 라헬 베르다흐가 지은 《황제와 현자와 죽음》을 읽었다. 프로이트는 저자에게 "당신의 신비하고 아름다운 책을 읽고 즐거웠습니다. ……나는 이처럼 가치 있고 시적으로 완성된 작품을 읽어 본 지가 꽤 오래되었습니다.[30] 죽음을 중요하게 다룬 것으로 보아 당신은 틀림없이 매우 젊으리라 생각됩니다. ……언제 한 번 당신을 영접하는 즐거움을 내게 선사해 주시지 않겠습니까?"라고 편지를 보냈다.

그 책이 프로이트를 얼마나 깊이 감동시켰는지를 본 막스 슈르도 그 책을 여러 번 읽었다. 그 책에서 베르다흐는 죽음의 현실과 죽음이 일으키는 두려움에 초점을 두고 많은 질문—예를 들면, 사는 동안에 유일하게 죽음을 인식하는 인간은 저주받은 존재인가?—을 제기한다. 신자와 불신자는 제각기 죽음에 대한 그들의 이해를 서로 나눈다. 어느 주교와 아랍인 의사 사이의 토론은, 나사렛 예수에 의한 나사로의 기적적인 부활 및 두 번째로 죽음을 맞이해야 하는 어려움에 초점을 맞춘다. 프로이트가 좋아하는 시 중에 하이네가 지은 시의 제목이 '나사로'였다. 프로이트가 나사로 이야기에 매혹된 것은 그가 영원에 대한 욕구를 갖고 있음을 의미하는가? 베르다흐의 책 속 주인공은 어느 날 밤 무시무시한 정적을 깨닫게 되면서 죽는다. 그가 살고 있는 마을 사람들 모두가 사라져 버리고 죽음의 천사가 그만 남겨 놓는다. 그는 공포와 절망과 자포자기 상태에서 죽는다.

프로이트는 안락사로 죽기 전날인 1939년 9월 22일에 서재에서 발자크의 책 《파멸의 가죽》을 골랐다. 그는 몇 시간 후에 의사에게 자기 생을 마치게 해 달라고 부탁할 셈이었다. 그가 일생 동안 읽은 수백 권의 책 중에서 왜 하필 《파멸의 가죽》인가?

이 소설의 구성은 단순치 않다. 부와 명성을 갈망하는 '젊은 과학자'인 주인공 라파엘은 스스로를 매우 재능 있지만 제대로 평가받지 못해 실패한 사람으로 생각하며, 자살을 계획한다. 작가는 스스로 목숨을 끊는 사람들에 대한 여러 묘사 중 "한 영혼이 권총의 방아쇠를 당겨서 평화를 찾도록 자극하는 폭풍우는 격렬해야 한다"[31]라는 표현을 쓰고 있다. 라파엘은 악마를 만나는데 악마는 그 젊은이가 갈망하는 모든 것, 즉 부와 명예를 주겠다고 약속한다. 악마는 "내가 그대를 더 부유하고 더 강력하고 어떤 왕보다도 더 중요한 인물로 만들어 주겠다"고 약속한다. 그러나 계약의 일부로, 라파엘은 '야생 나귀의 가죽'을 입어야 한다. 그리고 라파엘이 무언가를 소원할 때마다 가죽은 조금씩 오그라들어 그의 생명을 단축시킬 것이다. 악마는 라파엘에게 경고한다. "소원하면 쇠약해지고, 소원을 성취하면 파멸한다. ……그대에게 인생의 위대한 비밀을 알려 주겠다. 두 가지 본능적인 과정을 통해 인간은 자기 안에 있는 생명의 샘을 고갈시키는데, 두 동사가 죽음의 두 가지 원인을 모두 담고 있다. 하나는 '소원하다'이고 다른 하나는 '소원을 성취하다'이지."

더 부유해지고 더 많은 소원이 이루어짐에 따라 주인공은 다른 사람들이 자기를 원망한다는 사실을 알게 된다. 주인공의 말을 들어 보면, 프로이트가 어떻게 주인공을 자신과 동일시하였는지를 이해할 수 있다. 주인공은 곰곰이 생각하며 이렇게 말한다. "사고하는 것은 모든 보물에 이르는 열쇠다. ……나는 이 세상에서 높아졌다. 이 세상에서 나의 쾌락은 곧 지적인 즐거움이었다. ……나는 내 생각을 쉽게 표현할 수 있는 능력이 있으며 위대한 지적 분야에서 두각을 나타냈다. 이는 일곱 살 때부터 인생의 종착역에 이를 때까지 나를 사로잡은 과학적 호기심과 대단한 응용력과 책읽기를 사랑한 결과가 아닌가? ……강한 자존감이 도움이 되었다. 나는 내 운명에 대한 열정적인 믿음을 가졌는데 이 믿음이 나를 천재로 만들어 준 것이리라……."

라파엘은, 다른 사람들이 '평범'하다는 사실을 자신이 깨닫게 해주었으므로 그들이 "그(라파엘)를 거만하다고 비난"했고, "그(라파엘)에게 일종의 오스트라시즘(위험 인물의 이름을 사기 그릇 조각 등에 써내는 비밀 투표로 이뤄졌던, 고대 그리스의 국외 추방 제도-옮긴이)을 당하게 함으로써 복수했다"고 말한다. 확실히 프로이트는 자신이 과학계와 의학계에서 겪은 배척을 오스트라시즘과 동일시했을 것이다.

그 소설에는 하나님의 존재와 본성에 관한 토론도 나오고, 예수 그리스도를 담은 유명한 그림에 관한 내용도 있다. 라파엘은 "나는 지극히 높은 존재가 순진한 피조물 괴롭히는 일을 즐거워한다고는 믿지 않을 것이다"라고 말한다.

라파엘의 소원은 더욱더 많이 성취된다. 나귀 가죽은 계속해서 오그라들어 가고 주인공은 자기 생명이 끝나 간다는 사실을 안다. 그는 가죽을 늘어나게 하는 수단을 찾으려 애썼지만 실패로 끝나고 만다. "나는 끝장났다. 이것은 하나님의 손가락이다! 나는 죽고 말 것이다!"라고 그는 외친다. 소설은 주인공이 광란적 절망 속에 죽어 가는 것으로 끝난다.

그는 아름다운 폴린느와 사랑에 빠진다. 그러나 그녀를 원할 때마다 가죽이 오그라들어 그의 생명이 짧아진다. 그래서 그는 그녀를 떠난다. 그녀가 자기를 찾아헤매다 발견하자 그녀를 향한 욕구를 통제할 수 없게 된 그는 가죽이 끝까지 수축하여 죽게 될 것이 두려워 그녀에게 말한다. "가세요! 가 버려요! 나를 떠나요. 그대가 머물면 나는 죽게 될 거요. 내가 죽는 것을 보고 싶소?" 그는 그녀에게 가죽을 보여 준다. 그녀를 향한 욕구가 생기자 가죽이 수축하기 시작한다. 갑자기 무슨 일이 일어나고 있는지 깨달은 그녀는, 다른 방에 들어가 문을 잠그고 라파엘을 구하기 위해 자살을 시도한다. 자신이 죽어 가는 것을 깨달은 라파엘은 그녀에게 소리친다. "나는 그대 팔에 안겨 죽고 싶소." 그는 방문을 부수고 방 안으로 뛰어 들어가 그녀를 껴안는다. 주인공은 결국 자신이 소원하는 욕구도, 죽음에 대한 두려움도 통제할 수 없는 공포 상태로 죽음을 맞는다.

많은 문학비평가들은 라파엘을 또다른 파우스트라고 말한다. 여기서 프로이트가 괴테의 《파우스트》를 다른 어떤 작품보다 더 자주 인용했다는 사실을 떠올리지 않을 수 없다. 왜 프로이트는 죽기 직전에 마지막 책으로 특별히 발자크의 이 작품을 선택했는가? 부모의 영적 세계관을 등지고 소설 속의 주인공처럼 부와 명성을 획득하기 위해 과학적 세계관을 수용하게 되었을 때, 프로이트는 스스로 악마와 계약을 맺었다고 느꼈는가? 프로이트는 심리 연구를 자신의 연인이라고 말했다. 베르다흐와 발자크의 두 작품 속 주인공이 그랬던 것처럼, 프로이트는 자신이 광란적 공포와 두려움 가운데 죽을지도 모른다는 사실을 두려워했는가? 프로이트의 주치의 슈르 박사는, 그가 여러 해 전에 아버지의 죽음을 묘사하기 위해 '오그라드는'(shrinking)이라는 단어를 사용했다고 말한다. "프로이트가 자기 이야기의 마지막을 쓰기 위해 이 책을 읽기로 선택했을 것이라는 사실은 얼마나 섬뜩한가?"[32]

《파멸의 가죽》을 읽은 다음 날, 프로이트는 슈르의 손을 잡고 처음 자기를 치료하기 시작했을 때 한 약속을 그에게 상기시켰다. "자네는 전에 내 시간이 다할 때 나를 저버리지 않겠다고 약속했네. 이제 남은 시간은 단지 고문일 뿐 더 이상 의미가 없네." 의사는 약속을 기억했다. 프로이트는 감사의 말을 한 뒤 자기 딸 안나에게 "이 일에 관해" 이야기해 달라고 그에게 부탁했다.

안나 프로이트에게 알린 뒤, 슈르 박사는 프로이트에게 0.02그램의 다량의 모르핀을 주사했고 12시간 뒤에 다시 같은 양을 주사했다. 1939년 9월 23일 오전 3시, 프로이트는 죽었다. 그리고 1939년 9월 26일, 그는 런던 북서쪽의 작은 마을인 골더스 그린에서 화장되었다.

❧

C. S. 루이스도, 죽음을 면할 수 없는 운명에 관해 광범위하게 쓰

고 있다. 《고통의 문제》에서 루이스는, 특히 "강렬하게 영원을 갈망하면서도 자신의 죽음을 예견하는 인간의 능력"이 창조주를 믿는 것을 어렵게 만든다는 사실을 묘사하고 있다. 그의 회심 전에 죽음은 암울하고 염세적인 존재의 불가피한 종말을 의미하였다. 그에게 죽음은 곧 소멸이었고, 일종의 무섭고 두려운 출구였다. 17세 때 루이스는 친구 그리브즈에게 편지를 썼다. "내가 집에 돌아왔을 때 아버지는 상태가 매우 나빠 보였어. 아버지는 내가 감기에 걸렸다고 야단법석을 떨었어. 모든 것이 지긋지긋해졌지. 물론 나는 다시 한 번 자살하기로 결심했어."[33] 농담으로 하는 말 속에 진실이 있는 경우가 많다. 루이스의 자서전을 통해 그가 자살을 삶이 참기 어려워질 때의 탈출구로 여겼다는 사실을 알 수 있다.

회심 후 루이스는 인간의 죽을 때를 정하는 유일한 이는 인간에게 생명을 주신 존재라고 믿었다. 《스크루테이프의 편지》에서 악마는 살인과 자살을 조장한다. 악마는 땅에 있는 자신의 대리자에게 이렇게 충고한다. "그가 감정적이고 잘 속아 넘어가는 인간이라면 구식 삼류 소설가들과 시시한 시인들의 작품을 먹여서, '사랑'이란 저항할 수 없는 것이며 그 자체만으로도 가치 있는 것이라고 믿게 만들어야 해. 이런 믿음이 어쩌다가 부정(不貞)을 저지르게 하는 데에는 큰 도움이 못 된다는 건 나도 인정한다만, '고상하고' 낭만적이고 비극적인 간통 관계를 질질 끌고 가게 하다가 잘해서 살인이나 자살로 끝마치게 만들기에는 더할 나위 없이 뛰어난 처방이지……."[34]

루이스는 세계관을 바꾼 후, 죽음을 원래 창조 계획의 일부가 아니라 하나님의 계명을 범한 결과로 이해했다. 죽음은 타락한 세계의 결과이며 타락을 극복하는 유일한 희망이다. 루이스는 그의 명저 《기적》에서 이렇게 설명한다. "인간의 마음이 자연스럽게 채택하는 죽음에 대한 두 가지 태도가 있다. 하나는 고상한 태도로 스토아 철학자들 사이에서 가장 극에 달했는데, 그들은 죽음은 '중요하지 않다'고 말한다. ……그리고 죽음을 무관심으로 대해야 한다고 주장한다. 다른 하나는 죽음이 '자연적'이라는 관점으로 죽음에 관한 거의 모든 사적인 대화와 인류의 생존에 관한 현대적인 사고에 은연중 들어 있는데, 죽음을 모든 해악 중에서 가장 큰 해악이라고 보는 태도다."

그러나 죽음에 관한 이 두 가지 태도 중 어느 것도 신약성경의 견해를 반영하고 있지 않다. 루이스는 신약의 견해가 훨씬 더 치밀하다고 말한다. "한편으로는, 죽음은 사탄의 승리이며 타락의 징벌이고 최후의 적이다." 그러나 죽음이 모든 인간을 파괴하는 적이긴 하지만 동시에 하나님이 우리를 되찾기 위해 사용하시는 수단이라고 설명한다. "다른 한편으로…… 그리스도의 죽음은 타락에 대한 구제책이다. 죽음은 사실상 현대인들의 용어로 '양면가치적'이다. ……그것은 사탄의 강력한 무기인 동시에 하나님의 강력한 무기이다. 그것은 우리의 가장 큰 치욕인 동시에 유일한 희망이다. 그리스도께서 정복하러 온 대상이 죽음이며 그것을 정복하기 위한 수단이 죽음이다." 루이스는 독자들에게 이 같은 사실을 상기시켰다. "그리스도는 나사로의 무덤 앞에서 눈물을 흘렸고 겟세마네 동산에서 피땀을 흘렸다. 그리고 우리들 못지않게, 아니 오히려 더 이러한 형벌의 수치를 싫어했다."[35]

루이스는 신약의 중심 개념이 죽음에 초점을 맞추고 있다고 강조한다. 나사렛 예수의 죽음은 "우리가 하나님과 바른 관계를 맺게 해 주었고 새 출발을 하게 해 주었다." 이 특별한 죽음은 "도무지 상상할 수 없는 무언가가 바깥에서부터 우리 세상 역사의 한 시점으로 뚫고 들어온 사건이다." 그는 이 개념은 어렵기 때문에 인간의 지성으로는 파악할 수 없으며 단지 추측할 수 있을 뿐이라고 말한다. "만약 이 사건을 완전히 이해하게 되었다는 생각이 들었다면, 그런 생각 자체가 이 사건이 우리가 이해했노라고 공언하는 그것이 아니라는 사실을 나타낸다. 우리가 인식할 수 없고 누가 만들어 낸 것도 아닌 자연법칙 너머의 사건으로서, 마치 번개처럼 자연법칙 속으로 치고 들어온 일이라는 사실 말이다."[36]

프로이트는 나이 드는 것을 싫어했고 나이 드는 과정을 계속해서 부정적이고 염세적인 용어로 언급한 반면, 루이스는 나이 들어 가는 것을 즐기는 듯했다. 죽기 한 달 전에 친구에게 쓴 편지에서 그는 이렇게 강조하여 말한다. "맞아, 가을은 가장 좋은 계절이네. 나는 노년이 인생의 가장 좋은 때가 아니라는 말을 믿을 수 없네."[37]

루이스는 회심하기 전에 자신이 읽은 많은 이교 신화에 공통된 주제가 있다는 사실을 주목했다. 그는 친구에게 이렇게 썼다. "모든 위대한 신화들, 예를 들면 발데르, 디오니소스, 아도니스 신화에 일관되게 나타나는 피 흘림과 죽음과 부활이라는 끊임없는 주제가 아무것도 아니라고 믿을 수 있을까? 이 모든 것이 그리스도에 뒤따르는 어떤 실재—당시에는 그것을 완전히 이해할 수 없을지라도—를 가리키는 최초의 어슴푸레한 접근이라고 생각해 보면, 확실히 인간 정신의 역사가 좀더 일관성 있게 이해될 걸세."[38] 학생 때 자신을 그렇게 감동시킨 죽는 신에 관한 위대한 이교 신화를, 루이스는 이제

길잡이로 보았다. 이 모든 길잡이들은 인류 역사의 결정적인 순간, 루이스의 표현에 의하면 장엄한 기적, 곧 부활을 가리키고 있다.

제1차 세계대전에 참전하여 부상당했을 때 루이스는 자신이 죽어가고 있다고 생각했다. 그는 나중에 이렇게 회상했다. "두 가지 일이 떠오른다. 하나는 내가 총알을 맞은 바로 그 순간이다. 그때 나는 숨을 쉬지 못했고(단지 그렇게 생각한 것일 수도 있다), '이것이 죽음이구나' 하고 결론을 내렸다." 그는 이상하게도 두려움이나 다른 어떤 느낌도 없음을 깨닫는다. "'여기 한 사람이 죽어가고 있다'는 진술은 교과서에 나오는 문구처럼 건조하고 사실적이며 무덤덤한, 나와는 동떨어진 말로 느껴졌다. 흥미조차 느껴지지 않았다."[39]

그러나 루이스는 이 순간을 제외하고 모든 전쟁에 당연히 따르는 모든 공포를 경험했다. 유럽에서 제2차 세계대전이 시작되었을 때 루이스는 다음과 같이 썼다. "지난 전쟁에 대한 기억이 여러 해 동안 내 꿈속에서 늘 따라다녔네. 군 복무시에는…… 현세에서 있을 수 있는 모든 재난이 따르네. 아플 때의 두려움인 고통과 죽음, 추방당할 때 드는 두려움인 사랑하는 사람과의 이별, 노예 생활의 두려움인 독단적인 주인 아래서 겪는 고생과 불의와 굴욕, 가난으로 인한 두려움인 기아와 갈증과 추위와 헐벗음." 그는 "또다른 전쟁을 겪으며 사는 것보다 죽음이 훨씬 나을지도 모르네"[40]라고 결론 짓는다.

같은 해 옥스퍼드 대학에서 '전쟁이 가르쳐 준 교훈'이라는 제목으로 한 강연에서 루이스는 전쟁이 "죽음을 더 자주 겪게" 하지 않는다는 점을 지적한다. 그는 "우리들 누구나가 100퍼센트 반드시 죽으며 이 비율은 줄어들 수 없다"는 점을 지적한다. 전쟁은 단지

"몇 명을 좀더 일찍 죽게" 만들 뿐이다. 그는 전쟁의 몇 가지 긍정적인 측면 중 하나가 "우리가 죽을 수밖에 없는 운명이라는 사실을 인식"하게 해 주는 점이라고 말한다. "만일 전시 군 복무가 인간에게 죽음을 준비하게 하지 않는다면, 무엇이 죽음을 생각할 수 있게 해 주는가?"[41] 루이스는 시편 기자가 인간은 죽음을 면할 수 없는 존재임을 깨달음으로써 지혜를 얻는다고 한 말에 동의한다. "우리에게 우리 날 계수함을 가르치사 지혜의 마음을 얻게 하소서."(시편 90:12·개역한글판)

그는 《스크루테이프의 편지》에서 이 점을 납득시키고 있다. 이 책에서 악마 스크루테이프는, 전쟁이 인간에게 죽음을 생각하고 준비하는 것을 피할 수 없게 만든다고 불평한다. "전쟁이 계속해서 죽음을 환기시킨다는 점도 우리에겐 크나큰 재앙이다. 우리가 가진 최고의 무기 가운데 하나인 '세속에 만족하는 마음'이 아무짝에도 쓸모없는 무용지물이 되고 마니까. 전쟁통에도 자기가 영원히 살 수 있으리라고 믿을 인간이 한 놈인들 있겠느냐." 따라서 악마는 이것이 재수 없는 일이라고 생각한다. "모든 인간이 값비싼 요양원에서 죽는 게 우리한테는 훨씬 더 좋은 일이야. 거기에서는 우리에게 잘 훈련받은 거짓말하는 의사, 거짓말하는 간호사, 거짓말하는 친구들이 죽어가는 환자한테 살 수 있다고 장담하지."[42]

23세 때 루이스는 아버지에게 쓴 편지에서, 잘 아는 어느 나이 든 선생의 죽음에 관해 이렇게 말했다. "저는 죽음을 꽤 많이 보아 왔지만 이제껏 그분의 죽음만큼 특별하고 놀라운 점을 발견한 적은 없었습니다. 그분은 다른 사람들과는 너무나 다르고 활기에 넘치는, 정말 대단한 분이셨기에 그분이 무(無)로 돌아갔다는 사실이 믿기지 않습니다."[43] 이것은 몇몇 우리 의대생들이, 아는 환자의 시신을 처음 지켜보았을 때 그가 단지 몸이 아니라 그 이상의 존재라는 사실을 깨닫게 되었다고 한 고백과 일치한다.

루이스가 30세 때인 1929년에 아버지가 돌아가셨을 당시 루이스는 여전히 무신론자였다. 그의 반응을 보면 아버지에 대한 강렬한 양가감정이 나타난다. 한 친구에게 보낸 편지에서 자신의 감정을 이렇게 밝히고 있다. "내가 아버지에게 별 애정이 없었으며 수년간 아버지와의 관계에서 주로 불편함을 느꼈고 즐거움은 없었기 때문인지 아버지의 병상을 별 어려움 없이 지키고 있네. ……그러나 점점 견딜 수 없을 것 같다는 생각이 드네. …… 정신적인 연민은 전혀 없지만 육체적인 면에서 깊고 소름끼치는 연민이 느껴지네. 아버지와 나는 외모가 많이 닮았지. 다른 어느 때보다도 병상을 돌보는 동안 나는 우리가 닮았음을 본다네."[44] 루이스는 자서전에서 아버지의 죽음에 대해서는 거의 쓰지 않았다. "아버지가 마지막 병상에서까지 꿋꿋한 태도를 보이시면서(심지어 장난기까지 보이면서) 돌아가신 일은 지금 이 이야기에 끼워 넣을 만하지 못하다."[45] 이는 그가 자서전에서 자신의 내면을 들여다보지 않는 드문 경우이다.

1960년에 아내 조이 데이빗먼이 오랜 투병 끝에 죽었을 때, 루이스는 한 친구에게 이런 편지를 썼다. "사랑하는 조이가 죽었네. ……죽기 열흘 전까지만 해도 우리는 그녀가 생명을 부지할 것이라고 생각했는데 그렇게 되지 않았어. ……1시 30분에 나는 그녀를 구급차에 태워 병원으로 데려갔지. 그녀는 마지막 짧은 시간 동안 진통제 덕택에 거의 고통 없이 깨어 있었네. 그러고는 그날 밤 10시 15분경에 나와 같이 있던 사람들이 지켜보는 가운데 평화롭게 죽었

네. …… 자네는 내가 더 이상 쓸 수 없다는 것을 이해하겠지."⁴⁶⁾

당시 자기 내면의 반응에 대해 쓴《헤아려 본 슬픔》은 슬픔에 빠지는 과정의 분노와 외로움, 두려움과 불안을 독자에게 생생히 전한다. 그는 아무리 생각해 봐도 하나님이 "우주를 다스리는 가학적인 신, 비열한 얼뜨기"가 아닌지 의심스럽다고 말함으로써 자신의 분노를 적나라하게 표현한다. "'죽음은 없다'거나 '죽음은 중요하지 않다'라고 말하는 사람들을 인내하기란 힘들다. 죽음은 있으며, 있는 것은 무엇이든지 중요하다. …… 죽음이 중요하지 않다고 말한다면 출생이 중요하지 않다고 말하는 편이 나을 것이다."

그는 조이를 잃은 일을 마음으로 받아들이려고 애쓰고 있다. "밤하늘을 올려다본다. 이 모든 광대한 시간과 공간 속에서 찾아보라고 해도 그녀의 얼굴, 그녀의 목소리, 그녀의 손길을 찾아낼 수 없다는 사실보다 더 확실한 게 어디 있겠는가? 그녀는 죽었다. 죽어버린 것이다. 그것이 그렇게 알기 어려운 말인가?"⁴⁷⁾ "암으로 죽고, 암으로 죽고, 또 암으로 죽었다. 어머니, 아버지, 그리고 아내. 다음 차례는 누구일지 궁금하다"⁴⁸⁾라고 쓴 글을 읽을 때, 그의 고통이 어떠했는지 절실히 다가온다.

어린 시절 겪었던 그 혹독한 상실을 다시 경험하는 위험을 피하고자 루이스가 스스로 자기 주위에 둘렀던 껍질을 조이 데이빗먼이 부수어 버렸다. 그는 가장 두려워하는 일이 발생했기에 소리쳤다. "오, 하나님, 하나님이시여! 제가 다시 껍질 속으로 기어서 돌아갈 운명이라면, 그 속으로 빨려 들어갈 운명이라면 왜 이 피조물을 그 껍질에서 나오도록 애써 끌어내셨나이까?"

그러나 루이스는 그의 슬픔을 애써 감당하면서 "사별이란 사랑의 경험상 보편적이고 필수적인 부분"이라는 사실을 이해하게 된다. "여름이 지나면 가을이 오고 연애 다음에 결혼이 오듯이, 결혼 다음에는 자연스럽게 죽음이 온다."[49]

루이스가 자신이 곧 죽는다는 사실을 알게 되었을 때 어떻게 생각하고 느꼈는지를 이해하기 위해서는, 그의 편지들과 당시 그가 읽은 책들을 참고할 필요가 있다. 루이스가 깊이 병들었다는 소식을 들은 한 여성이 자신이 얼마나 놀랐는지를 쓴 편지에 그는 이렇게 답하고 있다. "제가 죽을지도 모른다는 소문이 떠도는 게 대체 무슨 문젯거리일는지요? 죽는 데에는 아무런 남부끄러울 것이 없습니다. 가장 존경스러운 인물들도 죽는다는 사실을 알고 있으니까요!"[50]

2년 후 그 여성에게 보낸 다른 편지에서 루이스는 이렇게 쓰고 있다. "남들이 병적이라고 생각하든 말든, '하나님이 나를 부르실 때 나는 행복할 거예요'라는 말을 못한다면 우리는 한심한 상태에 빠집니다. 바울 사도도 같은 말을 했습니다. …… 우리가 '도착하는 날'을 고대하지 못할 이유가 무엇입니까?" 그는 우리가 죽음에 대해 취하는 태도는 세 가지 중 하나라고 결론짓는다. 즉 "갈망하거나, 두려워하거나, 무시하는 것입니다. 셋째 대안은 오늘날 '건강한' 태도라고 부르지만 셋 중 가장 어렵고 근거가 불확실한 것임에 틀림없습니다."[51]

몇 년 후 루이스는 그녀가 몹시 아프다는 소식을 듣고 그녀를 위로하려고 애썼다. "당신과 제가 할 일이 출구를 만드는 일 외에 무엇이 있겠습니까? 몇 달 전에 제 병이 위험한 상태라는 말을 들었을 때 나는 고민하지 않았던 걸로 기억합니다. 물론 저는 **죽임을 당하**

는 것이 아니라 **죽어 가는** 것에 대해 말하고 있습니다. 만일 이 집 주위에 포탄이 떨어지기 시작했다면 다르게 느꼈겠지요. 외적이고 가시적이고 청각적인 위협은 즉시 자기 보존 본능을 일깨워 격렬한 행동을 하게 할 것입니다. 그러나 자연적인 죽음이 이와 유사한 공포를 일으킨다고는 생각하지 않습니다."[52]

그리고 몇 달 후에 다른 편지에서 이렇게 말한다. "죽음을 친구로 그리고 구원자로 볼 수는 없겠는지요? 죽음은 당신을 괴롭히는 육신을 벗어 버리는 것을 의미합니다. 마치 죄책감을 벗어 버리거나 컴컴한 지하실을 빠져 나오는 것과 같습니다. 그렇다면 두려워할 것이 뭐가 있겠습니까? ……이 세상이 당신에게 너무 친절해서 세상을 떠나는 일이 유감스러운가요?" 그런 다음 루이스는 죽음에 대한 자신의 생각과 느낌을 말하며 그녀를 위로하려고 애쓴다. "우리가 뒤에 남기고 떠나는 것들보다 더 좋은 것이 우리 앞에 있습니다. ……우리 주님이 당신에게 '평안하여라, 애야, 평안하여라. 편히 쉬어라. 이제 잡고 있는 것을 놓아라. 영원한 팔이 너를 품을 것이다. ……너는 나를 그렇게 믿지 못하느냐?'라고 말씀하신다고 생각되지 않는지요? 물론 이번이 끝이 아닐지도 모릅니다. 그렇다면 이번이 좋은 연습이라고 생각하시기 바랍니다." 그리고 루이스는 이 편지에 "당신의 벗(그리고 당신과 마찬가지로 여행의 끝에 다다른 지친 여행자) 잭"[53]이라고 서명을 남겼다.

1961년에 전립선 비대증으로 고통을 겪은 루이스의 병세는 비뇨기 장애, 신장 감염, 그리고 마침내는 심장병 증세를 띤 독혈증(毒血症: 세포에서 생기는 독소가 혈액을 침해하는 증세―옮긴이)으로 점점 더 나빠졌다. 그 후 몇 달 동안 루이스는 병세가 호전되어 계속 강의하고 저술하고 친구들을 방문하였다. 그러다 1963년 7월 15일에 루이스는 심장마비가 와서 혼수상태에 빠졌다. 다시 잠시 회복하여 몇 달간 조용히 그리고 행복하게 지냈다. 그의 마지막 나날에 대한 기록을 보면 쾌활함, 평온함, 내적 평화와 어떤 기대감까지도 있었음을 잘 보여 준다. 이 기간에 그는 친구 아서 그리브즈에게 편지를 썼다. "나는 결코 불행하지 않지만, 내가 7월에 다시 살아난 것은 다소 유감이라고 하지 않을 수 없네. 내 말은, 아무 고통도 없이 천국의 문에까지 이르렀다가 면전에서 그 문이 닫히고 언젠가 모든 과정을 다시 밟아야 한다는 사실을 알게 된 것이 안타깝다는 말일세. …… 가엾은 나사로!"

루이스는 인생의 마지막 시기 내내 유머 감각을 잃지 않았지만, 죽음이 사랑하는 사람들과 갈라 놓는다는 사실은 민감하게 받아들였다. 같은 편지에서 루이스는 "편안하고 즐겁지만…… 한 가지 걸리는 일은, 자네와 내가 이 세상에서는 다시 만날 수 없을 것 같다는 사실이야. 이 점이 가끔씩 나를 몹시 슬프게 한다네"[54]라고 특별히 언급하고 있다.

다른 친구에게는 이렇게 쓰고 있다. "예기치 않게 오랜 의식불명 상태에서 깨어났네. 아마도 친구들의 끊임없는 기도가 나를 깨어나게 한 것 같네. 그러나 의식불명이 근사하고 쉬운 통로였을 텐데, 면전에서 문이 닫히면 안타깝지. …… 자네가 죽을 때는 나를 올려다보게나. …… 그건 다른 무엇보다 재미있는 일이겠지, 안 그런가? 장엄한 재미 말일세."[55]

루이스의 가까운 친구이자 전기 작가인 조지 세이어는, 그가 마지막 나날을 가장 좋아하는 책인 "헬라어로 된 《오디세이아》와 《일리아드》와 《플라톤》, 라틴어로 된 《아이네이스》, 단테의 《신곡》, 워즈워스의 《서곡》 그리고 조지 허버트, 패트모어, 스캇, 오스틴, 필딩, 디킨즈 및 트롤럽의 작품들"[56]을 다시 읽으며 보냈다고 적고 있다.

1962년 1월에 루이스는 "내가 위독한 상태임을 알았지만 우울하지는 않았다. 나는 책들을 다 잘 읽었다"[57]고 썼다. 죽기 약 3주 전, 루이스는 한 친구에게 자신이 일생 동안 즐기던 일, 즉 좋은 문학 작품들을 읽는 한가한 시간을 갖게 되어 기쁘다고 편지에 썼다. "내가 행복하지 않을 거라고 생각지 말게. ……나는 《일리아드》를 다시 읽고 있는데 그 어느 때보다도 독서가 즐겁다네."[58]

죽기 2주 전에 루이스는 동료 교수인 래드버로우와 점심을 먹었다. 그들은 루이스의 초대로 만나 루이스가 방금 읽은 책에 대해 토론했다. 누군가 그에게 라끌로(Pierre Choderlos de Laclos)가 지은 《위험한 관계》를 한 권 빌려 주었다. 루이스는 "와! 대단한 책이더군"[59] 하고 탄성을 질렀다. "모차르트 가극의 대사를 읽는 것 같았네. 간담이 서늘해지는 경험이었지." 루이스가 젊은 시절 자신에게 커다란 즐거움을 가져다준 고전 문학 작품들을 다시 읽는 것은 이해할 수 있다. 그러나 무엇이 그를 1782년에 첫 출간된 이 프랑스 소설에 끌리게 했을까?

이 소설은 프랑스 상류층 사람들 사이에 오고간 서간문 형식으로 구성되어 있는데 당시 상류 사회에 만연했던 기만과 방탕과 부패를 드러내 주고 있다. 남자주인공 발몽과 여자주인공 메르떼이유의 삶에 동기를 주는 것은 야망과 권력과 자존심이었다. 그들은 목적을 달성하기 위해 기만과 유혹을 이용한다. 그리고 사회적 특권을 이용하여 약자들을 착취한다. 비평가들은 그 소설을 "악마적"이고 "특권 계층의 부패를 고발하며 남성 중심의 사회에 처한 여성의 운명"을 다루고 있다고 평했다. 한 비평가는 주인공들을 "하나님을 벗어남으로써 그들 자신이 부여한 가치 이외에는 아무 가치도 없는 세상 속에 존재한다"[60]고 묘사하였다.

이런 내용의 책을 읽도록 루이스를 자극한 것은 무엇인가? 우선, 동료 교수가 루이스에게 그 책을 빌려 주었고 훌륭한 소설이라고 추천했을 것이다. 그 소설은 1940년대와 50년대에 점차 주목받기 시작했고, 마침내 비평가들은 "18세기 프랑스 소설 중 가장 위대한 작품"이라고 평하기까지 했다. 저자는 알렉상드르 뒤마, 빅토르 위고와 같은 반열에 오를 정도로 유명해졌다. 그래서 루이스는 그 책이 중요한 문학 작품임을 알아차렸을 것이다.

그러나 질문에 대한 답은 다른 데 있다고 생각한다. 아무튼 루이스는 《스크루테이프의 편지》와 악마에 관한 다른 저술의 저자였다. 그는 교만과 야망의 위험, 모든 인간의 구원의 필요성에 대해 적잖이 썼다. 《위험한 관계》에서 음모를 꾸미는 사람들은 주변에 있는 모든 사람들을 파괴한다. 아마도 그는 그 책의 '악마적' 측면과 인간 본성의 어두운 면에 대한 묘사를 발견했을 터인데, 이는 그의 유명한 저서 《스크루테이프의 편지》에서 매우 설득력 있게 묘사한 인간 본성에 대한 그의 견해와 일치한다.

점심을 먹으며 이 소설에 대해 토론하는 동안 래드버로우는 루이스가 여전히 "행복하며 유머가 있음"을 알았다. 동시에 그는, 루이스가 자신의 마지막이 다가왔음을 의식하고 있다고 느꼈다. "어쩐지 나는 우리의 만남이 마지막이라고 느껴졌다. 여느 때와 같이 공손히 나를 문까지 배웅했을 때 나는 그도 같은 느낌이었다고 생각한다. 그처럼 준비된 사람은 결코 없었다."[61]

루이스, 아니면 다른 누구라도 어떻게 이 같은 '형벌'을 쾌활하고 침착하게 받아들일 수 있을까. 내적 평안뿐 아니라 실제적인 기대감으로 맞이할 정도로 죽음을 준비할 수 있을까? 그의 세계관이 이를 가능케 한 자원이 되어 준 것인가? 아마도 그 답을 그의 말에서 발견할 수 있을 것이다. "우리가 믿는다고 말하는 바를 정말로 믿는다면, 즉 우리가 돌아갈 집이 어디엔가 있으며 이 세상의 삶은 '집을 찾기 위해 방황하는 과정'임을 정말로 믿는다면, 우리가 그 집에 도착하는 날을 고대하지 못할 이유가 무엇입니까?"[62]

1963년 11월 22일 4시, 루이스의 형 워렌은 루이스에게 차를 갖다주었다. 그는 루이스가 나른해 보였지만 평온하고 쾌활하다는 것을 알았다.

루이스가 죽은 지 2주 후에 쓴 편지에서 워렌은 "우리 모두는 현실에 눈을 감으려고 애썼지만, 지난 여름 이래로 동생은 서서히 언덕을 내려가고 있었지요. 동생은 현실을 직시했습니다"라고 말하고 있다. 워렌은, 자신이 곧 죽으리라는 것을 루이스가 알고 있었으면서도 그가 침착하고 평화로웠다고 썼다. "그가 죽기 약 일주일 전에 내게 말했습니다. '이 세상에 보냄 받아 해야 할 일은 다 마쳤고, 이제 난 갈 준비가 돼 있어.' 얼굴에 나타난 죽음이 그렇게 평온한 것을 본 적이 없습니다……."

워렌은 동생의 마지막 순간을 이렇게 묘사했다. "지난 달 22일 4시에 나는 침대에 누워 있는 그에게 차를 갖다주고 일을 하기 위해 서재로 돌아왔습니다. 5시 30분에 그의 방에서 쿵하는 소리를 듣고 달려갔을 때 그는 마룻바닥에 의식을 잃은 채로 누워 있었지요. 그 후 약 5분 정도 호흡이 있었지만 결코 의식을 되찾지 못했습니다. 우리 모두는 우리의 시간이 다가왔을 때 그런 식으로 가길 바라지 않을까요?"[63]

에필로그

루이스와 프로이트는 서로 만난 적이 있을까? 그 가능성은 우리를 조바심 나게 한다. 프로이트는 영국으로 이민 간 후 옥스퍼드에서 멀지 않은 런던 북서부의 햄스테드에서 살았다. 한 젊은 옥스퍼드 교수가 이 시기에 프로이트를 방문했지만 그가 루이스인지는 확인되지 않았다. 과연 그가 루이스였을까?

아마 결코 알 수 없을 것이다. 그렇지만 두 집안간의 흥미 있는 관련성은 알려져 있다. 제2차 세계대전 중 런던 대공습을 피하기 위해 질 플루에트라는 한 젊은 여성이 루이스와 무어 부인이 사는 집으로 이사해 왔다. 루이스를 만나기 전에 그녀는 그를 작가로서 우상시하였다. 루이스를 만나게 된 뒤로 질은 이 젊은 교수에게 열중했다. 루이스는 그녀를 친절하게 대했고 그녀가 루이스의 집을 떠난 뒤에도 여러 해 동안 연락을 하며 지냈다. 나중에 질은 결혼을 했다. 그녀가 결혼한 사람은 다름 아닌 클레멘트 프로이트로 밝혀졌는데, 그는 하원의원이었으며 지그문트 프로이트의 손자였다. 하루는 질 프로이트가 루이스를 저녁 식사에 초대하기 위해 날짜를 잡으려고 전화를 했다. 그러나 그녀는 바로 그날 오후에 루이스가 타계했다는 소식을 들어야 했다.

만일 프로이트와 루이스가 만났다면, 만일 햄스테드에 있는 프로이트의 집을 방문한 옥스퍼드의 그 젊은 교수가 루이스였다면, 그것은 프로이트가 죽기 전 영국에서 살았던 시기인 1938년 6월과 1939년 9월 사이쯤이 될 것이다. 그때 프로이트는 팔십대였고 루이스는 그 나이의 절반보다 더 젊은 나이였다.

그들이 만났다면 서로 어떤 의미 있는 대화를 나누었을까?

알버트 아인슈타인이 프로이트를 여러 해 전에 방문했을 때, 그들은 확실히 공통의 관심사가 거의 없었기 때문에 서로 토론거리가 없었다. 한 친구에게 쓴 편지에서 프로이트는, 아인슈타인의 방문에 대해 "그는 내가 물리학에 관해 이해하고 있는 만큼만 심리학에 관해 이해하고 있었네. 그래서 우리는 매우 유쾌한 대화를 나누었지"[1]라고 말했다.

이와 대조적으로 루이스와 프로이트는 토론거리가 아주 많았을 것이다. 그들은 둘 다 정신분석뿐 아니라 문학에 관심이 많았다. 이미 새로운 문학비평의 아버지로 알려진 프로이트는, 루이스와 같은 비평가들에게 인간의 행동을 해석하는 새로운 도구들을 제공하였다.

아마도 둘은 그들이 좋아하는 위대한 저자들에 관해 토론했을 것이다. 프로이트가 '좋아하는 책' 두 권 중 하나는 밀턴의 《실낙원》

이었다. (그가 좋아하는 다른 책 한 권은 위대한 유대인 작가 하인리히 하이네가 쓴 《나사로》인데, 흥미롭게도 이 책은 루이스의 세계관을 담고 있으며 성경에 나오는 이야기에 초점을 맞추고 있다.) 그리고 루이스는 이미 밀턴에 관한 한 권위자였다. 그의 유명한 《실낙원 서문》이 그무렵부터 3년 내에 출판되지는 않았지만 말이다.

프로이트가 불치의 병을 앓고 있었기 때문에 그들은 피차 이해하고자 애썼던 고통의 문제에 관해서도 토론했을 것이다. 프로이트는 10년 전 한 친구와 그랬던 것처럼, 루이스하고도 염세주의와 절망 상태에 대해 대화를 나누었을 것이다. 프로이트는 병을 앓았을 때와 사랑하는 사람을 잃었을 때 "신을 믿지 않는 운명론자로서 나는 죽음의 공포 앞에서 체념할 수밖에 없다"[2]라고 친구에게 말했었다.

루이스는 연장자인 프로이트에게 경의를 표한 나머지, 《고통의 문제》에서 쓴 많은 논증을 꺼내지 않았을지도 모른다. 단순히 그는 어떻게 개인적으로 신앙을 갖게 되었으며 매우 고통스러웠을 때 신앙이 어떤 도움을 주었는지를 이야기했을 수도 있다. 프로이트가 바울 사도를 극찬했고 종종 인용했기 때문에, 루이스는 자신의 회심이 바울보다는 덜 극적이고 그보다는 더 점진적이지만, 그 못지 않게 근본적으로 변화되었다는 사실을 고백했을지도 모른다.

그들의 토론은 성, 사랑, 죽음, 행복 그리고 물론 가장 중요한 하나님에 대한 질문을 폭넓게 다루었을 것이다. 두 사람이 무엇을 토론했든지 간에 그들의 대화를 엿듣는 일은 호기심을 불러일으키는 경험이었을 것이다. 이러한 주제들에 관하여, 나는 그들의 수많은 편지와 다작의 저술에 나타난 생각을 살펴봄으로써 독자에게 차선을 제공했기를 바라마지 않는다.

사후 반세기가 지났음에도 C. S. 루이스와 지그문트 프로이트의 저술들이 계속해서 우리의 문화에 미치는 심원한 영향력을 어떻게 설명할 수 있을까? 그들의 영향력을 설명할 수 있는 한 가지 근거는, 깨닫든 깨닫지 못하든 우리 모두는 프로이트가 옹호하는 유물론적 세계관 아니면 루이스가 옹호하는 영적 세계관 중의 하나를 어떤 형태로든 받아들이고 있다는 사실 때문이다.

그러나 좀더 미묘한 이유들이 있을 수 있다. 아마도 루이스와 프로이트는 우리 내면의 갈등을 대변하고 있는지도 모른다. 마음 한 편에서는 권위를 거부하며 프로이트와 함께 "나는 항복하지 않겠다"라고 말하지만, 다른 한 편에서는 루이스처럼 우리 내면에 깊이 자리 잡은, 절대자와의 만남을 향한 갈망을 깨닫는다.

가장 중요한 질문은 신의 존재에 관한 질문이라는 점에 프로이트와 루이스는 동의했다. 우주를 초월하는 지성적 존재가 있을까? 두 사람 모두 우리의 정체성, 목적, 운명을 이해하는 데 이 질문이 깊은 연관이 있음을 알았기 때문에 이 질문에 답하는 일에 인생의 상당 기간을 쏟아부었다.

그러나 프로이트와 회심 전의 루이스는 그 증거에 맞서기를 피했다. 회피하기는 어렵지 않다. 주의를 다른 곳으로 돌리거나 그러는 자신을 합리화하면 된다. 우리는 그러한 무거운 (그리고 불안을 일으키는) 주제는 나이가 더 들면 생각하자고 스스로에게 말한다. 당장에는 더 긴급한 일들이 있다.

그러나 루이스가 회심하기 전에 그랬듯이, 사실 우리는 알고 싶지 않은 것이다. 우리는 '고의적인 무지'와 '마음속 깊이 자리 잡은 권위에 대한 증오'를 강화한다. **'초월적인 간섭자'**라는 관념이 불쾌하다고 생각한다. 우리는 삶에 대해, 프로이트와 회심 전의 루이스가 그랬던 것처럼 '이것은 내 일이며 나만의 일이다'라고 느낀다.

루이스와 프로이트는 둘 다 마음속 깊이 자리 잡은 갈망도 경험했다. 두 사람 모두 이러한 감정을 독일어인 '젠주흐트'(*Sehnsucht*: 갈망)을 사용하여 묘사했다. 66세 때 프로이트는 거듭 "이상하고 비밀스러운 갈망들"에 대해 말하면서, 이러한 것이 "아마도 아주 다른 종류의 삶에 대한" 갈망일 것이라고 생각했다. 루이스는 이러한 갈망의 경험들을 인생의 "중심 이야기"라고 묘사했다. 회심 후에 그는 그러한 갈망의 경험들이 외부의 초월적 존재에 대한 지시자로서, 즉 창조자를 가리키는 "이정표"로서 가치 있는 것이라는 사실을 깨달았다. 아마도 우리 또한 그러한 갈망을 경험할 테지만, 프로이트처럼 혼동 상태로 머무르거나 아니면 루이스처럼 이정표로 인정하거나 둘 중 하나일 것이다.

프로이트와 루이스의 저술들은 우리가 종종 그 이정표를 보는 데 겪는 어려움, 즉 하나님에 대한 이미지를 왜곡하는 경향을 이해하는 데 도움이 된다. 임상적으로 유용하다고 증명된 프로이트의 이론 중 하나는 전이 이론이다. 그는, 어린 시절 우리 삶에 권위를 갖고 있던 인물에게서 느낀 감정을 현재의 권위 있는 인물에게 대입함으로써 현재의 인물을 왜곡하고 갈등하는 경향을 무의식적인 전이 과정으로 설명한다. 만일 우리가 부모, 특히 아버지의 권위에 대해 갖게 된 감정을 현재의 권위 있는 인물에게 대입하거나 전이하는 경향이 강하다면, 감각으로 경험할 수 없는 궁극적 존재에 대한 우리의 개념은 얼마나 많이 왜곡되었겠는가? 만일 이것이 사실이라면, 하나님에 대한 개념은(무신론자로서 하나님을 거부하든지 신자로서 섬기든지 간에) 우리가 왜곡한 창조자가 아닌 역사 속에서 드러난 창조자에 확고하게 근거를 둔 것이어야 한다.

우리는 또한 오류에 빠지기 쉬운 피조물들 ― 그 피조물이 성경 속의 인물이든 감옥에 가게 된 순회 복음전도자들이든 혹은 어린이들을 성추행한 성직자들이든 간에 ― 의 잘못된 행동을 근거로 하나님을 개념화하거나 판단하지 않도록 주의해야 한다. 모든 인간은 완전하지 못하다. 나사렛 예수는, 용서를 구한 우물가의 여인에게는 온유하고 관대하였으나 스스로 공언한 대로 살지 못한 종교 지도자들에게는 엄격했다.

하나님을 왜곡하고 그래서 우리 마음속에 사랑의 하나님이 아닌 증오의 하나님을 창조하는 경향은, 왜 수세기 동안 인간이 하나님(신)의 이름으로 하나님을 경외하지 않는 행위들을 (심지어는 테러 행위까지) 저질러 왔으며 지금도 계속해서 저지르고 있는지 그 이유를 설명해 준다. 우리 자신만의 하나님을 창조하는 경향은, 왜 십계명 중 첫 계명이 "나 외에 다른 신을 섬기지 말라"인지를 알려 준다.

아버지에 대한 프로이트와 루이스의 강렬한 부정적인 감정은, 하나님에 대한 그들의 부정적인 태도에 영향을 끼쳤다. 회심 후에 루이스는 자기 내면의 이러한 경향에 대해 조심스럽게 경계했다. "하나님에 대한 내 생각은 신성한 것이 아니다. 그것은 매시간 깨어져야 하는 것이다. 그분이 스스로 깨 버리신다. 그분은 위대한 우상파괴자이시다. 이 깨뜨림이야말로 그분이 현존하신다는 한 가지 표징이라고 말할 수도 있지 않을까? 모든 실체는 우상 파괴적이다."[3]

하나님에 관한 질문의 답은 프로이트와 루이스 모두가 동의하듯이, 이 지상에서의 우리 삶과 깊은 관련이 있다. 그래서 우리 또한 그 증거를 찾는 일을 해야 하는데, 이는 아마 성경에서 시작하면 될 것이다. 루이스는 그 증거가 우리 삶의 도처에 깔려 있다는 점을 우리에게 상기시킨다. "무시할 수는 있으나 어디에서도 하나님의 존재를 피할 수는 없다. 세상은 그분의 존재로 가득 차 있다. 그분이 도처에서 신분을 숨기고 걸어 다니신다. 그분이 숨기는 신분을 파악하는 것이 항상 쉬운 일은 아니다. 그러나 중요한 것은 주의를 기울이는 일이다. 깨어나야 하고 더욱 깨어 있어야 한다."[4]

감사의 말

다음 분들에게 감사를 드린다.

버논 그라운즈 박사는 내가 처음 정신의학 분야에 관심을 가졌을 때부터 용기를 주었으며 책 쓰는 일에 집중할 수 있도록 논문과 참고도서를 계속 보내 주었다.

베스터 휴즈는 20여 년 전 내게 본서를 집필할 것을 제안하였으며 연구를 시작할 수 있도록 기금을 마련해 주었다. 이 연구를 계속할 수 있게 해 준 하워드와 바바라 단 버트에게 감사를 드린다. 케네스와 낸시 맥기에게도 감사드린다. 여러 해에 걸친 그들의 후원과 격려가 결정적이었음이 입증되었다.

지난 30년 동안 내 과목을 이수한, 영감과 교훈의 원천이었던 수백 명의 학생들에게 감사드린다.

제레미 프라이버그, 캐시 스트러브, 샌드라 리를 포함한 나의 이

전 제자들은 15년 넘게 프로이트와 루이스 저작물들의 데이터베이스 수집하는 일을 도왔다. 몇몇은 미출간 자료들을 찾아 내느라 장거리 여행을 하기까지 했다.

피터 고메즈 교수는 이 책의 모태가 된 하버드 노블 강좌에서 강의하도록 격려해 주었다.

휘튼 대학의 웨이드 센터에 있는 마조리 미드는 루이스의 미출간 편지들을 찾는 일을 도와 주었다.

빅터 버트러스, 더글라스 코우, 허버트 헤스, 샐리 프리즈, 폴 클라센, 제레미 프라이버그, 체스터 피어스 박사와 어빙 웨이즈너 박사는 이 원고를 비판적으로 읽어 주었다.

마르시아와 로빈 브라운, 레시와 브리트 니콜슨, 진과 짐 피터슨, 레베카와 앤디 웨신즈크를 포함한 다른 많은 친구들과 오버맨 학장은 본서가 출판되기까지 나를 격려해 주었다.

사이먼 앤 슈스터 사의 편집장 브루스 니콜스는 노블 강좌를 확장하여 책으로 출간할 것을 제안하였고 꼼꼼한 교정으로 큰 도움을 주었다. 또한 탁월한 편집을 해 준 편집자에게 감사드린다.

나의 전 제자요 현 강의 조교이며 탁월한 과학적 연구자요 배려심 많은 의사이자 친구요 동료인 프레드릭 리 박사의 막대한 보조가 없었더라면 이 책은 나오지 못했을 것이다.

주(註)

프롤로그

1) *Time Magazine*, March 29, 1999.

2) Barondes, *Mood Genes*, p. 25.

1. 주인공

1) Lewis, *Surprised by Joy*(《예기치 못한 기쁨》, 홍성사 역간), p. 203.

2) Freud, *The Interpretation of Dreams*(《꿈의 해석》, 열린책들 역간), in *The Standard Edition of the Complete Psychological Works*, vol. IV, p. 248.

3) Freud, *The Complete Letters of Sigmund Freud to Wilhelm Fliess*, p. 268.

4) Bonaparte et al., *The Origins of Psycho-Analysis*, pp. 219-20.

5) Ibid., p. 222-23.

6) Freud, *Obsessive Actions and Religious Practices*, in *The Standard Edition of the Complete Psychological Works*, vol. IX, pp. 117-27.

7) Freud, *The Complete Letters of Sigmund Freud to Wilhelm Fliess*, p. 285.

8) Ibid., p. 409.

9) Freud, *The letters of Sigmund Freud*, pp. 244-45.

10) Gay, *Freud*, p. 6.

11) Freud, *An Autobiographical Study*, in *The Standard Edition of the Complete Psychological Works*, vol. XX, p. 8.

12) Schur, *Freud*, p. 24.

13) Freud, *The Letters of Sigmund Freud to Eduard Silverstein*, pp. xxiv-xxv.

14) Ibid., pp. xiv-xv.

15) Ibid., pp. 70-71.

16) Ibid., p. 95.

17) Ibid., p. 104.

18) Ibid., p. 129.

19) Ibid., pp. 104−105.

20) Ibid., p. 111.

21) Freud, *Address to the Society of B'nai B'rith*, in *The Standard Edition of the Complete Psychological Works*, vol. XX, p. 273.

22) Freud, *The letters of Sigmund Freud to Eduard Silverstein*, p. 96.

23) Feuerbach, *The Essence of Christianity*, p. 270.

24) Gay, *A Godless Jew*, p. 7.

25) Freud, *An Autobiographical Study*, in *The Standard Edition of the Complete Psychological Works*, vol. XX, p. 9.

26) Freud, *New Introductory Lectures on Psychoanalysis*(《새로운 정신분석 강의》, 열린책들 역간), in *The Standard Edition of the Complete Psychological Works*, vol. XXII, p. 139.

27) Gay, *Freud*, p. 138−39.

28) Gilman, *The Case of Sigmund Freud*.

29) Jones, *The Life and Work of Sigmund Freud*, vol. I, p. 22.

30) Freud, *An Autobiographical Study*, in *The Standard Edition of the Complete Psychological Works*, vol. XX, p. 9.

31) Freud, *The Interpretation of Dreams*, in *The Standard Edition of the Complete Psychological Works*, vol. IV, p. 197.

32) Freud, *Letters of Sigmund Freud*, p. 78.

33) Jones, *The Life and Work of Sigmund Freud*, vol. I, p. 143.

34) Vitz, *Sigmund Freud's Christian Unconscious*, p. 91.

35) Jones, *The Life and Work of Sigmund Freud*, vol. I, p. 143.

36) Ibid., vol. I, pp. 149−50.

37) Freud, *Introductory Lectures on Psychoanalysis*(《정신분석 강의》, 열린책들 역간), in *The Standard Edition of the Complete Psychological Works*, vol. XV, pp. 207−208.

38) Freud, *The Complete Letters of Sigmund Freud to Wilhelm Fliess*, p. 272.

39) Freud, *A Short Account of Psychoanalysis*, in *The Standard Edition of the Complete Psychological Works*, vol. XIX, p. 198.

40) Ibid., p. 198.

41) Lewis, *Surprised by Joy*, p. 7.

42) Ibid., p. 24.

43) Ibid., p. 33-34.

44) Ibid., p. 59.

45) Ibid., p. 59-60.

46) Ibid., p. 62-63.

47) Ibid., p. 30.

48) Ibid., p. 110.

49) Ibid., p. 107.

50) Lewis, *They Stand Together*, p. 53.

51) Green and Hooper, *C. S. Lewis*, p. 45.

52) Lewis, *Surprised by Joy*, p. 139-40.

53) Ibid., p. 148.

54) Lewis, *The Letters of C. S. Lewis*, p. 135.

55) Lewis, *Surprised by Joy*, p. 197.

56) Lewis, *Letters, C. S. Lewis-Don Giovanni Calabria*, pp. 45-47.

57) Ibid., p. 51-53.

58) Ibid., p. 15.

59) Lewis, letter to Firor dated March 27, 1951(unpublished), Marion E. Wade Center, Wheaton, Ill., and Bodleian Library, Oxford University. Used by permission.

60) Sayer, *Jack*, p. 135.

2. 창조자

1) Freud, *The Future of an Illusion*, in *The Standard Edition of the Complete Psychological Works*, vol. XXI, p. 29.

2) Freud, *Letters of Sigmund Freud*, p. 453.

3) Freud, *The Question of a Weltanschauung*, in *The Standard Edition of the Complete Psychological Works*, vol. XXII, p. 156.

4) Ibid., p. 168.

5) Freud, *Civilization and Its Discontents*(《문명 속의 불만》, 열린책들 역간), in *The Standard Edition of the Complete Psychological Works*, vol. XXI, p. 84-85.

6) Ibid., p. 43.

7) Ibid., p. 142.

8) Freud, *Psychoanalysis and Faith*, p. 125.

9) Lewis, *Surprised by Joy*, p. 7.

10) Freud, *The Future of an Illusion*(《문명 속의 불만》에 수록), in *The Standard Edition of the Complete Psychological Works*, vol. XXI, p. 33.

11) Ibid., p. 30.

12) Ibid., p. 35.

13) Gay, *A Godless Jew*, p. 42.

14) Freud, *Psychoanalysis and Faith*, p. 115.

15) Freud, *The Future of an Illusion*, in *The Standard Edition of the Complete Psychological Works*, vol. XXI, p. 35.

16) Freud, *Leonardo da Vinci and a Memory of His Childhood*, in *The Standard Edition of the Complete Psychological Works*, vol. XI, p. 122.

17) Ibid., p. 123.

18) Freud, *Totem and Taboo*(《종교의 기원》에 수록, 열린책들 역간), in *The Standard Edition of the Complete Psychological Works*, vol. XIII, p. 147.

19) Freud, *The Question of a Weltanschauung*, in *The Standard Edition of the Complete Psychological Works*, vol. XXII, p. 163.

20) Ibid.

21) Ibid.

22) Freud, *The Future of an Illusion*, in *The Standard Edition of the Complete Psychological Works*, vol. XXI, p. 24.

23) Ibid.

24) Lewis, *Mere Christianity*(《순전한 기독교》, 홍성사 역간), bk. I, ch. 5.

25) Ibid, bk. V, ch. 1.

26) Lewis, *The Problem of Pain*(《고통의 문제》, 홍성사 역간), p. 9.

27) Lewis, *Surprised by Joy*, p. 172.

28) Lewis, *Mere Christianity*, bk. III, ch. 10.

29) Newberg et al., *Why God Won't Go Away*.

30) Lewis, *Miracles*(《기적》, 홍성사 역간 예정), p. 7.

31) Lewis, *Mere Christianity*, bk. III, ch. 10.

32) Lewis, *The Problem of Pain*, p. 148.

33) Lewis, *Surprised by Joy*, p. 6.

34) Freud, *Screen Memories*, in *The Standard Edition of the Complete Psychological Works*, vol. III, pp. 312–13.

35) Freud, *Some Reflections on Schoolboy Psychology*, in *The Standard Edition of the Complete Psychological Works*, vol. XIII, pp. 243–44.

36) Lewis, *Surprised by Joy*, p. 160.

37) Jones, *The Life and Work of Sigmund Freud*, vol. I, p. 197.

38) Freud, *An Autobiographical Study*, in *The Standard Edition of the Complete Psychological Works*, vol. XX, p. 8.

39) Lewis, *Surprised by Joy*, p. 115.

40) Allport and Ross, "Personal religious orientation and prejudice."

41) Strawbridge W. J., R. D. Cohen, S. J. Shema, and G. A. Kaplan, "Frequent attendance at religious services and mortality over 28 years." *Am J Public Health* 87, no. 6 (June 1997): 957–61; Koenig H. G., L. K. George, and B. L. Peterson, "Religiosity and remission of depression in medically ill older patients." *Am J Psychiatry* 155, no. 4 (April 1998): 536–42; McCullough, M. E., and D. B. Larson, "Religion and depression: a review of the literature." *Twin Res* 2, no. 2 (June 1999): 126–36; Koenig, H. G., "Religion and medicine II: Religion, mental health, and related behaviors." *Int J Psych Med* 31, no. 1 (2001): 97–109; Koenig, H. G., D. B. Larson, and S. S. Larson, "Religion and coping with serious medical illness."*Annals Pharmacotheraphy* 35, no. 3 (March 2001): 352–59; and Koenig, H. G.,"Religion, spirituality, and medicine: application to clinical practice." *JAMA* 284, no. 13 (October 4, 2000): 1708.

42) Freud, *Leonardo da Vinci and a Memory of His Childhood*, in *The Standard Edition of the Complete Psychological Works*, vol. XI, p. 123.

43) Freud, *The Future of an Illusion*, in *The Standard Edition of the Complete Psychological Works*, vol. XXI, p. 48.

44) Ibid., pp. 7–8.

45) Freud, *Psychoanalysis and Faith*, p. 140.

46) Ibid., p. 10.

47) American Psychiatric Association, *Diagnostic and Statistical Manual of Mental Disorders*, pp. 417–23.

48) Freud, *Obsessive Actions and Religious Practices*(《종교의 기원》에 수록), in *The Standard Edition of the Complete Psychological Works*, vol. IX, p. 117.

49) Gallup and Jones, *The Next American Sprituality*, p. 177.

50) Freud, *Civilization and Its Discontents* in *The Standard Edition of the Complete Psychological Works*, vol. XXI, p. 32.

51) Gallup and Jones, *The Next American Sprituality*, p. 177.

52) Lewis, *Mere Christianity*, bk. III, ch. 4.

53) Freud, *Psychoanalysis and Faith*, p. 122.

3. 양심

1) Freud, *The Question of a Weltanschauung*, in *The Standard Edition of the Complete Psychological Works*, vol. XXII, p. 159.

2) Lewis, *Mere Christianity*, bk. I, ch. 4.

3) Ibid.

4) Ibid., bk. I, ch. 5.

5) Freud, *The Question of a Weltanschauung*, in *The Standard Edition of the Complete Psychological Works*, vol. XXII, pp. 163–64.

6) Lewis, *Mere Christianity*, bk. I, ch. 2.

7) Ibid., bk. I, ch. 2.

8) Lewis, *The Problem of Pain*, p. 21.

9) Lewis, *Mere Christianity*, bk. I, ch. 1.

10) Ibid.

11) Lewis, *The Abolition of Man*(《인간의 폐지》, 홍성사 역간 예정), p. 51.

12) Lewis, *Mere Christianity*, bk. I, ch. 1.

13) Ibid., ch. 2.

14) Lewis, *The Problem of Pain*, pp. 37–40.

15) Freud, *New Introductory Lectures on Psychoanalysis*, in *The Standard Edition of the Complete Psychological Works*, vol. XXII, p. 61.

16) Hale, *James Jackson Putnam and Psychoanalysis*, letter from Freud to Putnam dated August 8, 1910.

17) Freud, *Psychoanalysis and Faith*, pp. 61–62.

18) Freud, *The Question of a Weltanschauung*, in *The Standard Edition of the Complete Psychological Works*, vol. XXII, p. 171.

19) Einstein and Freug, *Why War*, in *The Standard Edition of the Complete Psychological Works*, vol. XXII, p. 213.

20) Hale, *James Jackson Putnam and Psychoanalysis*, letter from Freud to Putnam dated November 13, 1913.

21) Freud, *An Outline of Psychoanalysis*(《정신분석학 개요》, 열린책들 역간), in *The Standard Edition of the Complete Psychological Works*, vol. XXIII, p. 205.

22) Freud, *The Future of an Illusion*, in *The Standard Edition of the Complete Psychological Works*, vol. XXI, p. 11.

23) Freud, *The Question of Lay Analysis*, in *The Standard Edition of the Complete Psychological Works*, vol. XX, p. 190.

24) Lewis, *The Problem of Pain*, p. 56.

25) Lewis, *Mere Christianity*, bk. I, ch. 5.

26) Jones, *The Life and Work of Sigmund Freud*, vol. II, pp. 416–17.

27) Ibid., pp. 416–18.

28) Lewis, *Miracles*, p. 35.

29) Lewis, *The Screwtape Letters*(《스크루테이프의 편지》, 홍성사 역간), pp. 162–63.

30) Nicholi, *The Harvard Guide to Psychiatry*, p. 282; and American Psychiatric Association, *Diagnostic and Statistical Manual of Mental Disorders*, p. 349.

31) Freud, *New Introductory Lectures on Psychoanalysis*, in *The Standard Edition of the Complete Psychological Works*, vol. XXII, p. 61.

32) Freud, *An Autobiographical Study*, in *The Standard Edition of the Complete Psychological Works*, vol. XX, p. 68.

33) Lewis, *The Problem of Pain*, p. 21.

34) Freud, *Civilization and Its Discontents* in *The Standard Edition of the Complete Psychological Works*, vol. XXI, p. 131.

35) Ibid., p. 132.

36) Jones, *The Life and Work of Sigmund Freud*, vol. II, p. 354.

37) Ibid., p. 360.

38) Gay, *Freud*, pp. 327−35.

39) Abraham and Freud, *A Psychoanalytic Dialogue*, letter from Freud to Abraham dated May 13, 1913.

40) Freud, *The Question of a Weltanschauung*, in *The Standard Edition of the Complete Psychological Works*, vol. XXII, p. 168.

41) Freud, *The Future of an Illusion*, in *The Standard Edition of the Complete Psychological Works*, vol. XXI, p. 39.

42) Ibid., p. 41.

43) Lewis, *Letters, C. S. Lewis−Don Giovanni Calabria*, pp. 89−91.

44) Lewis, *Mere Christianity*, bk. III, ch. 8.

45) Freud, *Civilization and Its Discontents* in *The Standard Edition of the Complete Psychological Works*, vol. XXI, p. 126.

46) Lewis, *Mere Christianity*, bk. III, ch. 5.

47) Jones, *The Life and Work of Sigmund Freud*, vol. II, p. 416.

48) Ibid., pp. 416−18.

49) Wilson, *The Moral Sense*.

4. 위대한 변화

1) Freud, *The Question of a Weltanschauung*, in *The Standard Edition of the Complete Psychological Works*, vol. XXII, p. 168.

2) Gallup et al., *Surveying the Religious Landscape*, p. 67.

3) Freud, *The Future of an Illusion*, in *The Standard Edition of the Complete Psychological Works*, vol. XXI, p. 28.

4) Freud, *Psychoanalysis and Faith*, p. 76.

5) Freud, *A Religious Experience*, in *The Standard Edition of the Complete Psychological Works*, vol. XXI, p. 169.

6) Nicholi, "A New Dimension of the Youth Culture," *American Journal of Psychiatry*, 131:396–401, 1974.

7) Ibid.

8) Lewis, *Surprised by Joy*, pp. 16–21.

9) Ibid., p. 190.

10) Lewis, *God in the Dock*(《피고석의 하나님》, 홍성사 역간 예정), p. 260.

11) Lewis, *Surprised by Joy*, p. 184.

12) Ibid., pp. 228–29.

13) Lewis, *The Letters of C. S. Lewis to Arthur Greeves*, p. 427.

14) Lewis, *Surprised by Joy*, p. 236.

15) Ibid.

16) Lewis, *Miracles*, p. 139, footnote 1.

17) Lewis, *The Letters of C. S. Lewis to Arthur Greeves*, p. 31.

18) Lewis, *God in the Dock*, p. 158.

19) Lewis, *Surprised by Joy*, p. 236.

20) Lewis, *God in the Dock*, p. 156.

21) Lewis, *Mere Christianity*, bk. IV, ch. 1.

22) Ibid., bk. II, ch. 3.

23) Freud, *Psychoanalysis and Faith*, p. 125.

24) Chesterton, *The Everlasting Man*, p. 201.

25) Lewis, *God in the Dock*, p. 156.

26) Lewis, *Mere Christianity*, bk. II, ch. 3.

27) Chesterton, *The Everlasting Man*, p. i.

28) Lewis, *Miracles*, p. 116.

29) Lewis, *The Letters of C. S. Lewis to Arthur Greeves*, p. 425.

30) Ibid., p. 447.

31) Lewis, *The Letters of C. S. Lewis*, p. 197.

32) Lewis, letter to Bodle dated December 31, 1947(unpublished), Marion E. Wade Center, Wheaton College, Wheaton, Ill., and Bodleian Library, Oxford University. Used by permission.

33) Lewis, *Surprised by Joy*, p. 4.

34) Lewis, *The Letters of C. S. Lewis to Arthur Greeves*, pp. 426–27.

35) Erikson, *Young Man Luther*, p. 261.

5. 행복

1) Nicholi, *The Harvard Guide to Psychiatry*, p. 290.

2) Freud, *Civilization and Its Discontents* in *The Standard Edition of the Complete Psychological Works*, vol. XXI, p. 76.

3) Ibid.

4) Freud, *The Future of an Illusion*, in *The Standard Edition of the Complete Psychological Works*, vol. XXI, p. 15.

5) Freud, *Civilization and Its Discontents*, in *The Standard Edition of the Complete Psychological Works*, vol. XXI, p. 82.

6) Ibid., p. 101.

7) Ibid., p. 82.

8) Ibid., pp. 79–80.

9) Ibid., p. 77.

10) Ibid., p. 81.

11) Freud, *Moses and Monotheism*(《종교의 기원》에 수록), in *The Standard Edition of the Complete Psychological Works*, vol. XXIII, p. 123.

12) Freud, *Civilization and Its Discontents*, in *The Standard Edition of the Complete Psychological Works*, vol. XXI, p. 76.

13) Lewis, *Mere Christianity*, bk. II, ch. 3.

14) Ibid.

15) Lewis, *God in the Dock*, p. 318.

16) Lewis, *The Problem of Pain*, p. 115.

17) Lewis, letter to Mr. Jacob dated July 3, 1941(unpublished), Marion E. Wade Center, Wheaton, Ill., and Bodleian Library, Oxford University. Used by permission.

18) Lewis, *The Letters of C. S. Lewis*, p. 248.

19) Ibid., p. 227.

20) Lewis, *The Problem of Pain*, p. 48.

21) Ibid., p. 52.

22) Ibid., pp. 53–54.

23) Nicholi, *The Harvard Guide to Psychiatry*, p. 623.

24) Freud, *The Letters of Sigmund Freud to Eduard Silverstein*, p. 15.

25) Ibid., pp. 135–38.

26) Freud, *Letters of Sigmund Freud*, p. 26.

27) Ibid., p. 123.

28) Jones, *The Life and Work of Sigmund Freud*, vol. I, p. 84.

29) Ibid., p. 82.

30) Freud, *Letters of Sigmund Freud*, p. 175.

31) Jones, *The Life and Work of Sigmund Freud*, vol. I, p. 303.

32) Freud, *The Complete Letters of Sigmund Freud to Wilhelm Fliess*, p. 440.

33) Schur, *Freud*, p. 430.

34) Freud, *The letters of Sigmund Freud and Arnold Zweig*, p. 101.

35) Nicholi, *The Harvard Guide to Psychiatry*, p. 292.

36) Jones, *The Life and Work of Sigmund Freud*, vol. III, p. 68.

37) Freud, *Civilization and Its Discontents* in *The Standard Edition of the Complete Psychological Works*, vol. XXI, p. 88.

38) Freud, *Psychoanalysis and Faith*, pp. 132–34.

39) Lewis, *The Letters of C. S. Lewis to Arthur Greeves*, pp. 55–56.

40) Lewis, *Surprised by Joy*, p. 23.

41) Ibid., pp. 63–66.

42) Ibid., pp. 62–66.

43) Ibid.

44) Ibid., pp. 115.

45) Ibid., pp. 114–15.

46) Ibid., pp. 114–17.

47) Glover, *C. S. Lewis*, pp. 32–33.

48) Lewis, *Surprised by Joy*, p. 233.

49) Lewis, *The Letters of C. S. Lewis to Arthur Greeves*, p. 26.

50) Ibid, p. 477.

51) Lewis, *The Weight of Glory*（《영광의 무게》, 홍성사 역간 예정), p. 15.

52) Freud, *Letters of Sigmund Freud*, p. 4.

53) Ibid., p. 175.

54) Ibid., p. 127.

55) Jones, *The Life and Work of Sigmund Freud*, vol. II, p. 347.

56) Ibid., p. 400.

57) Freud, *An Autobiographical Study*, in *The Standard Edition of the Complete Psychological Works*, vol. XX, p. 49.

58) Gay, *Freud*, p. 571.

59) Lewis, *They Asked for a Paper*, p. 123.

60) Lewis, *The Letters of C. S. Lewis to Arthur Greeves*, p. 339.

61) Ibid., pp. 379-80.

62) Lewis, *Mere Christianity*, bk. III, ch. 8.

63) Ibid., bk. III, ch. 8.

64) Lewis, *Preface to Paradise Lost*, pp. 70-71.

65) Lewis, *Letters, C. S. Lewis-Don Giovanni Calabia*, pp. 51-53.

66) Koenig H. G., L. K. George, and B. L. Peterson, "Religiosity and remission of depression in medically ill older patients." *Am J Psychiatry* 155, no. 4 (April 1998): 536-92.

67) Freud, *Civilization and Its Discontents in The Standard Edition of the Complete Psychological Works*, vol. XXI, p. 88.

68) Lewis, *The Letters of C. S. Lewis to Arthur Greeves*, p. 49.

6. 성(性)

1) Freud, *An Outline of Psychoanalysis*, in *The Standard Edition of the Complete Psychological Works*, vol. XXIII, p. 152.

2) Freud, *An Autobiographical Study*, in *The Standard Edition of the Complete Psychological Works*, vol. XX, p. 38.

3) Freud, *Group Psychology and Anaysis of the Ego*（《문명 속의 불만》에 수록), in *The Standard Edition of the Complete Psychological Works*, vol. XVIII, p. 91.

4) Freud, *The Freud/Jung Letters*, p. 28.

5) Jones, *The Life and Work of Sigmund Freud*, vol. I, p. 350.

6) Freud, *An Outline of Psychoanalysis*, in *The Standard Edition of the Complete Psychological Works*, vol. XXIII, pp. 153–54.

7) Ibid., p. 154.

8) Ibid.

9) Freud, *The Complete Letters of Sigmund Freud to Wilhelm Fliess*, p. 272.

10) Freud, *An Outline of Psychoanalysis*, in *The Standard Edition of the Complete Psychological Works*, vol. XXIII, pp. 148–49.

11) Freud, *The Question of Lay Analysis*, in *The Standard Edition of the Complete Psychological Works*, vol. XX, p. 209.

12) Freud, *The Complete Correspondence of Sigmund Freud and Ernest Jones*, p. 32.

13) Freud, *Civilization and Its Discontents*, in *The Standard Edition of the Complete Psychological Works*, vol. XXI, p. 104.

14) Freud, *The Sexual Enlightenment of Children*, in *The Standard Edition of the Complete Psychological Works*, vol. IX, p. 137.

15) Freud, *Two Encyclopaedia Articles*, in *The Standard Edition of the Complete Psychological Works*, vol. XVIII, p. 252.

16) Freud, *On the Universial Tendency to Debasement in the Sphere of Love*, in *The Standard Edition of the Complete Psychological Works*, vol. XI, p. 188.

17) Jones, *The Life and Work of Sigmund Freud*, vol. III, pp. 163–64.

18) Nicholi, *The Harvard Guide to Psychiatry*, pp. 19–22.

19) Freud, *An Autobiographical Study*, in *The Standard Edition of the Complete Psychological Works*, vol. XX, p. 27.

20) Freud, *Further Recommendations on Technique*, in *The Standard Edition of the Complete Psychological Works*, vol. XII, p. 169.

21) Lewis, *Mere Christianity*, bk. III, ch. 4.

22) Ibid., ch. 5.

23) Ibid.

24) Ibid.

25) Ibid.

26) Ibid.

27) Ibid.

28) Ibid.

29) Ibid.

30) Ibid.

31) Lewis, *The Four Loves*(《네 가지 사랑》, 홍성사 역간 예정), p. 131.

32) Ibid., pp. 131-32.

33) Ibid., p. 133.

34) Ibid.

35) Ibid.

36) Ibid., p. 136.

37) Ibid.

38) Freud, *Civilization and Its Discontents*, in *The Standard Edition of the Complete Psychological Works*, vol. XXI, p. 66.

39) Lewis, *The Four Loves*, p. 139.

40) Lewis, *They Asked for a Paper*, pp. 129-30.

41) Lewis, *The Four Loves*, p. 141.

42) Ibid., p. 140.

43) Lewis, *Mere Christianity*, bk. III, ch. 6.

44) Jones, *The Life and Work of Sigmund Freud*, vol. II, pp. 416-18.

45) Freud, Letter to Martha Bernays dated October 28, 1883, in E. Freud, "Some Early Unpublished Letters of Freud."

46) Freud, *The Letters of Sigmund Freud to Eduard Silverstein*, p. 153.

47) Jones, *The Life and Work of Sigmund Freud*, vol. I, pp. 175-77.

48) Ibid., vol. II, p. 421.

49) Ibid., vol. I, p. 134.

50) Ibid., p. 112.

51) Ibid., vol. I, p. 102.

52) Gay, *Freud*, p. 38.

53) Jones, *The Life and Work of Sigmund Freud*, vol. II, p. 241.

54) Ibid., vol. I, p. 148.

55) Freud, *The Complete Letters of Sigmund Freud to Wilhelm Fliess*, p. 54.

56) Freud, *Some Neurotic Mechanisms in Jealousy, Paranoia, and Homosexuality*, in *The Standard Edition of the Complete Psychological Works*, vol. XVIII, p. 228.

57) Freud, *Contributions to a Discussion on Masturbation*, in *The Standard Edition of the Complete Psychological Works*, vol. XII, p. 252.

58) Freud, *"Civilized" Sexual Morality and Mordern Nervous Illness*, in *The Standard Edition of the Complete Psychological Works*, vol. IX, p. 198.

59) Freud, *New Introductory Lectures on Psychoanalysis*, in *The Standard Edition of the Complete Psychological Works*, vol. XXII, p. 127.

60) Nicholi, *The New Harvard Guide to Psychiatry*, p. 214.

61) Freud, *Abstracts of the Scientific Writtings of Dr. Sigm. Freud*, in *The Standard Edition of the Complete Psychological Works*, vol. III, p. 251.

62) Freud, *Extracts from the Fliess Papers*, in *The Standard Edition of the Complete Psychological Works*, vol. I, p. 267.

63) Freud, *The Complete Correspondence of Sigmund Freud and Ernest Jones*, p. 294.

64) Lewis, *Surprised by Joy*, pp. 68–69.

65) Lewis, *The Letters of C. S. Lewis to Arthur Greeves*, p. 66.

66) Ibid., p. 424.

67) Ibid.

68) Lewis, *Surprised by Joy*, p. 69.

69) Lewis, *The Problem of Pain*, pp. 37–40.

70) Lewis, *The Letters of C. S. Lewis to Arthur Greeves*, p. 214.

71) Ibid., p. 221.

72) Sayer, *Jack*(《회의자를 위한 사도》, 홍성사 역간 예정), p. 68.

73) Davidman, "The Longest Way Round," p. 23.

74) Lewis, *The Letters of C. S. Lewis to Arthur Greeves*, p. 534.

75) Green and Hooper, *C. S. Lewis*, p. 269.

76) Ibid.

77) Nicholi, "A New Dimension of the Youth Culture," *American Journal of*

Psychiatry, 131:396–401, 1974.

78) Lewis, *Mere Christianity*, bk. III, ch. 5.

7. 사랑

1) Freud, *Civilization and Its Discontents*, in *The Standard Edition of the Complete Psychological Works*, vol. XXI, p. 102.

2) Ibid., p. 103.

3) Freud, *Two Encyclopaedia Articles*, in *The Standard Edition of the Complete Psychological Works*, vol. XVIII, p. 258.

4) Freud, *Group Psychology and Anaysis of the Ego*, in *The Standard Edition of the Complete Psychological Works*, vol. XVIII, p. 90.

5) Ibid.

6) Ibid., p. 91.

7) Ibid., p. 101.

8) Ibid., p. 101.

9) Freud, *Some Reflections on Schoolboy Psychology*, in *The Standard Edition of the Complete Psychological Works*, vol. XIII, p. 243.

10) Nicholi, *The Harvard Guide to Psychiatry*, p. 13.

11) Freud, *An Outline of Psychoanalysis*, in *The Standard Edition of the Complete Psychological Works*, vol. XXIII, p. 174.

12) Freud, *The Freud/Jung Letters*, pp. 12–13.

13) Lewis, *The Four Loves*, p. 11.

14) Ibid., p. 33.

15) Ibid., p. 49.

16) Lewis, *The Letters of C. S. Lewis*, p. 256.

17) Lewis, *The Four Loves*, pp. 53–54.

18) Ibid., pp. 56–57.

19) Ibid., p. 56.

20) Ibid.

21) Ibid., pp. 54–56.

22) Ibid., p. 67.

23) Ibid., p. 68.

24) Ibid., p. 66.

25) Ibid., p. 80.

26) Ibid., pp. 82–83.

27) Ibid., p. 88.

28) Ibid., pp. 88–90.

29) Ibid., p. 91.

30) Ibid., pp. 98–99.

31) Ibid., pp. 104–105.

32) Ibid., p. 118.

33) Lewis, *Mere Christianity*, bk. III, ch. 8.

34) Lewis, *The Weight of Glory*, pp. 55–66.

35) Ibid., p. 60.

36) Ibid., p. 65.

37) Freud, *Civilization and Its Discontents*, in *The Standard Edition of the Complete Psychological Works*, vol. XXI, p. 102.

38) Ibid., pp. 109–10.

39) Ibid., p. 110.

40) Ibid., p. 111.

41) Ibid., p. 112.

42) Lewis, *Mere Christianity*, bk. III, ch. 7.

43) Freud, *The Correspondence of Sigmund Freud and Sándor Ferenzi*, p. 457.

45) Jones, *The Life and Work of Sigmund Freud*, vol. II, p. 33.

46) Abraham and Freud, *A Psychoanalytic Dialogue*, letter from Freud dated December 26, 1908.

47) Hale, *James Jackson Putnam and Psychoanalysis*, p. 175.

48) Freud, *The Complete Correspondence of Sigmund Freud and Ernest Jones*, p. 190.

49) Freud, *The Correspondence of Sigmund Freud and Sándor Ferenzi*, p. 433.

50) Hale, *James Jackson Putnam and Psychoanalysis*, p. 189.

51) Abraham and Freud, *A Psychoanalytic Dialogue*, letter from Freud

dated July 26, 1914.

52) Binswanger, *Sigmund Freud*, p.9.

53) Freud, *An Autobiographical Study*, in *The Standard Edition of the Complete Psychological Works*, vol. XX, p.53.

54) Jones, *The Life and Work of Sigmund Freud*, vol. II, p.182.

55) Freud, *Psychoanalysis and Faith*, pp.61-62.

56) Freud, *Psychoanalysis and Faith*, letter from Pfister dated December 25, 1920.

57) Freud, *Civilization and Its Discontents*, in *The Standard Edition of the Complete Psychological Works*, vol. XXI, p.112.

58) Ibid., p.111.

59) Lewis, *The Four Loves*, p.168.

60) Lewis, *Surprised by Joy*, p.100.

61) Ibid., p.110.

62) Lewis, *All My Load Before Me*, p.23.

63) Ibid., p.24.

64) Ibid., p.71.

65) Ibid., p.73.

66) Ibid., p.85.

67) Ibid., p.91.

68) Ibid., p.91.

69) Ibid., p.92.

70) Ibid., p.108.

71) Ibid., p.419.

72) Lewis, *The Letters of C. S. Lewis*, p.242.

73) Lewis, letter to Dom Bede Griffiths dated May 17, 1952(unpublished), Marison E. Wade Center, Wheaton College, Wheaton, Ill., Bodleian Library, Oxford University. Used by permission.

74) Kenneth Tytan in *The New Yorker*, August 14, 2000, p.65.

75) Lewis, *The Weight of Glory*, p.15.

76) Ibid.

8. 고통

1) Freud, *The Interpretation of Dreams*, in *The Standard Edition of the Complete Psychological Works*, vol. IV, p. 196.

2) Freud, *An Autobiographical Study*, in *The Standard Edition of the Complete Psychological Works*, vol. XX, p. 9.

3) Jones, *The Life and Work of Sigmund Freud*, vol. II, p. 149.

4) Freud, *On The History of the Psychoanalytic Movement*, in *The Standard Edition of the Complete Psychological Works*, vol. IX, pp. 39-40.

5) Abraham and Freud, *A Psychoanalytic Dialogue*, letter from Freud dated July 23, 1908.

6) Letter from Freud to L. Binswanger dated July 29, 1912.

7) Freud, *An Autobiographical Study*, in *The Standard Edition of the Complete Psychological Works*, vol. XX, p. 49.

8) Freud, *A Phobia in a Five-Year-Old Boy*(《꼬마 한스와 도라》에 수록, 열린책들 역간), in *The Standard Edition of the Complete Psychological Works*, vol. X, p. 36.

9) Freud, *Moses and Monotheism*, in *The Standard Edition of the Complete Psychological Works*, vol. XXIII, pp. 90-92.

10) Ibid.

11) Yerushalmi, *Freud's Moses*, p. 54.

12) Freud, *Shorter Writtings*, in *The Standard Edition of the Complete Psychological Works*, vol. XXIII, p. 301.

13) Freud, *The Complete Correspondence of Sigmund Freud and Ernest Jones*, p. 521.

14) Schur, *Freud*, p. 351.

15) Deutsch, F., "Relections on Freud's One Hundredth Birthday." *Psychosom Med* 18(1956):279-83.

16) Jones, *The Life and Work of Sigmund Freud*, vol. III, p. 94.

17) Freud, *Psychoanalysis and Faith*, p. 123.

18) Freud, *The Question of a Weltanschauung*, in *The Standard Edition of the Complete Psycholosical Works*, vol. XXII, p. 167.

19) Lewis, *Surprised by Joy*, pp. 18–19.

20) Ibid., pp. 20–21.

21) Lewis, *The Letters of C. S. Lewis*, p. 166.

22) Lewis, *Surprised by Joy*, p. 195.

23) Ibid.

24) Ibid., p. 196

25) Ibid.

26) Sayer, *Jack*, p. 132.

27) Lewis, *A Grieved Observed*(《헤아려 본 슬픔》, 홍성사 역간), p. 1.

28) Ibid.

29) Ibid.

30) Ibid., p. 2.

31) Ibid., pp. 8–9.

32) Ibid., pp. 9–10.

33) Ibid., p. 20.

34) Ibid., p. 62.

35) Ibid., pp. 46–47.

36) Ibid., p. 67.

37) Ibid., pp. 4–5.

38) Ibid., pp. 50–51.

39) Ibid., p. 7.

40) Ibid., p. 54.

41) Ibid., p. 71.

42) Ibid., pp. 80–81.

43) Ibid., p. 61.

44) Lewis, *The Problem of Pain*, pp. 110–11.

45) Jones, *The Life and Work of Sigmund* Freud, vol. II, pp. 416–18

46) Freud, *An Outline of Psychoanalysis*, in *The Standard Edition of the Complete Psychological Works*, vol. XXIII, p. 201.

47) Freud, *The Future of an Illusion*, in *The Standard Edition of the Complete Psychological Works*, vol. XXI, p. 16.

48) Ibid.

49) Freud, *The Question of a Weltanschauung*, in *The Standard Edition of the Complete Psychological Works*, vol. XXII, p. 167.

50) Ibid.

51) Lewis, *Mere Christianity*, bk. II, ch. 2.

52) Freud, *Civilization and Its Discontents*, in *The Standard Edition of the Complete Psychological Works*, vol. XXI, p. 120.

53) Lewis, *Mere Christianity*, bk. II, ch. 3.

54) Ibid.

55) Ibid., bk. II, ch. 1.

56) Lewis, *The Problem of Pain*, p. 24.

57) Jones, *The Life and Work of Sigmund Freud*, vol. I, p. 175.

58) Ibid., p. 173.

59) Freud(괴테의 파우스트를 인용하여), in *The Freud/Jung Letters*, p. 260.

60) Vitz, *Sigmund Freud's Christian Unconscious*, p. 149; and Bakan, *Sigmund Freud and the Jewish Mystical Tradition*.

61) Freud, *A Seventeenth-Century Demonological Neurosis*, in *The Standard Edition of the Complete Psychological Works*, vol. XIX, p. 79.

62) Ibid., p. 81.

63) Lewis, *The Problem of Pain*, p. 26.

64) Ibid., p. 28.

65) Ibid., pp. 31–32.

66) Ibid., pp. 32–34.

67) Ibid., p. 40.

68) Ibid., p. 46.

69) Ibid., p. 47.

70) Ibid., p. 89.

71) Ibid., p. 69.

72) Lewis, *The Letters of C. S. Lewis to Arthur Greeves*, pp. 514–15.

73) Lewis, *The Problem of Pain*, p. 93.

74) Freud, *The Future of an Illusion*, in *The Standard Edition of the Complete Psychological Works*, vol. XXI, pp. 49–50.

75) Freud, *The Complete Correspondence of Sigmund Freud and Ernest*

Jones, p. 646.

76) Ibid., p. 643

77) Jones, *The Life and Work of Sigmund Freud*, vol. III, p. 19

78) Lewis, *The Problem of Pain*, p. 15.

79) Freud, *Civilization and Its Discontents*, in *The Standard Edition of the Complete Psychological Works*, vol. XXI, p. 85.

9. 죽음

1) Freud, *Totem and Taboo*, in *The Standard Edition of the Complete Psychological Works*, vol. XIII, p. 87.

2) Freud, *The Complete Letters of Sigmund Freud to Wilhelm Fliess*, p. 268.

3) Freud, *The Interpretation of Dreams*, in *The Standard Edition of the Complete Psychological Works*, vol. IV, p. 205.

4) Jones, *The Life and Work of Sigmund Freud*, vol. II, p. 368.

5) Freud, *Thoughts for the Times on War and Death*(《문명 속의 불만》에 수록), in *The Standard Edition of the Complete Psychological Works*, vol. XIV, p. 299.

6) Ibid., p. 296.

7) Ibid., p. 289.

8) Freud, *The Complete Letters of Sigmund Freud to Wilhelm Fliess*, p. 85.

9) Freud, *An Autobiographical Study*, in *The Standard Edition of the Complete Psychological Works*, vol. XX, p. 52.

10) Freud, *The Letters of Sigmund Freud to Eduard Silvestein*, p. 185.

11) Freud, *Lou Andreas-Salomé, Briefwechsel*, pp. 47-48(F. Lee 번역).

12) Freud, *Letters of Sigmund Freud*, p. 339.

13) Freud, *The Freud/Jung Letters*, p. 219.

14) Jones, *The Life and Work of Sigmund Freud*, vol. II, p. 194.

15) Freud, *Letters of Sigmund Freud*, pp. 434.

16) Freud, *The Complete Letters of Sigmund Freud to Wilhelm Fliess*, p. 181.

17) Jones, *The Life and Work of Sigmund Freud*, vol. III, p. 279.

18) Freud, *The Interpretation of Dreams*, in *The Standard Edition of the Complete Psychological Works*, vol. IV, p. 254.

19) Lewis, *Surprised by Joy*, pp. 170–73.

20) Freud, *The Complete Letters of Sigmund Freud to Wilhelm Fliess*, p. 201.

21) Ibid., p. 202.

22) Freud, *Letters of Sigmund Freud*, pp. 326–27.

23) Schur, *Freud*, p. 329.

24) Freud, *Letters of Sigmund Freud*, p. 386.

25) Jones, *The Life and Work of Sigmund Freud*, vol. III, p. 20.

26) Freud, *Letters of Sigmund Freud*, p. 344.

27) Schur, *Freud*, p. 360.

28) Jones, *The Life and Work of Sigmund Freud*, vol. III, p. 152.

29) Freud, *The Complete Letters of Sigmund Freud to Wilhelm Fliess*, p. 344.

30) Schur, *Freud*, p. 514.

31) Balzac, *The Wild Ass's [Fatal] Skin*, London: J. M. Dent & Sons, 1960, p. 10.

32) Schur, *Freud*, pp. 528.

33) Lewis, *The Letters of C. S. Lewis to Arthur Greeves*, p. 128.

34) Lewis, *The Screwtape Letters*, pp. 99–100.

35) Lewis, *Miracles*, pp. 129–30.

36) Lewis, *Mere Christianity*, bk. III, ch. 4.

37) Lewis, *The Letters of C. S. Lewis*, p. 308.

38) Lewis, *The Letters of C. S. Lewis to Arthur Greeves*, pp. 436–37.

39) Lewis, *Surprised by Joy*, pp. 197–98.

40) Lewis, *The Letters of C. S. Lewis*, p. 166.

41) Lewis, *The Weight of Glory*, p. 31.

42) Lewis, *The Screwtape Letters*, pp. 31–32.

43) Lewis, *The Letters of C. S. Lewis*, p. 59.

44) Ibid., p. 137.

45) Lewis, *Surprised by Joy*, p. 215.

46) Lewis, *The Letters of C. S. Lewis*, p. 293.

47) Lewis, *A Grief Observed*, p. 16.

48) Ibid., p. 12.

49) Ibid., pp. 58–59.

50) Lewis, *Letters to an American Lady*, pp. 67–69.

51) Ibid., pp. 80–81.

52) Ibid., pp. 111–12.

53) Ibid., p. 114.

54) Lewis, *The Letters of C. S. Lewis to Arthur Greeves*, p. 566.

55) Lewis, *The Letters of C. S. Lewis*, p. 307.

56) Sayer, *Jack*, pp. 407–08.

57) Green and Hooper, *C. S. Lewis*, p. 295.

58) Sayer, *Jack*, p. 408.

59) Wilson, *C. S. Lewis*, p. 292.

60) David Cower in Pierre Choderlos de Laclos, *Les Liaisons Dangereuses*, Oxford: Oxford University Press, 1995, p. xxx.

61) Como, *C. S. Lewis at the Breakfast Table*, p. 104.

62) Lewis, *Letters to an American Lady*, pp. 80–81.

63) Letter from Warren H. Lewis to Mrs. Frank J. Jones dated December 7, 1963(unpublished),Marion E. Wade Center, Wheaton, Ill, and Bodleian Library, Oxford University. Used by permission.

에필로그

1) Jones, *The Life and Work of Sigmund Freud*, vol. III, p. 131.

2) Ibid., vol. III, p. 140.

3) Lewis, *A Grief Observed*, pp. 76–77.

4) Lewis, *Letters to Malcolm*(《말콤에게 보내는 편지》, 홍성사 역간 예정), p. 75.

참고문헌

Abaham, H. C., and E. L. Freud(eds.), *A Psychoanalytic Dialogue: The Letters of Sigmund Freud and Karl Abraham*, 1907–1926. Translated by B. Marsh and H. C. Abraham. New York: Basic Books, 1965.

Allport, G. W., and J. M. Ross. "Personal religious orientation and prejudice." *J Pers Soc Psychol* 5, no. 4 (April 1967): 432–43.

American Psychiatric Association. *Diagnostic and Statistical Manual of Mental Disorders*(DSM–IV). 4th ed. Washington, D.C., 1994.

Bakan, D. *Sigmund Freud and the Jewish Mystical Tradition*. Princeton, N.J.: Van Nostrand, 1958.

Barondes, S. H. *Mood Genes: Hunting for Origins of Mania and Depression*. New York: Oxford University Press, 1999.

Binswanger, L. Sigmund Freud: *Reminiscences of a Friendship*. New York and London: Grune and Stratton, 1957.

Bonaparte, M., A. Freud, and E. Kris, (eds.). *The Origins of Psycho-Analysis*. Translated by Eric Mossbacher and James Strachey. New York: Basic Books, 1954.

Chesterton, G. K. *The Everlasting Man*. Garden City, N.Y.: Image Books, 1955.

Como, J. T. (ed.) *C. S. Lewis at the Breakfast Table and Other Reminiscences*. San Diego, Calif.: Harcourt Brace Jovanovich, 1979.

Davidman, Joy. "The Longest Way Bound," in *These Found the Way*, edited by D. W. Soper. Philadelphia: Westminster, 1951.

Erikson, Erik H. *Young Man Luther*. New York: Norton, 1958.

Feuerbach, L. *The Essence of Christianity*. Translated by George Eliot.

Buffalo, N.Y.: Prometheus Books, 1989.

Freud, E. "Some Early Unpublished Letters of Freud," in *International Journal of Psychiatry* (1969): 419–27.

Freud, S. *The Complete Correspondence of Sigmund Freud and Ernest Jones, 1908–1939.* Edited by R. Andrew Paskauskas. Cambridge, Mass.: Belknap Press of the Harvard University Press, 1993.

_____. *The Complete Letters of Sigmund Freud to Wilhelm Fliess, 1887–1904.* Edited by J. M. Masson. Cambridge, Mass.: Belknap Press of the Harvard University Press, 1985.

_____. *The Correspondence of Sigmund Freud and Sandor Ferenczi.* Edited by Eva Brabant, Ernst Falzeder, and Patrizia Giampieri-Deutsch. Cambridge, Mass.: Belknap Press of the Harvard University Press, 1993.

_____. *The Freud/Jung Letters.* Edited by William McGuire. Princeton, N.J.: Princeton University Press, 1974.

_____. *Letters of Sigmund Freud.* Edited by Ernst L. Freud. New York: Dover Publications, 1992.

_____. *The Letters of Sigmund Freud and Arnold Zweig.* Edited by Ernst L. Freud. New York: Harcourt, Brace, 1970.

_____. *The Letters of Sigmund Freud to Eduard Silberstein, 1871–1881.* Edited by Walter Boehlich. Cambridge, Mass.: Belknap Press of the Harvard University Press, 1990.

_____. *Lou Andreas-Salomé, Briefwechsel.* Published by Ernst Pfeiffer Frankfurt am main: S. Fischer Verlag, 1966.

_____. *Psychoanalysis and Faith: The Letters of Sigmund Freud and Oskar Pfister.* Edited by Heinrich Meng and Ernst L. Freud. New York: Basic Books, 1963.

_____. *The Standard Edition of the Complete Psychological Works of Sigmund Freud.* Translated under the general editorship of James Strachey in collaboration with Anna Freud, assisted by Alix Strachey and Alan Tyson. 24 vols. London: The Hogarth Press, 1962.

Gallup, George, George Gallup, Jr., and D. Michael Lindsay. *Surveying the*

Religious Landscape: Trends in U.S. Beliefs. Morehouse Publishing, 1999.

Gallup, George, and Timothy Jones. *The Next American Spirituality: Finding God in the Twenty-first Century.* Colorado Springs, Colo.: Cook Communications, 2000.

Gay, P. *Freud: A Life for Our Times.* New York: Doubleday, 1988.

———. *A Godless Jew: Freud, Atheism, and the Making of Psychoanalysis.* New Haven, Conn.: Yale University Press, 1987.

Gilman, S. L. *The Case of Sigmund Freud.* Baltimore: Johns Hopkins University Press, 1993.

Glover, D. E. *C. S. Lewis: The Art of Enchantment.* Athens, Ohio: Ohio University Press, 1981.

Green, R. L., and W. Hooper. *C. S. Lewis: A Biography.* New York: Harcourt Brace Jovanovich, 1974.

Griffin, W. *Clive Staples Lewis: A Dramatic Life.* San Francisco: Harper and Row, 1986.

Hale, Nathan G. (ed.). *James Jackson Putnam and Psychoanalysis.* Translated by J. B. Heller. Cambridge, Mass.: Harvard University Press, 1971.

Jones, E. *The Life and Work of Sigmund Freud.* Vol. I: *The Formative Years and the Great Discoveries* (1856–1900); Vol. II: *Years of Maturity* (1901–1919); and Vol. III: *The Last Phase* (1919–1939). New York: Basic Books, 1957.

Kung, H. *Freud and the Problem of God.* New Haven, Conn.: Yale University Press, 1979.

Lewis, C. S. *The Abolition of Man.* New York: Macmillan, 1947.

———. *All My Road Before Me: The Diary of C. S. Lewis, 1922–1927.* Edited by Walter Hooper. San Diego, Calif.: Harcourt Brace Jovanovich, 1991.

———. *The Four Loves.* New York: Harcourt, Brace, 1960.

———. *God in the Dock: Essays on Theology and Ethics.* Edited by Walter Hooper. Grand Rapids, Mich.: William B. Eerdmans erdmans

Publishing Company, 1970.

_____. *A Grief Observed*. New York: Bantam Books, 1961.

_____. *Letters to an American Lady*. Edited by Clyde S. Kilby. Grand Rapids, Mich.: William B. Eerdmans Publishing Company, 1967.

_____. *The Letters of C. S. Lewis*. Edited with a memoir by W. H. Lewis. New York: Harcourt, Brace, 1966. (See also the revised and expanded edition by Walter Hooper; San Diego, Calif.: Harcourt, Brace, 1993).

_____. *The Letters of C. S. Lewis to Arthur Greeves(1914-1963)*. Edited by Walter Hooper. New York: Collier Books, 1979.

_____. *Letters, C. S. Lewis-Don Giovanni Calabria: A Study in Friendship*. Translated and edited by Martin Moynihan. Ann Arbor, Mich.: Servant Books, 1988.

_____ *Letters to Malcolm: Chiefly on Prayer*. new York: Harcourt, Brace, 1964.

_____. *Mere Christianity*. Westwood, N.J.: Barbour and Company, 1952.

_____. *Miracles: A Preliminary Study*. New York: Macmillan, 1947.

_____. *A Preface to Paradise Lost*. London: Oxford University Press, 1970.

_____. *The Problem of Pain*. New York: Collier Books, 1962.

_____. *The Screwtape Letters, with Screwtape Proposes a Toast*. Revised edition. New York: Collier Books, 1982.

_____. *Surprised by Joy: The Shape of My Early Life*. San Diego, Calif.: Harcourt Brace Jovanovich, 1956.

_____. *They Asked for a Paper: Papers and Addresses*. London: Geoffrey Bles, 1962.

_____. *They Stand Together: The Letters of C. S. Lewis to Arthur greeves* (1914-1963). Edited by Walter Hooper. New York: Macmillan, 1979.

_____. *The Weight of Glory and Other Addresses*. Grand Rapids, Mich.: William B. Eerdmans Publishing Company, 1949.

Newberg, Andrew B., Eugene d'Aquili, and Vince Rause. *Why God Won't*

Go Away: Brain Science and the Biology of Belief. New York:
Ballantine Books, 2001.

Nicholi, A. M. "A New Dimension of the Youth Culture." *Am J Psych* 131
(1974): 396–401.

Nicholi, A. M. *The Harvard Guide to Psychiatry*. Cambridge, Mass.:
Cambridge, Mass.: Belknap Press of the Harvard University Press,
1999.

_____. *The New Harvard Guide to Psychiatry*. Cambridge, Mass.:
Belknap Press of the Harvard University Press, 1988.

Sayer, G. *Jack: A Life of C. S. Lewis*. Wheaton, Ill.: Crossway Books, 1994.

Schur, M. Freud: *Living and Dying*. New York: International Universities
Press, 1988.

Vitz, P. C. *Sigmund Freud's Christian Unconscious*. New York: Guildford
Press, 1988.

Wilson, A. N. *C. S. Lewis: A Biography*. New York: Norton, 1990.

Wilson, James Q. *The Moral Sense*. New York: Free Press, 1993.

Yerushalmi, Yosef Hayim. *Freud's Moses: Judaism Terminable and
Interminable*. New Haven, Conn.: Yale University Press, 1991.

찾아보기

ㄱ

ㅅ

ㅌ

ㅍ

ㅎ

옮긴이 **홍승기**

서울대학교 미학과를 나와 같은 대학원에서 석사학위를 받았으며, 미국 플로리다 대학교에서 언어철학 박사과정을 수료했다. 현재 서울대 대학원에서 프로이트의 미학이론을 연구 중이며 서울대에 출강하면서 웨스트민스터 대학원대학교에서 목회학(M.Div.)을 공부하고 있다.

루이스 vs 프로이트

The Question of God

지은이 아맨드 M. 니콜라이
옮긴이 홍승기
펴낸곳 주식회사 홍성사
펴낸이 정애주
국효숙 김의연 박혜란 송민규 오민택 임영주 차길환

2004. 10. 29. 양장 1쇄 발행   2016. 10. 15. 양장 11쇄 발행
2019. 4. 15. 무선 1쇄 발행   2025. 1. 15. 무선 5쇄 발행

등록번호 제1-499호 1977. 8. 1.
주소 (04084) 서울시 마포구 양화진4길 3
전화 02) 333-5161 팩스 02) 333-5165
홈페이지 hongsungsa.com 이메일 hsbooks@hongsungsa.com
페이스북 facebook.com/hongsungsa
양화진책방 02) 333-5161

ISBN 978-89-365-1363-4 (03230)